一书看懂建筑企业数字化建设 数智化运营

邓尤东 著

建筑企业数字化系统建设方法论

Construction
Methodology of
Digital System in
Construction
Enterprises

中国建筑工业出版社

图书在版编目（CIP）数据

建筑企业数字化系统建设方法论 = Construction Methodology of Digital System in Construction Enterprises / 邓尤东著 . —北京：中国建筑工业出版社，2024.3
ISBN 978-7-112-29691-0

Ⅰ.①建… Ⅱ.①邓… Ⅲ.①建筑企业—工业企业管理—数字化—研究 Ⅳ.① F407.96-39

中国国家版本馆 CIP 数据核字（2024）第 058250 号

本书以业务系统建设为路径，保障数字化转型的实施和落地，其包括企业业务流逻辑构建、数字化业务场景应用和系统建设，涉及市场、商务、物资、工程履约、科技管理、安全质量、党建管理、供应链系统和数字化生态协同等业务全周期、全生态场景一体化建设，以最佳实践详细阐述数字化转型的实施路径，以数字技术与企业管理和业务的一体化深度融合，破除数字化转型中的"两张皮"，打破各业务系统之间的"部门墙"，是企业提高运行效率，降低管理运营成本，提升综合服务质量为一体的一套综合性解决方案。

著者身处建筑企业数字化的最前沿，既是企业数字化建设的设计者、管理者，又是具体工作的推动者、操作者，深知其中甘苦。之所以不揣浅陋撰写此书，正是期待此书能助力企业数字化转型，提供建筑业从业人员阅读、借鉴和学习，赋能企业高质量发展，为建筑业数字化系统建设贡献一点微薄之力。

责任编辑：王华月　张　磊
责任校对：赵　力

建筑企业数字化系统建设方法论
Construction Methodology of Digital System in Construction Enterprises
邓尤东　著

*

中国建筑工业出版社出版、发行（北京海淀三里河路9号）
各地新华书店、建筑书店经销
北京点击世代文化传媒有限公司制版
北京云浩印刷有限责任公司印刷

*

开本：787 毫米 ×1092 毫米　1/16　印张：21¼　字数：312 千字
2024 年 4 月第一版　2024 年 4 月第一次印刷
定价：87.00 元
ISBN 978-7-112-29691-0
（42749）

版权所有　翻印必究
如有内容及印装质量问题，请联系本社读者服务中心退换
电话：（010）58337283　QQ：2885381756
（地址：北京海淀三里河路9号中国建筑工业出版社604室　邮政编码：100037）

院士：一本应对数字化智能建造的及时之作

中国工程院院士　丁烈云

随着以数字化、网络化、智能化为特征的第四次工业革命时代到来，建造业与制造业的传统边界正在被打破。数字化智能建造悄然改变着传统的建造方式，为建筑行业带来前所未有的变革。邓尤东同志的《建筑企业数字化系统建设方法论》正是应对数字化智能建造的及时之作。

住房和城乡建设部《关于推动智能建造与建筑工业化协同发展的指导意见》提出，到 2035 年，我国将迈入智能建造世界强国行列。《"十四五"建筑业发展规划》明确，我国要积极推进建筑机器人在生产、施工、维保等环节的典型应用，辅助和替代"危、繁、脏、重"施工作业。2022 年 11 月，住房和城乡建设部将北京等 24 个城市列为智能建造试点城市，以科技创新推动建筑业转型发展。2023 年 11 月，住房和城乡建设部在天津等 27 个地区开展工程建设项目全生命周期数字化管理改革试点工作，全面促进工程建设领域高质量发展发挥示范引领作用。

在国家政策和建筑企业的同向努力下，建筑业数字化正在加速推进。建筑业数字化就是要加快建立工程建设项目全生命周期数据汇聚融合、业务协同的工作机制，打通工程建设项目市场、商务、财务、安全质量、生产履约、党建文化等全业务数据链条，推动管理流程再造、制度重塑，形成可复制推广的管理模式、实施路径和政策标准体系，为全面推进工程建设项目全生命周期数字化管理、促进工程建设领域高质量发展发挥示范引领作用。

邓尤东同志撰写的《建筑企业数字化系统建设方法论》立足长期、扎实而富有成效的工作实际，以及不断思考，从建筑业数字生态发展趋势分析出发，分析企业数字化转型所面临的主要挑战，以企业管理变革为出发点，探讨数字化系统建设的方法和路径。本书具有以下特点：

一是理念切合实际。本书从财务一体化、项目综合智慧工地管理、数据流逻辑构建等方面切入，着力解决建筑企业在数字化转型中的实际"痛点"，为走好数字化的创新之路提供了指引。

二是内容丰富全面。本书涵盖了建筑企业各业务线的管理制度变革、技术平台架构设计、业务系统场景建设和数据模型构建分析等，包括对商务财务、进度质量、人力资源、行政管理等各项业务活动的业务流建设，实现数字生态的建设布局，为更精准、高效的管理和决策提供了思路和方法。

三是方法精细入微。本书解答了很多困扰行业企业的众多难题，可以给广大企业管理者和信息化工作者提供有益的启发，并为未来的数字化发展提供借鉴。

建筑业数字化已成为所有建筑业从业者的共识，也成为建筑企业的紧迫任务。建筑企业需要紧跟时代步伐，抓住数字化系统建设方法精要，加强技术创新和应用，以适应建筑业数字化的发展趋势。从这个意义上说，《建筑企业数字化系统建设方法论》一书的出版，很及时，值得学习。

2024 年 1 月

绵绵用力　久久为功

中国建筑集团原总经济师
同济大学建筑产业创新发展研究院名誉院长
鲁贵卿

甲辰龙年春节刚过，尤东就送来了他的新作《建筑企业数字化系统建设方法论》书稿，请我为他的新书写个序。十分赞叹他的快节奏。记得邓尤东同志是2008年2月份（也是春节刚过）从中铁十二局集团有限公司（中铁十二局）到中国建筑第五工程局有限公司（中建五局）工作的，当时我任中建五局局长。由于五局经营结构调整的需要，亟需从外部引进一些优秀的铁路专业人才，于是以邓尤东为代表的一批懂铁路建设业务的专业人士就被招引到了中建五局。中建五局从哈大高铁开始承接了一大批铁路和城市轨道建设项目，企业经营结构得到了优化。邓尤东同志来到中建五局后，作为副局长先分管铁路建设业务，后分管整个基础设施业务。从2007年开始，中建五局用了三年时间组织编制了《中建五局企业运营管控标准化丛书》（该丛书有42册管理标准，计500余万字），其中基础设施项目施工管理标准化的内容，由尤东同志具体负责，他付出了不少心血。

到2019年下半年邓尤东同志又兼任五局总工程师，并分管信息化工作，2020年，尤东就出了一本《建筑企业数字化与项目智慧建造管理》专著。近几年，邓尤东同志致力于建筑企业数字化工作及理论研究，并在一些行业论坛上进行学术交流，他提出的"项目数字底座建设""生产经济融合一体化建设""风险预警预控建设"等建筑企业数字化的理念和方法，受到业内好评。

邓尤东同志这部《建筑企业数字化系统建设方法论》系统地介绍了建筑企业数字化建设的路径和方法，可以看得出，是结合最近几年他在中建五局数字化建设的具体实践中的总结和提炼。《建筑企业数字化系统建设方法论》中对企业数字化建设涉及的管理变革、技术架构、数据治理、业务场景应用建设等理念与案例介绍，都是值得学习借鉴的。

最近的二十余年，中建五局在信息化、数字化建设过程中围绕一张蓝图，绵绵用力，久久为功。五局始终围绕企业发展战略，坚持"统一规划、统一标准、统一管理、统一平台、统筹共建"的原则，按照"总体规划、分步实施、管理主导、技术集成、应用创新"的模式开展信息化、数字化建设。五局基于统一平台与主数据管理，不断创新与升级，实现了信息系统与业务管理系统的融合，实现了各业务部门数据互联互通，实现了企业上下运营管理的在线化，实现了数字化赋能企业高质量发展，提升资源整合能力，提高管理效率和全要素生产率的根本目的。

中建五局的信息化、数字化建设大体上经历了以下五个阶段：

一是2007年以前的以管理规范化、标准化为主要特点的信息化初级应用阶段。中建五局从2003开始的以质量、安全、环境"三证合一"认证为主要内容的管理标准化，从2006下半年开始谋划导入"卓越绩效模式"的管理标准化，到随后进行的"可数字化"的管理标准化，是中建五局信息化、数字化的基础。可以说，没有2003年到2007年这五年花大工夫进行的基础扎实的企业管理标准化，不可能有后来中建五局的信息化、数字化。

二是2008～2012年以业务全覆盖、管理集约化为特点的企业信息化集成应用阶段。这一阶段，中建五局组织了企业的主要管理力量对之前的管理标准化成果进行了系统性、创新性提升，将企业运营管理标准进行"可数字化"升级，通过管理标准化、标准表单化、表单信息化、信息集约化，保证了集团级企业信息化集成应用系统平台得以高效建成并持续运行。

三是2013～2016年以管理与技术深度融合、业财资税一体化应用为特点的一体化融合阶段。这个阶段的企业管理与信息技术的深度融合、深化应用，有力地推动了中建五局盈利能力的提升，推动了企业高质量发展。

四是2017～2020年以移动化、轻量化、数据驱动为特点的场景化应用阶段。

五是2021年以来以业务中台、技术平台建设、产业链融通、数据可视化为特点的数据运用阶段。

推荐序
绵绵用力　久久为功

中建五局二十余年的持续发展和信息化、数字化建设的实践至少说明三点：一是企业信息化、数字化不是一个技术问题，而是一个管理问题。技术要成为生产力，就必须应用到生产经营管理的具体实践中，生产经营管理的效率提升必须切实有效地应用信息数字技术。也就是说，要实现生产力的提升，就必须实现管理与技术的深度融合，而在这融合的过程中管理是决定性因素。二是信息化、数字化必须以一定的企业管理标准化为基础、为前提。建筑企业的产品是一个个非标准化的工程项目，要想提高企业的信息化、数字化水平，就必须首先下功夫统一管理语言，提高管理标准化的水平，并实现管理标准的可数字化。三是工程建设行业的信息化、数字化，必须绵绵用力，久久为功。企业信息化、数字化永远在路上，那种毕其功于一役的想法是错误的。

从产品产业链和产业生态圈的角度来讲，一个工程项目从规划投资、设计监理、承包施工、物资供应、劳务分包到政府监管、社会监督等方面有众多管理主体和利益主体，这些不同的主体之间存在着不同的目标要求，管理的侧重点有所不同，管理需求和利益诉求客观上存在差异。这就要求我们在承认这种差异性的基础上，借助信息科技力量，创新管理，搭建设计监理、施工总承包、专业承包、劳务作业、物资设备供应产业链一体化、数字化的专业平台，连通建筑产品科学建造的"最后一公里"，现实生产要素的最优化配置，提高社会生产力。

同时，我们应当积极地利用云计算、大数据、人工智能、流程自动化机器人等新技术，结合具体的业务场景形成创新应用，重视技术沉淀、数据沉淀、模型沉淀，利用成熟的技术体系和管理，搭建信息数字化平台，构建产业链生态圈，提升社会全要素生产力，实现企业高质量发展。

加快企业数字化步伐已成为行业共识，建设行业信息化、数字化水平在不断提升，但与我们想要达到、应该达到的目标还有一定距离，很需要更多的像尤东同志这样的业内人士躬身入局，积极研究思考，贡献个人智慧，共同推动企业乃至整个建筑行业的数字化水平不断提高。有信息数字技术的赋能，建筑行业的劳动生产率和全社会的生产力也会不断得到提升。

预祝邓尤东同志的《建筑企业数字化系统建设方法论》发行成功！是为序。

2024 年 3 月

引领企业变革，塑造智能未来

用友网络董事长兼 CEO　王文京

邓尤东先生，是我的好朋友，长期从事大型建筑企业管理工作，先后出任世界 500 强企业中国铁建、中国建筑旗下企业高管，是一位在建筑行业深耕多年富有远见的企业领导。近年来，他将从业数十年来的经验不断总结，从中建五局的经营管理实践出发，站在行业的高度进行系统性的思考和总结，先后出版了《建筑企业数字化与项目智慧建造管理》等专著，并且开通了"邓尤东工作室"的微信公众号，分享建筑业企业管理实践，探讨建筑工程业务管理创新、工业化、数字化的理念和方法，项目智慧建造的心得和体会，为推动整个行业数智化转型发展做出了重要贡献。

我与邓尤东先生的交流中，总能感受到他对建筑企业数字化转型的坚定信念和深厚热情，正如他在"建筑企业数字化转型再思考"中所说的："数字化是整个社会的必选项，在企业未来的管理中将是一场革命，数字化通过智能分析、智能风险预警，为企业战略规划、风险管控、目标管理、绩效考核、决策分析提供数据支持，助力实现企业高质量发展"。在建筑企业数字化转型的浪潮中，他不仅躬身入局，亲自参与到中建五局的数字化转型蓝图规划设计和建设中，更是不断地深入业务一线，研讨方案、宣讲数字化理念、推动数字化实施，同时关注理论研究并深入思考。在 2022 年全球商业创新大会上，他发表的《刀刃向内，推进建筑企业数字化转型》精彩演讲，突破了建筑行业传统的思维桎梏，从建筑企业数字化转型的"三个需要""五大问题""六大方向"系统阐述了建筑企业在数字化转型过程中面临的问题，指明了建筑企业数字化转型的方向和方法，让大家深受启发。

建筑行业是我国国民经济的支柱产业，也是在全球领先的优势行业。随着我国经济发展进入新常态，建筑行业也面临着增速放缓、竞争加剧、利润率下降的挑战，这个时候，建筑企业更需要革新理念、应用现代信息技术，通过数字化转变企业经营、生产、组织和管理方式，提升企业经营管理水平，降低成本、

建筑企业数字化系统建设方法论
Construction Methodology of Digital System in Construction Enterprises

提升效益、防范风险，增强企业核心竞争力，形成新质生产力，实现高质量发展。

最近，邓尤东先生将他在领导中建五局数智化转型的实践和对建筑行业数智化转型的深度思考凝结成新著《建筑企业数字化系统建设方法论》，又一次对建筑行业的数字化建设与发展贡献出心力和智慧。

《建筑企业数字化系统建设方法论》开篇就从"新设计、新建造、新运维"构建数字建筑平台生态体系、重构建筑业的生产体系出发，定义了新时期的建筑企业数智化新范式，引申出建筑企业数字化转型的战略意义和创新之路。书中邓先生用建筑业数字化生态发展、挑战、管理变革、平台架构设计、数据标准、业务流和数据流逻辑构建、系统建设、场景应用、需求与问题解码共10个篇章全面梳理并深度剖析了建筑企业数智化转型的方方面面，不仅指出方向，阐明问题，更把丰富实践与科学体系相结合，给出了解决问题，实现目标的实战方法，对建筑企业推进数智化转型具有非常好的指导意义和践行价值。

书中10个篇章论述的主题都是建筑企业在推进数字化系统建设和运营过程中会遇到的最重要、必须厘清并构建运营好的方面，给出的方法包括战略规划、系统建设和数字化管理三大过程，系统建设涵盖业务、应用、数据、技术四个层面，理念和实践相结合，体系化和工程化特色显著，对于建筑和其他行业企业的数字化系统建设无疑具有宝贵的借鉴意义。

今天所有的企业都认识到数字化的重要性，也都在不同程度地推进数字化建设，但如何正确推进对于不少企业来说仍然是一个需要破解的难题。我相信，《建筑企业数字化系统建设方法论》的出版将为众多迷茫中的建筑企业及其他行业企业指明前进的路径，提供行动的指南。同时，这本书也将促进建筑企业数智商业创新的加快，推动我国建筑行业实现新的进步发展。

2024年1月

我们有三个共同点

广联达科技股份有限公司董事长、总裁　袁正刚

每次见到邓总，总是感受到他全身充满快乐、热情和激情，虽然建筑企业的数字化并不容易，特别是当下有不少人还处于迷茫和怀疑之中，但读邓总的这本新作，与见到他本人一样，能感受到数字化的强烈魅力和美好希望。

我和杨懿梅女士去年合作出版的《系统性数字化》一书，从建筑行业的本质和数字化的本质出发，提出了数字化转型的路径和重点工作。完成这本著作后我们一直在思考系统性数字化如何在行业、企业和项目上落地，非常欣喜地得知邓总在写作这本《建筑企业数字化系统建设方法论》，对邓总本书提出的观点非常认同，也对邓总在建筑行业这么多年的深度实践表示钦佩。

书中有非常精彩的内容，值得徐徐品味，我就不在此赘述。结合与邓总的交流，以及本书的内容，邓总和我在建筑企业的数字化方面有三个共同点：乐观派、系统派和融合派。

一、乐观派：建筑行业的信息化历时很长，并且在最近10年左右，出现了BIM、智慧工地、人工智能等新的技术。在数字化发展过程中确实出现了很多问题，大家也走过不少的陷阱和弯路，但不可否认的是，行业在持续进步。数字化给我们的工作方式、管理方式带来了很多价值，没有人愿意回到以前靠纸张、靠电话沟通的时代。这些数字化技术在不断成熟，弯路走多了也一定会找到正确的道路。失败乃成功之母，我们离成功只会越来越近，一些企业扎扎实实的最佳实践也让我们看到了曙光。

二、系统派：我们走过众多的弯路中有一个就是孤立地看待每项技术、孤立地看待每个岗位和应用场景，而没有建立一个数字化的系统观，以及一个数字化整体蓝图。数字化转型是要实现项目转型，企业转型，而不是单个岗位或单个职能线的转型，所以注定了数字化转型是一个系统工程。我们也无需畏惧系统性，系统性

不意味着大而全，不意味着复杂。在本书中，对系统进行了很好的分析和分解，把分解后的局部按系统的理念做好，就会形成一个整体，就会解决掉数据"孤岛"和业务"孤岛"的问题。

三、融合派：数字化转型一定不是买几个软件用起来的问题，也一定不只是数字化部门的事情，而是需要数字化技术和管理升级深度融合，需要结合认知升级、业务升级基础上的技术升级。邓总多年的项目管理、企业管理经验加上他的数字化管理经验，在他身上实现了很好的融合。数字化转型也不是一家企业可以单打独斗完成的事情，而是需要行业数字化公司与建筑企业一起深度合作，发挥各自的优势，不断进行技术迭代和管理迭代。

越来越多的有识之士认识到数字化是建筑企业发展的必由之路，相信书中的内容一定会给您的数字化之路带来启发和思考。

2024 年 3 月

前　言

当今时代，数字技术、数字经济是世界科技革命和产业变革的潮流，是新一轮国际竞争重点领域。谁能在转型中抢抓先机，谁就能抢占未来发展制高点。建筑业作为中国经济的重要产业，无论从"双碳"战略、产业规模、人口就业数量等来着眼，都对国民经济有着重大影响；同时也是实现数字化转型升级的最大应用场景。加大供给侧结构性改革力度，适应和引领经济发展新常态，突出实现建筑产业的绿色建造和高质量发展，真正实现"中国制造"+"中国建造"+"中国创造"。

项目作为建筑企业的"战斗单元"，也是建筑施工企业转型升级的根本基座。数字化转型必须落实到项目，只有工程项目数字化管控力的提升才能打造建筑企业的持续竞争优势。因此建筑业的数字化须以项目管理信息化为基础，关键是打通"财务资金成本"和"生产经营业务"这两条业务主线，通过数字化技术对业务的解读，推进项目管理核心业务与数字技术的深度融合，这也是建筑施工企业高质量发展的基础和保障。

建筑业的数字化转型不仅是数字技术的更新迭代，而是涉及业务、数据和技术的全方位转变，更是管理者和领导者思维和认知的一场革命。

数字化建设要用业务资源调配，支撑企业的运营管理。一是要完善核心业务系统的建设与迭代，实现业务管理的数据化；二是要构建各层级数据管理模型，变革监管方式，取消报表，让报表自动生成，推进线上检查、线上考核；三是要解决业务、财务核算口径统一的问题，打通业务管理系统与财务系统的数据接口，台账、报表自动生成，业务数据有效利用、持续改进，业财资税一体化深度融合；四是要完成数据资产积累，优化数据治理与数据服务，架构数据服务业务模型，挖掘数据价值。

数字化建设要用数据思维简化业务管理流程。遵循"数出一源、一源多用"的原则，实现业务线上运行，打通业务数据链，以智能报表取代传统台账报表，

建筑企业数字化系统建设方法论
Construction Methodology of Digital System in Construction Enterprises

实现报表自动生成，数据可视化分析，利用数据进行有效的资源统筹调配，重塑管理流程，提升内控运行管理效率，实现精细化管理。

数字化建设要用数字技术提升企业生产效益。以生产效率和效益提升为目的，将项目具体业务对象化、场景化、在线化，打通全业务流协同工作，并有效识别风险，在线预警，把风险事后处置转变为过程风险识别与防范，用数字技术倒逼管理流程，实现精准管控，切实提高全要素生产率，从而推动企业生产经营效率提升和企业项目效益提升，助力企业高质量发展。

惟改革者进，惟创新者强。我们看到，至今为止，建筑业是数字化应用较低的行业之一，虽然不少建筑企业把数字化转型提升到了战略高度，但从实际效果看，大多数企业的数字化转型仍处于初级阶段，且面临对数字化转型目标不明晰、转型人才短缺、组织协同困难、部门利益壁垒等诸多困难。数字化转型进入了"深水区"，主要存在以下五个问题：

一是建筑企业数字化转型目标不明晰的问题。目前，建筑企业普遍缺乏对数字化转型的深刻理解，很难找准数字技术与业务场景融合的切入点，因此无法制定科学、系统的方法论推进转型，更多是购买第三方产品满足业务需求，逐渐偏离顶层设计，呈现战略规划与落地实施形成"两张皮"，加之转型周期长、资源投入大、成效不显著，使得企业各级产生自我怀疑。

二是建筑企业管理体系较僵化的问题。建筑企业特别是大型建筑集团公司，各部门职责分工明确，形成专业壁垒，跨部门协同协作等开放、共享、协作意识不足；部门与部门之间、岗位与岗位之间低耦合，形成"温水煮青蛙"现象，只关注自己的"一亩三分地"，格局站位不高，工作体系僵化，难以打破和优化。加之团队的业务知识、组织能力、业务逻辑、管理模式沿用以前的经验，欠缺足够的数字业务管控经验，也缺乏学习数字化管理新模式的热情，一定程度上形成了"内卷"与"躺平"，难以适应现阶段企业高质量发展需要。

三是建筑企业机制变革难度大的问题。建筑企业组织管理模式多为层级式、金字塔结构，组织结构复杂且调整难度大，决策权位于金字塔顶端，决策落实

前　言

为自上而下模式，流程长、落地慢，过程中逐渐模糊化，管控精细化程度和力度都不够，缺乏管理手段和决策依据。且建筑企业管理关系复杂，体制、机制变革难度大，顶层统筹力度偏弱，企业主要领导很难真正参与并有效推动落实数字化转型战略，而且数字化转型也需要通盘企业考核指标、真实运营数据的内外有别等因素，对决策者的统筹能力和改革魄力带来更高要求。

四是建筑企业思维能力有差距的问题。数字化转型已经不再是一道选答题，而是一道必答题，是企业全员参与的一项持续性、系统性工程。企业部分管理者特别是领导者的思维被传统的管理理念和体制机制所束缚，对数字化转型有一定的畏难情绪、抵触思想。而且建筑行业缺乏优秀数字人才，仅靠传统的IT人才已不能满足企业数字化转型的需要，真正需要的是横跨多领域、学习能力更强、综合素质更高的复合型人才——既懂数字技术，又懂业务和管理。因此需要将企业业务部门、管理部门人员转变为具有数字意识和素养的人员，而建筑企业数字化转型组织尚未有效运转，也缺乏数字化人才的培养和赋能体系，更缺乏针对数字化转型人才的岗位体系、绩效考核、激励机制、职业通道等系统性规划。

五是建筑行业数字生态不健全的问题。建筑行业已经形成基本共识，数字化转型一定是秉持开放、共享原则，携手行业监管部门、数字科技企业、产业链上下游企业，构建数字生态共同体。而数字化转型战略规划一定是"一企一规"的定制化实施，需要强有力的供给侧服务，包括软硬件技术产品与实施方法论等，这对数字科技企业和咨询服务机构提出了更高的要求来推进行业数字化转型，但目前供给侧的数字化解决方案是满足不了需求的，亟需探索多主体协同发展的合作机制和商业模式。

剖析建筑业数字化转型存在的矛盾和问题，数字化转型之路需破冰前行，利用信息技术是实现企业高质量发展的必然选择。数字化转型升级最终要实现企业运营管理与业务流程在线，用"看不见"的数据驱动"看得见"的管理要素，横向协同各业务线工作，纵向打通现场作业层、项目管理层和公司决策层，形成高效数据闭环。要充分运用好数字化创新集成平台,将建筑企业信息化与数字化能力转化为企业资源优势,依托数字化平台能力构建工程数字化生态圈,强化各层级"人、财、物"等资源配置,推动工程设计、采购、建造、调试、运维等各环节的无缝衔接、高效协同,增强企业集约化管理能力。要推动产业链上下游企业间数据贯通、资源共享和业务协同,形成新设计、新建造和新运维,带动建筑产业发展和催生建造服务新业态,如政府平台、行业监管、金融税务等社会化数据平台集成应用等,打造互利共赢的价值网络,构建跨界融合的数字化产业生态。

本书立足数字化全方位的系统建设,通过解析建筑业数字化转型发展态势,从管理变革、技术架构、数据治理和业务场景应用建设四个方面全面解读建筑业数字化系统建设方法论。

本书从建筑企业管理变革角度躬身入局,以技术平台建设、产业链整合、数据驱动决策、智能化应用、员工赋能和信息安全保障 6 大方向入手,打造包括技术平台、数据中台、业务中台、智能中台、连接平台和低代码平台的数字运营 6 大平台,呈现客户导向、生态共荣、员工能动、实时感知、数据驱动和智能运营的数智企业 6 大特性,通过新设计、新建造、新运维形成数字建筑平台生态新体系,推动企业商务、财务、生产履约、智慧工地、报表管理、监督考核等管理制度变革,以实现数字化转型的可持续发展。

本书通过细化技术架构设计夯实数字化转型基础,以"平台+应用"的企业技术平台构建模式,对公有云、私有云、混合云的不同应用场景,IaaS、PaaS、SasS 的不同建设思路,梳理技术架构设计的关键要素,最终以实现支撑业务架构、应用架构、数据架构、技术架构为目的,快速匹配企业核心战略目标和业务目标,为企业构建一个稳定、高效、安全的信息技术底座。

本书在数据治理层面深化数字化转型价值,其涵盖了主数据的标准制定、数据定义、数据清洗、数据建模、数据挖掘和数据可视化等全流程,从海量无序的数据状态中挖掘数据价值,通过定义数据标准建立数据模型,并将模型转

前　言

化为可操作的任务和目标，企业管理者根据企业管理运营目标制定数字化运营驾驶舱和可视化看板，提升企业一体化、专业化、精益化、智慧化的管理水平和核心竞争力。

本书以业务系统建设为路径，保障数字化转型的实施和落地，其包括企业业务流逻辑构建、数字化业务场景应用和系统建设，涉及市场、商务、物资、工程履约、科技管理、安全质量、党建管理、供应链系统和数字化生态协同等业务全周期、全生态场景一体化建设，以最佳实践详细阐述数字化转型的实施路径，以数字技术与企业管理和业务的一体化深度融合，破除数字化转型中的"两张皮"，打破各业务系统之间的"部门墙"，是企业提高运行效率，降低管理运营成本，提升综合服务质量为一体的一套综合性解决方案。

著者身处建筑企业数字化的最前沿，既是企业数字化建设的设计者、管理者，又是具体工作的推动者、操作者，深知其中甘苦。之所以不揣浅陋撰写此书，正是期待此书能助力企业数字化转型，提供建筑业从业人员阅读、借鉴和学习，赋能企业高质量发展，为建筑业数字化系统建设贡献一点微薄之力。

未来已来，唯变不变。期待读者提出宝贵的意见。

2024 年 1 月

目 录

第一篇 建筑业数字生态发展趋势   1

建筑业数字生态发展趋势是朝着数字化、智能化方向发展，通过新设计、新建造、新运维，形成数字建筑平台生态新体系，重构建筑业的生产体系。同时，随着技术的发展和市场的变化，建筑企业也需要不断进行技术创新和业务模式的创新，以适应市场的需求和行业的变化。

【**主要内容**】新时期数字企业新范式：如何理解建筑业数字生态概念/数字时代企业新范式——数智企业/新时期数智企业六大特性/构建数智生态体系六个方向；企业数字运营平台与数字底座：企业架构设计之变——管理重构/数字中台服务架构/数字运营六大平台/数字底座理念；数字化转型关键在变革与创新：数字生态能否颠覆建筑行业/建筑业数字化转型具有哪些革命性意义/我们如何从数字化红利中受益/如何走好建筑业数字化转型的创新之路。

第二篇 建筑业数字化转型面临的主要挑战   39

2020年9月，国务院印发《关于加快推进国有企业数字化转型工作的通知》，提出建筑行业要打造数字化转型示范样板。建筑业是数字化应用较低的行业之一，虽然不少建筑业企业把数字化转型提升到了战略高度，但从实际效果看，大多数企业的数字化转型仍处于初级阶段，诸多问题亟待解决。

目 录

【主要内容】财务一体化管理问题：财务系统繁杂／管理流程的瓶颈／数据"孤岛"；业务数据填报问题：数据来源不明确／重复填报，无法做到"一源多用"／线下数据无法与工作流程打通；智慧建造业务综合管理问题：缺少统一明确的建设标准／"重碎片、轻平台"／信息化数据分析水平有待提高；企业报表自动生成问题：数据来源复杂，尚未形成标准／业务系统之间的"数据壁垒"／缺少组织架构，管理边界模糊。

第三篇 建筑企业数字化管理变革　　　　　　　　　　　51

企业数字化转型和企业管理制度变革是相互关联的，数字化转型可以推动企业管理制度变革，而企业管理制度变革也可以促进数字化转型的成功。企业数字化转型是一项系统工程，其核心是对业务流程和管理模式进行变革和创新，而业务流程重塑是数字化转型的基础和前提，对数字化转型的成功与否具有决定性的作用。

【主要内容】商务合约管理变革；财务资金管理变革；生产履约管理变革；项目综合智慧工地管理变革；企业报表管理变革；监督与考核管理变革。

第四篇 企业信息技术平台架构设计　　　　　　　　　　61

企业信息化建设过程中，"平台+应用"构建模式逐渐成为主流。从产品设计的视角来看，企业构建的信息化应用是实现企业战略目标和业务目标的价值载体，如何以一种高性能、高可用、高扩展的方式，通过信息化、数字化的技术，快速匹配到企业核心战略目标和业务目标，实现企业商业运营模式的创新，是企业数字化转型的核心。因此，在企业信息化建设中，信息技术平台架构设计是至关重要的环节，它涉及企业整体的信息技术规划和架构设计，为企业构建一个稳定、高效、安全的信息技术底座，并提供技术支持和平台，使其能够实现各种业务活动和管理需求，最终为企业的业务运营和发展提供支持。

【主要内容】架构设计概述：未来技术趋势/平台发展方向；企业信息技术平台架构的关键思维：融入服务化架构思想/融入云原生架构思想；平台架构的底层逻辑和方法：信息化技术平台设计逻辑/信息化技术平台架构构思；技术平台支撑业务架构的几个关键点：企业信息化业务架构底层逻辑/平台支撑业务架构关键点分析；技术平台支撑应用架构的几个关键点：企业信息化应用架构底层逻辑/平台支撑应用架构关键点分析；技术平台支撑数据架构的几个关键点：企业信息化数据架构底层逻辑/平台支撑数据架构关键点分析；技术平台支撑技术架构的几个关键点：企业信息化数据架构底层逻辑/平台支撑技术架构关键点分析；企业私有云技术平台架构设计：云计算概念/关于IaaS/关于PaaS/关于SaaS/私有云价值；企业混合云技术架构设计：企业为什么需要公有云/企业适合采用公有云的场景/混合云的建设思路。

第五篇　企业主数据标准构建　107

企业主数据标准构建是为了满足企业跨部门业务协同需要，消除数据冗余，提升数据处理效率，提高公司战略协同力，达到"统一标准、集中管控、专业负责、分级审核"的管理效果。它是一系列规则、应用和技术，用以协调和管理与企业的核心业务实体相关的系统记录数据。主数据体系建设是企业数据管理的核心，是标准化数据的载体。

【主要内容】主数据概念：主数据诞生/主数据定义/主数据特点/

目 录

主数据范围／主数据价值；主数据标准：主数据分类／主数据编码／主数据码表；主数据管理：主数据管理意义／主数据管理内容／主数据运营；主数据应用：主数据梳理／建立应用模型／建立应用标准／搭建系统平台／主数据分发。

第六篇　企业业务流逻辑构建　　　　　　　　　　123

业务流程是企业实现价值创造的重要手段，梳理企业业务流程与数字化建设之间存在的密切关系，数字化技术才可以帮助企业实现对业务流程的自动化、智能化管理，提高工作效率和质量。同时也可以实现对各项业务活动的实时监控和优化，提高企业的决策效率和响应速度。

【主要内容】市场营销业务线：客户管理流程／营销立项流程／投标管理流程；商务合约业务线：合同管理流程／主合同结算流程／签证与索赔流程／分包招标议标流程／分包合同结算流程／物资采购流程／成本管理流程；财务资金业务线：资金管理流程／会计核算管理流程／资产管理流程／费用管理流程／预算管理流程；生产履约业务线：进度管理流程／风险管理流程／质量管理流程／安全管理流程／环境监测管理流程；人力资源业务线：机构管理流程／岗位管理流程／编制管理流程／招聘管理流程／入职管理流程／转正管理流程／退休管理流程／离职管理流程／薪酬管理流程；行政管理业务线：公文管理流程／印章管理流程／接待管理流程／档案管理流程／督办管理流程／会议管理流程／机要管理流程／信访管理流程／应急管理流程／后勤管理流程；党群工作业务线：党员教育业务流程／党建政研业务流程／宣传思想业务流程／共青团工作业务流程；纪检监督业务流程：执纪办理业务流程／问责工作业务流程／反腐斗争业务流程／巡察工作业务流程。

第七篇　企业数据流逻辑构建　　　　　　　　　　　183

数据是企业数字化转型的基础，设定标准从海量无序状态中挖掘数据，定义传输规则建立数据模型，将数据模型转化为可操作的任务和目标，企业管理者利用数据模型、可视化看板制定提升企业一体化、专业化、精益化、智慧化的管理策略，并持续推进，支撑赋能企业创新，实现企业高质量发展。

【主要内容】数据定义：定义标准语言/参考数据和主数据/元数据/指标数据/数据清理；数据建模；数据集成；数据挖掘；数据可视化。

第八篇　建筑企业数字化系统建设　　　　　　　　　　199

建筑企业数字化系统不是服务于单一业务场景的信息系统，而是在建筑管理活动各个阶段，运用现代信息技术手段，将传统的建筑业管理的投资、设计、建造、采购、监控等各项工作过程数字化、自动化、智能化，以提高企业运行效率，降低管理运营成本，提升综合服务质量为目的的一套综合性解决方案。

【主要内容】数字化基础技术平台底座建设；企业数据治理系统建设；供应链系统建设；风险预控系统建设；综合智慧工地管理系统建设；财务业务与管理系统建设；成本数据归集线上系统建设；生产与经济数据融通系统建设；企业报表自动生成系统建设；网络安全管理系统建设；行政业务文档管理系统建设。

第九篇　数字化业务场景应用　　　　　　　　　　　　215

数字化场景应用旨在通过先进的数字化技术，改变传统施工现场管理的交互方式、工作方式和管理模式，实现建筑工程建设数字化、智能化，

目　录

极大提高管理效率和施工安全度。同时，这些应用也为企业提供了更高效、更精准的管理手段和决策依据，有助于提高企业的综合竞争力。

【主要内容】物资管理一体化应用：应用价值与意义／建设路径／典型应用场景；商务与成本管理一体化应用：应用价值与意义／建设路径／典型应用场景；工程履约管理一体化应用：应用价值与意义／建设路径／典型应用场景；科技创新管理一体化应用：应用价值与意义／建设路径／典型应用场景；党建管理一体化应用：应用价值与意义／建设路径／典型应用场景；机械设备管理一体化应用：应用价值与意义／建设路径／典型应用场景；工厂建造管理一体化应用：应用价值与意义／建设路径／典型应用场景；安全质量一体化应用：应用价值与意义／建设路径／典型应用场景；社会生态协同管理一体化应用：应用价值与意义／建设路径／典型应用场景。

第十篇　数字化建设需求与问题解码　　257

战略规划是数字化转型的"先行棋"，明确企业数字化建设目标、梳理顶层设计和业务蓝图，涉及思维、组织、方法、模式、范围等多方面，但"知易行难"，从数字化理念，至方案策划，再到职能划分、深化转型等，如何做到转型的行之有效，又行稳致远？以"答"解疑，谋篇数字化战略规划，助力建筑业数字化战略布局共建，铸就数字经济时代企业数智化的"大国重器"。

【主要内容】数字化战略管理；数字化建设内容；数字化实施组织；数字化技术路线；数字化保障体系。

参考文献　　312

后记　　314

第一篇　建筑业数字生态发展趋势

建筑业数字生态发展趋势是朝着数字化、智能化方向发展，通过新设计、新建造、新运维，形成数字建筑平台生态新体系，重构建筑业的生产体系。同时，随着技术的发展和市场的变化，建筑企业也需要不断进行技术创新和业务模式的创新，以适应市场的需求和行业的变化。

新时期数字企业新范式 /2
如何理解建筑业数字生态概念
数字时代企业新范式——数智企业
新时期数智企业六大特性
构建数智生态体系六个方向

企业数字运营平台与数字底座 /13
企业架构设计之变——管理重构
数字中台服务架构
数字运营六大平台
数字底座理念

数字化转型关键在变革与创新 /23
数字生态能否颠覆建筑行业
建筑业数字化转型具有哪些革命性意义
我们如何从数字化红利中受益
如何走好建筑业数字化转型的创新之路

建筑企业数字化系统建设方法论
Construction Methodology of Digital System in Construction Enterprises

新时期数字企业新范式

如何理解建筑业数字生态概念

在当今的数字化时代，建筑业正在经历一场深刻的变革，这就是建筑业数字生态概念的提出。这个概念主要指的是在数字建筑的驱动下，满足建筑产业在产品形态、商业模式、管理模式、生产方式和交易方式等方面产生新变化的需求。建筑业数字生态是指将数字技术与建筑业相结合，构建一个全方位、多层次的数字化生态系统，它包括数字化设计、数字化施工、数字化运营等环节，通过信息化、智能化、网络化等手段，实现建筑生命周期各个阶段的数字化管理和协同，提高建筑业的效率、质量和可持续发展能力。如何理解建筑业数字生态概念，主要是两个方面，一是准确把握数字生态的题中之义，二是准确把握数字生态所带来的影响和变革。

【数字生态的题中之义】

具体来说，建筑业数字生态包括以下五个方面的内容：

[数字化设计]利用建筑信息模型（BIM）等技术，实现建筑设计的数字化、三维化、协同化，提高设计效率和质量。

[数字化施工]利用数字化技术，如虚拟现实（VR）、增强现实（AR）等，对施工过程进行模拟、优化和管理，提高施工效率和安全性。

[数字化运营]利用物联网、大数据等技术，对建筑物进行监测、管理和维护，实现智能化运营和节能减排。

[数字化供应链]通过建立数字化供应链平台，实现建材、设备等物资的数字化采购、管理和交付，提高供应链的透明度和效率。

[数字化服务]通过互联网和移动应用等技术，提供在线预约、在线支付、在线咨询等服务，提升用户体验和满意度。

通过建筑业数字生态的建设，可以实现建筑生命周期各个环节的数字化协同，提高建筑业的管理效率和工作质量，推动建筑业向智能化、可持续发展的

第一篇
建筑业数字生态发展趋势

方向发展。这一变革不仅改变了建筑业的生产方式，更是推动了整个建筑产业的发展。

【数字生态的影响和变革】

数字生态所带来的影响和变革主要是四个方面：

数字建筑的出现，使得建筑业的产品形态发生了变化。传统的建筑模式受到了挑战，而新的数字化建筑模式逐渐崭露头角。数字化建筑模式可以通过构建数字建造创新平台，将BIM、数字孪生、互联网、大数据、人工智能、机器学习、扩展现实等数字技术与工程建设深度融合，从而实现建筑全生命周期的管理和控制，包括规划设计、建筑施工、运维管理、建材废弃回收等环节。

数字化建筑模式也改变了建筑业的商业模式和管理模式。传统的建筑业商业模式主要是以物质产品为主，而在数字化建筑模式下，建筑业的商业模式更加注重服务和用户体验。同时，数字化也改变了建筑业的管理模式，使得建筑业的管理更加智能化，提高了管理效率和效果。

数字化建筑模式还改变了建筑业的生产方式和交易方式。传统的建筑业生产方式主要是以人工为主，而在数字化建筑模式下，建筑业的生产方式更加依赖于机器和自动化设备。同时，数字化也改变了建筑业的交易方式，使得建筑业的交易更加便捷和高效。

数字化建筑模式的出现，不仅改变了建筑业的产品形态、商业模式、管理模式、生产方式和交易方式，更是推动了整个建筑产业的发展。通过构建数字建造创新平台，依托金融科技产业互联网平台，打造可信建造数字产业生态圈，基于数字建造创新平台及物联网、区块链等信用认证相关技术，创建可信建造数字金融平台。

在这个过程中，我们可以深入分析行业供应链总成本结构，降低绿色供应链总成本，提高建筑行业生产率和利润率。同时，我们也可以依托新兴产业创新平台，推广多点支撑区域辐射效应，从而推动整个建筑产业的发展。

总的来说，建筑业数字生态概念的提出，是建筑业在数字化时代的必然趋势。

通过数字化建筑模式的实施，我们可以推动建筑业的发展，提高建筑业的生产效率和利润率，从而推动整个建筑产业的发展。

数字时代企业新范式——数智企业

随着科技的快速发展和数字化的普及，建筑行业迎来数字时代，同时也意味着建筑行业正面临新的挑战和机遇。传统的建筑企业在数字时代需要转变思维，采用新的经营模式和技术手段，以适应快速变化的市场环境。在这个背景下，建筑企业正在寻找新的业务模式和竞争优势。数智企业作为一种新的企业范式，正在逐渐成为建筑行业的热门话题，它以数字化、智能化和信息化为核心，通过应用先进的技术和工具，实现企业的高效运营和持续创新。数智企业是指将数字化和智能化技术应用于建筑全生命周期的企业，通过数据分析和人工智能等技术手段，提高建筑行业的管理效率和工作质量，降低成本和风险，实现企业全生命周期管理、智能化决策、精细化运营、个性化服务。

本节将从数智企业的概念、优势、特点、构建方法和实施途径等方面，探讨数字时代建筑企业发展的新范式。

【数智企业的概念】

数智企业是指通过数字化、智能化等技术手段，实现企业全生命周期管理、智能化决策、精细化运营、个性化服务的企业。数智企业是一种新的企业形态，它不同于传统的建筑企业，它以数字化、智能化为核心，将信息技术与企业管理深度融合，通过业务再造、数据驱动、智能分析、优化资源配置等方式，提高企业的生产效率、降低成本、提升市场竞争力。

【数智企业的优势】

相较于传统建筑企业，数智企业具有以下优势：

[高效的信息化管理] 数智企业通过数字化工具实现高效的信息化管理，能够提高企业的生产效率和管理水平。例如通过BIM（建筑信息模型）等技术手段，可以将建筑设计、施工、运维等各个阶段的数据进行整合和共享，实现信息的无障碍传递和协同作业，提高设计效率、降低施工成本、减少运维风险。

第一篇
建筑业数字生态发展趋势

[数据驱动的决策支持]数智企业通过数据分析和挖掘技术，将海量的项目数据转化为有价值的信息，为管理层提供数据驱动的决策支持。通过智能化分析工具，可以在项目全生命周期内实现数据共享和分析，帮助企业及时掌握项目进展情况、预警风险、制定科学决策。

[精细化的运营管理]数智企业通过智能化技术实现精细化的运营管理，能够提高企业的运营质量和效益。例如通过物联网技术将建筑设备、传感器等连接在一起，实现实时数据采集和监控，提高运营效率、降低运营成本；通过智能化巡检系统实现巡检任务的自动化分配。

【数智企业的特点】

数智企业的特点主要是将数字化和智能化技术应用于建筑全生命周期的运营管理。具体来说，数智企业是将信息技术和智能化技术应用于建筑设计、施工、运维等各个环节，实现建筑全生命周期的数字化管理和智能化控制。数智企业的特点主要体现在以下几个方面：

[数据驱动]数智企业以数据为基础，通过数据分析和挖掘等技术手段，实现对建筑设计、施工、运维等各个环节的精细化管理和精准决策。

[智能化管理]数智企业采用人工智能、机器学习等技术手段，实现建筑全生命周期的智能化管理和控制，提高智能决策效率和质量。

[数字化交付]数智企业采用数字化交付方式，将建筑设计和施工等过程数字化，实现信息的快速传递和共享，提高数字交付效率和质量。

[平台化运作]数智企业采用平台化运作方式，搭建数字化平台，实现对建筑全生命周期的统一管理和协调，提高协同效率和质量。

【数智企业的构建】

[推动数字化转型]

数字化是数智企业的基础，它涵盖了企业内外的各个环节。在企业内部，数字化可以提高工作效率、降低成本和风险。通过建立数字化的管理系统和流程，企业可以实现项目管理、人力资源管理、财务管理等方面的自动化和集成化。

建筑企业数字化系统建设方法论
Construction Methodology of Digital System in Construction Enterprises

同时，数字化还可以帮助企业进行数据分析和决策支持，提升企业的竞争力和创新能力。

在企业外部，数字化可以改变建筑供应链的运作方式。通过数字化技术，建筑企业可以与供应商、承包商和客户实现信息共享和协同工作，提高建筑项目的工作效率和产品质量。例如通过建筑信息模型（BIM）技术，建筑企业可以在项目设计阶段就进行虚拟建模和协同设计，减少设计错误和冲突，提高项目的可行性和可持续性。

[探索智能化升级]

智能化是数智企业的核心要素，它通过应用人工智能、物联网、大数据等技术，实现建筑企业的智能化升级。在建筑施工方面，智能化技术可以实现施工过程的自动化和智能化，提高施工效率和安全性。例如通过无人机和机器人技术，建筑企业可以实现高空作业、搬运和监测等工作的自动化，减少人力成本和工作风险。

在建筑运维方面，智能化技术可以实现建筑设备的智能监控和维护。通过传感器和物联网技术，建筑企业可以实时监测建筑设备的运行状态和能耗情况，及时进行故障诊断和维修，提高设备的可靠性和使用寿命。同时，智能化技术还可以实现建筑的智能能源管理和环境控制，提高建筑的能效和舒适性。

【数智企业实施途径】

要实现数智企业的转型和发展，需要从以下几个方面入手：

[建立数字化平台] 数字化平台是数智企业的基础，包括硬件和软件等方面。硬件包括服务器、存储、网络等基础设施，软件包括云计算、大数据、人工智能等应用软件。建立数字化平台可以实现建筑全生命周期的数字化管理和智能化控制。

[数据分析和挖掘] 数智企业需要采用数据分析和挖掘等技术手段，实现对建筑设计、施工、运维等各个环节的精细化管理和精准决策。通过对数据的分析和挖掘，可以发现潜在的问题和优化点，为企业的决策提供科学依据，实现

第一篇
建筑业数字生态发展趋势

精准管理。

[智能化应用]智能化应用是数智企业的核心,包括人工智能、机器学习等技术手段的应用。通过智能化应用可以实现建筑全生命周期的自动化管理和智能化控制,提高智能决策效率和质量。例如可以采用人工智能技术对施工过程进行自动化管理和智能化控制,采用机器学习技术对建筑结构进行智能分析和优化设计等。

[数字化交付]数字化交付是数智企业的关键,可以实现信息的快速传递和共享,提高数字交付效率和质量。数字化交付包括建筑设计和施工等过程的数字化交付,也包括数字化工具的应用。例如可以采用BIM(建筑信息模型)等技术手段,实现建筑设计和施工等过程的数字化交付和信息共享。

[创新组织结构和管理模式]数智企业的转型和发展需要创新组织结构和管理模式,包括数字化管理、智能化控制、协同工作等方面。创新组织结构和管理模式可以实现企业资源的优化配置和协同高效,提高协同效率和质量。

随着数字时代的来临,建筑企业需要积极应对行业变革,加快转型升级和高质量发展。数智企业作为数字时代建筑企业的新范式,可以实现建筑全生命周期的数字化管理和智能化控制,提高智能决策效率和质量的同时,降低成本和风险。因此,建筑企业需要积极探索和实践数智企业模式,不断创新和变革,为行业的可持续发展做出更大的贡献。

新时期数智企业六大特性

新时期,建筑企业向建筑数智企业转型过程中,呈现六大特性。即客户导向、生态共荣、员工能动、实时感知、数据驱动和智能运营。这些特性是建筑数智企业的核心竞争力和重要特征,将引领建筑行业未来的发展方向和发展动力。

【客户导向】

客户导向是新时期建筑数智企业的核心特性之一,在数字化时代,客户的需求变得更加多元化和个性化,建筑数智企业需要将客户的需求放在首位,通过数据分析和挖掘,深入了解客户的需求和偏好,为客户提供更加优质的服务和产品。它要求建筑数智企业高度重视客户需求，将客户需求作为企业发展的核心驱动力。通过数字化手段，企业可以更好地了解客户需求，对客户需求进行精细化管理服务。在项目设计和施工过程中，企业应积极收集客户需求和反馈，不断优化设计方案和施工流程，提高客户满意度。同时，企业应建立完善的客户服务体系，通过数字化渠道与客户进行实时互动，提高客户的参与度和满意度，实现客户服务的智能化和高效化，提升客户体验。

【生态共荣】

生态共荣是指建筑数智企业需要与产业链上下游的企业建立紧密的合作关系，在生态共荣理念指导下，建筑数智企业应注重与合作伙伴、供应商、设计院、政府等多方合作，共同打造一个良性互动的生态系统。通过数字化平台，企业可以与合作伙伴共享资源、技术和信息，实现互利共赢。建筑数智企业可以实现对建筑全生命周期的协同管理，提高效率和质量。同时，建筑数智企业还可以通过平台化运作，整合资源，提供一站式的综合服务，实现与合作伙伴的共赢。同时，企业应关注社会责任和可持续发展，与政府合作推动行业进步，与社会各界共同推动生态文明建设。

【员工能动】

员工能动是指建筑数智企业激发员工的能动性和创造力，通过数字化平台和智能化应用，建筑数智企业可以实现工作流程的自动化和智能化，减少员工的重复性劳动，提高员工的工作效率和质量。同时，建筑数智企业还需要为员工提供更加灵活的工作方式和更加丰富的学习资源，激发员工的创造力和潜能。数字化手段可以提高员工工作效率，同时为员工提供个性化、智能化的发展平台，激发员工的创新精神和创造力，为实现企业目标奠定坚实基础。企业应建立完善的员工培训和管理体系，提高员工素质和综合能力，实现人尽其才、才尽其用。

【实时感知】

在数字化时代，信息变得更加及时、准确和丰富，实时感知是指建筑数智企业通过数字化手段实现对项目全过程的实时监控和管理，及时发现风险和解

第一篇
建筑业数字生态发展趋势

决问题，同时具备对市场和风险的实时感知能力。通过 BIM 等技术手段，企业可以在项目设计、施工等各个环节实现信息的实时共享和传递，提高项目管理的协同效率和精度。同时，企业可以实时感知市场变化和风险，及时调整经营策略，提高企业的应变能力。

【数据驱动】

在数字化时代，数据已经成为企业的重要资产和资源，数据驱动是指建筑数智企业需要将数据作为重要的驱动力和创新引擎，建筑数智企业以数据为驱动力，实现企业各项业务的优化和决策的科学化。建筑数智企业需要充分发挥数据的作用，通过数据分析和挖掘，深入了解市场需求和趋势，优化自身的业务模式和决策过程。通过数字化平台，企业可以收集和整理项目全过程的数据信息，并对这些数据进行分析和挖掘，提取有价值的信息。这些信息可以为企业提供更加精准的市场分析、客户画像、设计方案优化等支持，帮助企业做出更加科学、合理的决策。同时，建筑数智企业还需要通过数据驱动的创新，探索新的商业模式和增长点，实现企业可持续发展。数据驱动也有助于企业提高质量控制和安全管理等方面的水平，提升企业的整体抗风险能力和竞争力。

【智能运营】

智能运营是指建筑数智企业借助人工智能等技术手段实现企业运营的智能化和自动化。通过人工智能、机器学习、物联网等技术手段的应用，将智能化技术应用于企业的各个方面。实现智能化管理和控制，提高效率和质量。例如采用人工智能技术可以对施工过程进行自动化管理和智能化控制，采用机器学习技术可以对建筑结构进行智能分析和优化设计等。通过智能化手段，企业可以提高项目设计、施工等各个环节的自动化水平和管理效率。在施工现场，智能化技术可以帮助企业实现自动化材料管理和设备调度等复杂任务；在项目管理方面，智能化技术可以帮助企业实现智能化的进度控制和质量检测等。这些智能化的运营手段可以提高企业的生产效率和管理水平，降低成本和风险。

建筑企业数字化系统建设方法论
Construction Methodology of Digital System in Construction Enterprises

总体来说，新时期建筑数智企业具有客户导向、生态共荣、员工能动、实时感知、数据驱动和智能运营等六大特性。这些特性有助于企业提高客户满意度和市场竞争力，实现可持续发展和创新引领。随着技术的不断进步和市场环境的不断变化，建筑数智企业应不断创新和发展，为行业的进步和社会经济的发展做出更大的贡献。

构建数智生态体系六个方向

建筑数智企业不仅需要具备数字化和智能化的技术手段，还需要构建一个完整的数智生态体系，以实现建筑全生命周期的高效管理和精准控制。构建建筑企业数智生态体系需要从技术平台建设、产业链整合、数据驱动决策、智能化应用、员工赋能和信息安全保障六个方向入手。本节将从这六个方向探讨构建建筑企业数智生态体系。

【技术平台建设】

构建建筑企业数智生态体系，首先需要建立一个完善的技术平台，包括云计算、大数据、人工智能等技术手段的集成应用。通过技术平台的建设，企业可以实现数字化交付、智能化管理、实时感知等核心功能，提高工作效率和质量。技术平台建设是构建建筑企业数智生态体系的基础，这包括硬件和软件的部署和配置，以及云计算、大数据和人工智能等技术的集成应用。在技术平台建设过程中，需要着重考虑以下方面：

[云计算平台] 选择合适的云计算服务，如阿里云、腾讯云等，建立云计算平台，为建筑企业提供稳定、安全、灵活的计算和存储服务。

[大数据技术] 集成大数据技术，如数据挖掘、数据分析等，对建筑全生命周期的数据进行高效处理和应用。

[人工智能技术] 应用人工智能技术，包括机器学习、深度学习等，实现数据的智能化处理和应用。

[建筑行业软件] 集成和应用各种建筑行业软件，如各类BIM工业软件、施工管理集成系统等，实现数字化管理和智能化控制。

第一篇
建筑业数字生态发展趋势

【产业链整合】

建筑企业数智生态体系需要与产业链上下游的企业建立紧密的合作关系，共同打造一个良好的生态系统。通过与供应商、承包商、设计院等企业建立战略合作伙伴关系，企业可以实现建筑全生命周期的协同管理和精准控制，降低成本和风险,实现建筑全生命周期的协同管理和精准控制。在产业链整合过程中，需要着重考虑以下方面：

[战略合作] 与上下游企业建立战略合作伙伴关系，共同推进建筑行业的数字化和智能化发展。

[信息共享] 通过信息共享平台，实现设计、施工、运维等信息的快速传递和共享，提高协同效率和质量。

[业务协同] 通过业务协同平台，实现各企业之间的业务协同，包括物资采购、施工协调等，降低企业运营成本和风险。

【数据驱动决策】

数据驱动决策是建筑企业数智生态体系的核心要素之一。企业需要通过对海量数据的收集、分析和挖掘，深入了解市场需求和趋势，优化自身的业务模式和决策过程。同时，通过数据驱动的决策，企业可以实现对建筑全生命周期的精细化管理和精准决策，提高决策效率和质量。在数据驱动决策过程中，需要着重考虑以下方面：

[数据收集] 建立完善的数据收集机制，从各个业务系统中收集建筑全生命周期的数据。

[数据处理] 应用大数据技术对海量数据进行高效处理和应用，提取有价值的信息。

[数据应用] 将处理后的数据应用于各个业务领域，如市场营销、项目管理、财务分析等，提高决策效率和准确性。

【智能化应用】

智能化应用是建筑企业数智生态体系的重要特征之一。企业需要将智能化技术应用于建筑全生命周期的各个环节,如 BIM 模型、施工过程、运维管理等,实现自动化管理和智能化控制。智能化应用不仅可以提高智能决策效率和质量,还可以降低企业运营成本和风险。在智能化应用过程中,需要着重考虑以下方面:

[BIM 模型] 应用 BIM 模型实现建筑设计、施工和运维的数字化管理和智能化控制。

[施工过程] 应用智能化技术对施工过程进行自动化管理和智能化控制,提高施工效率和质量。

[运维管理] 应用智能化技术对建筑运维进行智能化管理,提高运维效率和质量。

【员工赋能】

建筑企业数智生态体系需要激发员工的积极性和创造力。企业需要通过数字化平台和智能化应用,为员工提供更加灵活的工作方式和更加丰富的学习资源,激发员工的创造力和潜能。同时,企业还需要建立数字化管理和智能化控制的培训和管理体系,提高员工的技能水平和工作效率。在员工赋能过程中,需要着重考虑以下方面:

[培训] 加强数字化和智能化技术的培训和教育,提高员工的技能水平和专业素养。

[工作方式] 推广远程办公、在线协作等新型工作方式,提高工作效率和灵活性。

[学习资源] 建立完善的学习资源库和知识管理系统,方便员工学习和获取新知识。

【信息安全保障】

在数字化和智能化的过程中,建筑企业需要重视信息安全保障。通过建立完善的信息安全管理制度和体系,企业可以保障数据安全和系统稳定,避免信息泄露和系统故障带来的风险。同时,企业还需要加强对数据和系统的实时监控和维护,确保数字化和智能化应用的安全可靠。在信息安全保障过程中,需要着重考虑以下方面：

[安全策略] 制定完善的安全策略和规章制度，规范信息安全行为和管理流程。

[安全技术] 采用先进的安全技术和工具，如加密技术、防火墙等，加强系统和数据的安全防护。

[安全监控] 建立安全监控机制和应急响应计划，及时发现和处理信息安全事件，减少损失。

[安全培训] 加强员工的安全意识和培训教育，提高员工的信息安全意识和技能水平。

[数据备份与恢复] 建立完善的数据备份和恢复机制，确保数据的可靠性和完整性。

以上六个方向不仅是建筑数智企业的核心竞争力和重要特征，还是实现建筑全生命周期高效管理和精准控制的关键要素。通过不断加强这些方面的建设，建筑企业可以成功转型为建筑数智企业，实现可持续发展和创新增长。同时，还需要积极借鉴行业最佳实践和成功案例，并结合自身实际情况进行不断创新和优化，不断提升自身的数智化建设水平和信息安全保障能力。

企业数字运营平台与数字底座

企业架构设计之变——管理重构

数字化转型视角下，建筑企业架构设计变革的核心是管理重构。随着数字化技术的快速发展，各行业都在积极探索数字化转型的道路，以提升企业竞争力。其中，建筑企业由于其特有的行业属性和业务特点，数字化转型管理重构对其架构设计的影响尤为显著。本节将从数字化转型管理重构的角度，探讨建筑企业架构设计的变化及其意义。

【数字化转型管理重构的现状与问题】

当前建筑企业在数字化转型进程中，管理重构存在诸多问题。一是部分企

建筑企业数字化系统建设方法论
Construction Methodology of Digital System in Construction Enterprises

业对于数字化转型的重要性认识不足，缺乏战略规划和顶层设计。这种现象往往导致数字化转型过程中的盲目性和随意性，无法充分发挥数字化技术的优势。二是受到传统管理体制和思维模式的影响，建筑企业的组织架构、管理体系等方面难以适应数字化转型的需求。具体表现在部门之间沟通不畅、信息"孤岛"现象严重、管理效率低下等方面。三是缺乏数字化人才和技术支持，从而制约数字化转型管理重构。由于人才和技术能力的限制，建筑企业往往无法充分利用数字化技术进行管理重构，从而影响了数字化转型的效果。

【管理重构的必要性与优势】

面对当前数字化转型管理重构现状问题，管理重构在于企业架构设计之变显得尤为必要。首先，数字化转型是建筑企业适应市场变化的需要。随着市场竞争的加剧，建筑企业必须通过数字化转型来提高管理效率、降低成本、提升企业竞争力。其次，数字化转型有助于企业实现信息化、智能化，以适应新时代的发展需求。通过数字化转型，建筑企业可以优化组织架构、完善管理体系、改进业务流程等方面，实现高效管理和精准控制，从而更好地满足客户需求和社会发展趋势。

在实践中，一些建筑企业已经取得了数字化转型管理重构的成功。例如某大型建筑企业在引入数字化技术后，通过优化组织架构、管理体系和业务流程，实现了项目的高效管理和精准控制，大大提高了企业的盈利能力。此外，在数字化转型过程中，采用云计算、大数据、人工智能等先进技术，对项目管理、设计、施工等环节进行了智能化改造，取得了良好的应用效果和经济效益。

【从数字化转型管理重构的角度看建筑企业架构设计之变】

数字化转型对建筑企业的企业架构设计提出了新的挑战和要求。建筑企业应从组织架构、管理体系、业务流程等多方面进行改变企业架构设计，以适应数字化转型的需求，提升企业竞争力并实现可持续发展。

[组织架构]数字化转型要求建筑企业的组织架构更加扁平化、高效化，以便更好地适应市场的快速变化。通过减少管理层级、拓宽管理幅度，提高组织

第一篇
建筑业数字生态发展趋势

敏捷性和响应速度。同时，数字化技术可以帮助企业实现信息传递和共享，加强各部门之间的沟通和协作，提高组织协同效率。

[管理体系] 数字化转型推动建筑企业的管理体系向信息化、智能化方向发展，实现各业务部门之间的信息共享与协同。通过引入数字化技术，优化管理体系和流程，建立统一的信息管理平台，实现各业务环节的无缝衔接和高效协同。这样可以降低管理成本、提高管理效率，并为企业的决策提供有力支持。

[业务流程] 数字化转型将重塑建筑企业的业务流程，实现各环节的数字化、自动化，提高工作效率和降低成本。通过应用云计算、大数据、人工智能等技术，建筑企业可以对项目管理、设计、施工等环节进行智能化改造，优化业务流程，提高工作效率和降低成本。同时，数字化技术可以帮助企业实现客户需求与管理的紧密结合，提高客户满意度和市场竞争力。

为适应数字化转型的需求，建筑企业需要适应新的市场环境和技术趋势，对其企业架构进行相应的调整和优化，建筑企业应从以下几个方面变革架构设计：

[扁平化管理] 数字化转型的核心是信息的快速流通和共享。为了实现这一目标，建筑企业的组织架构应趋向于扁平化，减少中间环节，提高信息的传递速度和响应速度。同时，企业应建立更加开放和灵活的组织结构，鼓励员工之间的交流和协作，以适应数字化时代的需求。

[强化数据驱动决策] 数字化转型将数据放在一个更加重要的位置。建筑企业应构建一个数据驱动的决策体系，通过数据的收集、分析和挖掘，为企业的战略规划、项目管理、市场预测等提供有力支持。同时，企业应注重数据的实时性和准确性，以便更好地指导业务决策。

[智能化业务流程] 数字化转型将推动建筑企业的业务流程向智能化方向发展。企业应运用数字化技术，如人工智能、机器学习等，对业务流程进行自动化和智能化改造。例如利用人工智能技术实现智能化的项目管理、设计、施工等环节，提高工作效率和降低成本。

建筑企业数字化系统建设方法论
Construction Methodology of Digital System in Construction Enterprises

[端到端集成]数字化转型将促进建筑企业各业务系统的集成和整合。企业应建立统一的信息管理平台，实现各业务环节的数据共享和信息交流，打破信息孤岛现象，提高企业整体的运营效率。

[灵活性适应]数字化转型将使市场环境更加多变和复杂。建筑企业应构建灵活的企业架构，具备快速响应市场变化的能力。例如企业可以采用敏捷开发的方法，以适应项目管理需求的变化和市场趋势的转变。

[人才和技术投入]数字化转型需要强大的技术人才支撑。建筑企业应加大对数字化技术人才的投入，培养和引进具备数字化技能和知识的专业人才。同时，企业应关注数字化技术的研发和创新，以保持竞争优势，不断学习和改进，构建一个开放和包容的人才技术氛围。此外，企业应关注行业动态和技术趋势，不断学习和创新，以适应不断变化的市场环境。

数字中台服务架构

数字中台服务架构是一种基于数字化技术和云计算平台的企业架构设计，旨在实现企业数字化转型和业务创新。数字中台服务架构将企业的核心业务能力和数据资源进行整合和开放，通过统一的数据接口和服务接口，为内部员工、合作伙伴和客户提供一致性、可复用的数字化服务。数字中台服务架构的核心是数字中台，它是一个集成了企业各个业务系统和数据资源的中心平台。数字中台通过数据集成、服务编排和业务流程管理，实现了企业各个业务系统之间的协同工作和信息共享。同时，数字中台还提供了一系列的标准化服务和API（应用程序编程接口），方便内部员工、合作伙伴和客户进行业务操作和数据交互。

数字中台服务架构的优势在于提高了企业的业务敏捷性和创新能力。通过数字中台，企业可以快速响应市场需求，快速开发和上线新的业务功能。数字中台还可以实现业务系统的解耦和模块化，使得企业能够更加灵活地进行业务组合和创新。此外，数字中台还可以实现数据的一致性和可信度，提高数据的质量和安全性。数字中台服务架构的实施需要企业进行组织架构和流程的重构。企业需要将原有的业务系统进行整合和优化，实现数据的集中管理和服务的统

第一篇
建筑业数字生态发展趋势

一调度。同时，企业还需要培养具备数字化技术和云计算能力的人才，以支持数字中台服务架构的运营和维护。

数字中台服务架构是企业在数字化转型中实现中心化、服务化、数据化和智能化目标的关键。

【中心化】

中心化是指企业通过数字中台构建数据中心，实现数据集中管理和统一调度，达到数据高效流通和共享的目的。数字中台作为企业级数据中心，为各个业务系统提供数据支持和服务，它能够整合和治理企业各类数据，包括业务数据、用户数据、市场数据等，形成统一的数据模型和规范，为企业提供标准化的数据接口和服务。在中心化的实现过程中，建筑企业可以采用微服务架构，将各个业务系统的数据进行集中管理和调度。同时，为了提高数据的处理效率，企业可以引入分布式计算和存储技术，实现大规模数据的快速处理和存储。

【服务化】

服务化是指数字中台为各类业务提供标准化的服务接口，实现业务系统的松耦合和模块化。数字中台将各个业务系统进行服务化改造，将业务功能封装成独立的、可复用的服务，实现不同业务系统之间的互通互联和信息共享。在服务化的实现过程中，建筑企业可以引入微服务架构，将业务功能拆分成多个独立的微服务，每个微服务都可以独立地完成某个特定的业务功能。同时，为了提高服务的可用性和可靠性，企业可以采用容器化技术，实现微服务的快速部署和管理。

【数据化】

数据化是指数字中台将各类数据进行整合、治理和分析，为企业提供数据驱动的决策支持和业务优化。数字中台将各类数据进行抽取、转换、整合和治理，形成统一的数据模型和数据仓库，为企业的数据分析、挖掘和可视化提供支持。在数据化的实现过程中，建筑企业可以采用大数据技术，将各类数据进行集中管理和处理。同时，为了提高数据的分析和挖掘能力，企业可以引入人工智能和机器学习等技术，实现数据的智能分析和预测。

【智能化】

智能化是指数字中台借助人工智能、机器学习等技术实现自动化和智能化的数据处理和业务操作。数字中台将人工智能和机器学习等技术应用于各个业务环节，实现业务流程的自动化和智能化改造。在智能化的实现过程中，引入人工智能和机器学习等技术，对业务流程进行自动化和智能化改造。例如利用机器学习技术对设计图纸进行自动化审核，利用人工智能技术对施工过程进行智能化监控等。同时，为了提高智能化应用的效率和准确性，企业可以采用深度学习等技术，实现更加精准的算法模型和应用场景。

中心化、服务化、数据化和智能化是数字中台服务架构的核心内容。建筑企业可以通过数字中台实现数字化转型的目标，提升企业的竞争力和可持续发展能力。在实践过程中，企业可以根据自身的实际情况和发展需求，逐步推进各个方案的实施，构建适合自己的数字中台服务架构。

总体而言，数字中台服务架构是一种以数字中台为核心的企业架构设计，通过整合和开放企业的核心业务能力和数据资源，提高企业的业务敏捷性和创新能力。数字中台服务架构在数字化转型和业务创新方面具有重要的作用，是企业实现可持续发展和竞争优势的关键。

数字运营六大平台

数字运营是指企业利用数字化工具和手段，对企业的运营过程进行数字化改造和升级，以实现提高运营效率、优化用户体验、提升用户价值等目标。数字运营是企业数字化转型的重要组成部分，可以帮助企业更好地适应数字经济时代的需求，提高企业的竞争力和可持续发展能力。数字运营的领域非常广泛，包括数字营销、数字化销售、数字化客户服务、数字化人力资源等。对于企业来说，数字运营的意义不仅仅在于提高效率和降低成本，更重要的是通过不断优化和创新，不断提升企业的竞争力和可持续发展能力。同时，数字运营也需要企业进行全面的数字化转型，包括组织架构、管理理念、业务流程、员工能力等方

第一篇
建筑业数字生态发展趋势

面都需要进行适应和改变。

数字化运营需要构建高效的技术体系和业务架构，以支持数字化业务的快速发展和不断创新。为此，企业需要打造数字运营六大平台，包括技术平台、数据中台、业务中台、智能中台、连接平台和低代码平台，以实现数字化运营的高效支撑和保障。

【技术平台】

技术平台是企业数字化运营的基础设施，包括计算、存储、网络等基础设施，以及数据中心的运维和管理。技术平台需要具备稳定、高效、安全、灵活等特性，以为企业数字化运营提供可靠的技术保障。在技术平台的构建过程中，企业需要注重基础设施的优化和升级，同时采用先进的数据中心解决方案，实现基础设施的高可用性和可扩展性。例如可以采用公有云、私有云、混合云等多种形式，以满足企业不同业务需求和安全要求。此外，还需要注重网络架构的优化和升级，以保证数字化运营的顺畅和高效。

【数据中台】

数据中台是企业数字化运营的核心，包括数据整合、数据治理、数据存储、数据处理和分析等模块。数据中台需要实现对各类数据的全面整合和治理，将数据统一管理起来，并为各业务系统提供标准化的数据接口和服务。在数据中台的构建过程中，企业需要注重数据的整合和治理，通过制定统一的数据规范和标准，对数据进行清洗、去重、合并等操作，以保证数据的准确性和一致性。同时，还需要采用分布式计算和存储技术，实现大规模数据的快速处理和存储。此外，通过数据挖掘和分析技术，可以发现数据背后的潜在规律和价值，为企业提供科学决策和优化运营的依据。

【业务中台】

业务中台是企业数字化运营的核心业务支撑平台，包括各类业务功能的封装和复用，以及业务流程的标准化和自动化。业务中台需要具备高效、灵活、可扩展的业务处理能力，以支持企业各类业务的不断发展和创新。在业务中台

建筑企业数字化系统建设方法论
Construction Methodology of Digital System in Construction Enterprises

的构建过程中,企业可以引入微服务架构,将业务功能拆分成多个独立的微服务,每个微服务都可以独立地完成某个特定的业务功能。同时,为了提高服务的可用性和可靠性,企业可以采用容器化技术,实现微服务的快速部署和管理。此外,可以采用低代码平台来提高业务功能的开发效率和质量,通过可视化编程和组件化组装的方式,快速构建符合企业需求的业务功能。

【智能中台】

智能中台是企业数字化运营的核心智能支撑平台,包括人工智能、机器学习、自然语言处理等技术应用和功能开发。智能中台需要为企业提供智能化的数据处理和分析能力,以及自动化和智能化的业务处理能力。在智能中台的构建过程中,企业可以引入人工智能和机器学习等技术,对业务流程进行自动化和智能化改造。同时,为了提高智能化应用的效率和准确性,企业可以采用深度学习等技术,实现更加精准的算法模型和应用场景。此外,还可以采用自然语言处理等技术,实现智能问答、智能客服等功能,提高用户体验和服务质量。

【连接平台】

连接平台是企业数字化运营的核心连接平台,包括各类互联网和物联网的连接协议和接口,以及与各类合作伙伴和客户的连接和协作。连接平台需要具备广泛连接、安全稳定、灵活扩展等特性,以支持企业与各方的顺畅沟通和协作。在连接平台的构建过程中,企业需要注重各类连接协议和接口的标准化和规范化,以实现与不同类型合作伙伴和客户的顺畅连接和协作。同时,还需要注重连接平台的安全性和稳定性,通过采用可靠的安全措施和技术手段,保证连接的可靠性和数据的安全性。此外,连接平台需要具备灵活扩展的特性,以支持企业不断扩展的业务范围和不断变化的业务需求。

【低代码平台】

低代码平台是企业数字化运营的核心开发平台,包括可视化编程、组件化组装、自动化部署等功能。低代码平台需要为企业提供高效、简单、灵活的开发方式,以支持企业不断发展和创新的需求。在低代码平台的构建过程中,企

第一篇
建筑业数字生态发展趋势

业可以采用可视化编程和组件化组装的方式，快速构建符合企业需求的业务功能。同时，低代码平台需要具备自动化部署的功能，以实现快速的开发和部署流程。此外，低代码平台需要具备定制化的开发能力，以满足企业不断变化的需求。通过低代码平台的建设可以提高开发效率和质量，降低开发成本，为企业数字化运营带来更好的支撑作用。

数字运营六大平台是企业数字化转型的核心基础设施之一，构建健全的数字运营六大平台，可以有效地提升企业的竞争力，助力企业快速发展。

数字底座理念

数字底座理念是指在数字化时代，企业建立和运营数字化基础设施的一种理念和方法。建筑企业通过构建数字化基础设施平台，以计算力输出的形态来帮助企业应对业务数字化过程中的难题，并为企业提供一站式的数字化解决方案和能力。数字底座强调软硬件一体化的能力，注重计算力和数据驱动的决策，使企业的业务系统和功能能够适应不断变化的市场环境和客户需求，实现数字化转型。数字底座是企业的信息技术基础设施和平台，它为企业的数字化转型和业务创新提供支持和保障。通过建立和运营数字底座，企业可以实现业务的数字化转型和创新，提高业务的效率和竞争力。

建筑企业数字底座建设是一项关键的数字化转型任务，强调信息技术基础设施建设、数据管理、平台建设和安全保障等四个方面，旨在提供一个稳定、高效、安全和灵活的环境，以支持建筑企业的数字化业务创新与发展，为企业的数字化运营提供指导和支持。

【基础设施建设】

基础设施建设是数字底座的基石，它包括网络架构、数据中心、云计算和信息系统等方面。对于建筑企业而言，首先要关注网络架构的优化和扩展，确保企业拥有足够的网络带宽和稳定性来支持日益增长的数字化应用需求。同时，数据中心作为企业数据的存储和管理中心，也需要进行高可用性、高扩展性的建设，以满足日益增长的数据存储和管理需求。在云计算方面，建筑企业可以

建筑企业数字化系统建设方法论
Construction Methodology of Digital System in Construction Enterprises

选择采用公有云、私有云或混合云的解决方案，以获得更高效、灵活和安全的数据处理能力。此外，建筑企业还需要关注信息系统的建设，包括各种业务系统、生产管理系统、资源管理系统等，以支持企业各项业务的顺利开展。

【数据管理】

数据管理是数字底座的核心，它涉及数据的整合、治理、存储、处理和分析等方面。建筑企业需要关注以下几个方面：

[数据整合]将企业内外部的各种数据进行整合，形成一个统一的数据中心，方便企业对数据进行统一管理和应用。

[数据治理]制定数据规范和标准，确保数据的准确性、一致性和完整性，同时对数据进行分类、分片和加密等操作，以保障数据的安全性和隐私性。

[数据存储]采用分布式存储技术，实现数据的快速存储和备份，同时保证数据存储的高可用性和可扩展性。

[数据处理]采用分布式计算和数据处理技术，实现大规模数据的快速处理和分析，以提高企业的决策效率和精准性。

[数据分析]借助数据分析工具和算法，对数据进行深入挖掘和分析，发现数据背后的潜在规律和价值，以支持企业决策和业务优化。

【平台建设】

平台建设是数字底座的重要组成部分，它涉及业务中台、数据中台、智能中台和连接平台等方面。建筑企业需要关注以下几个方面：

[业务中台]通过微服务架构和容器化技术，将各类业务功能进行封装和复用，以提高业务处理的效率和灵活性。同时，业务中台还需要关注业务流程的标准化和自动化，以降低人工干预和操作成本。

[数据中台]通过数据整合、治理、存储、处理和分析等技术，实现企业数据的共享、复用和增值。数据中台需要关注数据的全生命周期管理，包括数据的采集、处理、存储、分析和应用等方面。

[智能中台]借助人工智能和机器学习等技术，实现业务流程的自动化和智

能化改造。智能中台需要关注智能算法和模型的研发和应用,以提高企业的智能化水平和创新能力。

[连接平台]通过 API 接口、SDK 等工具,实现企业与各合作伙伴和客户的顺畅沟通和协作。连接平台需要关注连接协议和接口的标准化和规范化建设,以保证连接的可靠性和数据的安全性。

【安全保障】

安全保障是数字底座的关键环节,它涉及网络安全、数据安全、系统安全和应用安全等方面。建筑企业需要关注以下几个方面:

[网络安全]通过部署防火墙、入侵检测系统等设备和技术手段,防范外部攻击和非法访问,确保网络安全和稳定。

[数据安全]通过数据加密、备份和恢复等措施,保障企业数据的机密性和完整性。同时,建立完善的数据管理制度和规范,加强对员工的数据安全意识和培训。

[系统安全]通过操作系统、数据库等系统的安全性设置和漏洞扫描等手段,防范系统被攻击和入侵的风险。

[应用安全]通过建立应用程序的安全审计机制和技术防范手段等措施来确保应用的安全性。例如采用 SDL 等安全开发流程来预防应用被黑客攻击。

数字化转型关键在变革与创新

数字生态能否颠覆建筑行业

前文提到,随着数字化技术的迅速发展,各行各业都在经历着前所未有的变革。建筑行业也不例外,数字化技术为其带来了巨大的机遇和挑战。一些人认为,数字生态正在颠覆传统建筑行业,带来了前所未有的创新。然而,也有人对此持怀疑态度,认为数字化只是在传统建筑行业基础上增加了一些工具和技术,并没有彻底改变行业格局。本节将从数字化转型变革与创新的角度,探讨数字生态能否颠覆建筑行业。

【数字生态对建筑行业的冲击】

数字生态对建筑行业的冲击主要表现在以下几个方面：

[设计和建模的数字化] 数字化技术使得建筑设计和建模实现了从传统的手工绘图到计算机辅助设计的转变。这不仅提高了设计效率，还降低了错误率，使得设计师能够更快地创建出高质量的设计方案。同时，数字化技术还有助于更好地进行模拟和分析，进一步优化设计方案。数字技术如计算机辅助设计（CAD）和建筑信息模型（BIM）等，使得建筑设计和建模变得更加高效和精确。设计师可以使用数字工具进行虚拟建模和仿真，减少了传统手绘设计的时间和成本，同时提高了设计的质量和可视化效果。

[施工过程的数字化] 在施工过程中，数字化技术也发挥了重要作用。例如通过使用BIM（建筑信息模型）技术，可以将建筑设计信息数字化，帮助项目部更好地理解设计意图，提高施工效率和质量。此外，数字化技术还可以实现施工过程的实时监控，及时发现和解决问题，减少浪费和成本超支。数字技术在建筑施工和管理中的应用也越来越广泛。例如建筑现场可以使用无人机进行巡检和监控，提高施工安全性和效率。同时，数字化的施工管理系统可以帮助项目管理者实时监控进度、分配资源和解决问题，提高施工过程管理的效率和准确性。

[数字化管理和监测] 数字化技术还有助于实现建筑项目的高效管理和监测。通过使用项目管理软件和物联网技术，可以对施工现场进行实时监控和管理，确保施工进度和质量符合预期。同时，数字化技术还有助于更好地管理建筑材料和设备，减少浪费和成本超支。数字技术的发展使得建筑可以更加智能化和互联化。通过物联网技术，建筑内部的各种设备和系统可以实现互联互通，实现智能化的监控、控制和管理。

【数字化转型的挑战】

数字化转型也带来了一些挑战：

第一篇
建筑业数字生态发展趋势

[技术和人才短缺]

建筑行业的数字化转型需要依靠先进的技术，例如 BIM、云计算、大数据、人工智能等。但是，这些技术需要建筑企业进行深入地研究和学习，才能真正掌握和应用，数字化转型需要相应的技术支持和人才储备，特别是既懂企业业务管理，又懂数字技术人才，能够站在企业管理高度统筹规划与设计。然而，目前建筑行业普遍缺乏熟练掌握数字化技术的专业人才。同时，一些传统建筑企业可能缺乏对数字化技术的了解和应用经验，难以有效地将数字化技术应用到实际业务中。同时，数字化转型还需要解决技术上的难题，例如数据安全和隐私保护、系统集成和互操作性等问题。

[数据安全和隐私保护]

数字化技术带来了一些新的数据安全和隐私保护问题。例如在施工过程中，需要收集和处理大量数据，如何确保数据的安全性和隐私保护是一个亟待解决的问题。此外，在数字化转型过程中，也需要建立相应的数据管理制度和规范，以确保数据的质量和可靠性。

[业务替代和取消业务报表]

进入数字时代，数字化转型是建筑业刚需，是提升效率的必由之路，需遵循标准化到信息化、到数字化、再到智能化的有序演变，从企业内到社会化逐步打通的过程。项目是企业管理的原点，要实现数字化转型，必须确保项目所有业务在线上运行，确保项目源数据的真实性、及时性、有效性，实现源数据的纵向互通、横向互联、集成共享，并通过场景化的应用实现业务替代、基层减负，提升工作效率。

数字化转型必须实现线上取数、线上检查、线上考核、线上评价，整合碎片化、孤井式的数据源，打通业务数据链，以智能报表取代传统台账报表，实现报表自动生成，数据可视化分析，利用数据进行有效的资源统筹调配，提升企业内控运行管控能力，最终实现企业数据智能分析、智能风险预警。

[行业标准和发展方向不明确]

建筑企业数字化系统建设方法论
Construction Methodology of Digital System in Construction Enterprises

目前，建筑行业的数字化转型还处于初级阶段，相应的行业标准和未来发展方向还不够明确。这使得一些企业在数字化转型过程中缺乏明确的指导方向，难以有效地进行数字化转型。因此，需要加强行业内的交流和合作，共同推动建筑行业的数字化转型。

建筑行业是一个传统的行业，很多企业缺乏数字化转型的经验和技能。因此，建筑企业需要进行大量的培训和技术升级，以适应数字化转型的需求。同时，数字化转型需要花费大量的时间和精力与资金，建筑企业的员工和管理层需要投入更多的时间和精力来推动企业数字化转型。

数字化转型需要改变传统的管理模式。数字化转型不仅仅是技术和工具的升级，更重要的是管理和文化的变革。建筑企业需要改变传统的管理模式，建立更加开放、透明和灵活的管理体系，以适应数字化转型的需求。同时，建筑企业还需要建立数字化的考核与激励文化，鼓励员工积极参与数字化转型，并将其作为企业发展的重要工作。

数字化转型需要应对市场变化。随着数字化转型的推进，建筑市场的竞争也会发生变化。数字化转型将带来新的商业机会和商业模式，建筑企业需要能够适应市场的变化，抓住新的数字商业机会，提高自身的竞争力。

【数字生态颠覆建筑行业的潜力】

尽管数字化转型带来了一些挑战，但随着数字化技术的不断发展，建筑数字生态的逐渐形成和完善，数字生态颠覆建筑行业的潜力巨大。

[数字生态与建筑行业的融合]

数字生态是指基于数字化技术构建的，以数据为核心的，通过数字化手段实现人与人、人与物、物与物之间的智能交互与协同工作的生态环境。数字生态具有智能化、网络化、开放性和自适应性等特点，能够实现信息的实时共享、智能处理和高效利用。建筑行业是一个涉及众多领域的综合性行业，包括建筑设计、施工、装修、维护等多个环节。数字生态与建筑行业的融合，可以实现从设计到施工全过程的数字化管理和智能化控制，提高建筑行业的生产效率、

第一篇
建筑业数字生态发展趋势

降低成本、提升工程质量。数字生态将为建筑行业带来一系列创新技术的应用，例如人工智能、机器学习、大数据分析和云计算等。这些技术的应用将有助于提高建筑行业的效率和降低成本，推动行业的进一步发展。

[数字生态颠覆建筑行业的能力]

一是数字化设计与建模。数字化技术可以实现建筑设计、建模的全面数字化，使设计师能够更加直观地表达设计理念和方案，提高设计效率和精确度。同时，数字化建模还可以实现建筑结构的仿真模拟，对建筑物的性能、安全性等方面进行全面评估和优化。这不仅可以大幅度缩短设计周期，还能够提高设计质量，降低工程风险。

二是数字化施工与管理。数字化技术可以实现施工过程的全面数字化管理和监控，通过建立数字化施工管理系统，对施工过程进行全方位、全过程的管理和控制。数字化施工可以实时监测和及时解决施工过程中的问题，减少浪费和成本超支，提高施工质量和工作效率。同时，数字化技术还可以实现施工现场的精益管理和工序优化。通过物联网技术，对施工现场的人员、设备、材料等进行智能化监控和管理，实现资源的优化配置和高效利用。数字化技术还可以对施工现场的安全性进行全面评估和管理，减少安全事故的发生。

三是数字化运营与维护。数字化技术可以实现建筑物的智能化运营与维护。通过建立建筑物管理系统和智能化设施设备，对建筑物的能耗、维护、保养等方面进行全面管理和优化。数字化技术可以实现建筑物的智能化监控和报警，对建筑物进行全面的健康监测和管理，及时发现和处理潜在问题，延长建筑物的使用寿命。

[产业协同效应与商业模式变革]

数字生态的出现，使得建筑行业在设计和建模、施工过程、数字化管理和监测等方面都得以实现全面的数字化。这一转变不仅可以提高行业效率，还有望带来更广阔的产业协同效应和商业模式变革。

一方面，数字生态将打通建筑行业的上下游产业链，实现各方的协同合作。

建筑企业数字化系统建设方法论
Construction Methodology of Digital System in Construction Enterprises

这种协同效应不仅体现在信息流通和沟通效率的提升上,更表现在以下几个方面:

一是提高设计与施工的精准度:借助BIM(建筑信息模型)等数字化技术,设计师和工程师可以实时进行三维建模和模拟施工,以便更准确地预见和解决问题,提高设计与施工的精准度和效率。

二是优化资源分配与利用:通过数字化管理和监测,建筑企业可以对施工现场进行实时监控,合理调配区域资源,减少浪费和成本超支,提高资源利用效率。

三是促进跨领域合作:数字生态为建筑行业打开了与其他产业领域的合作之门。例如建筑企业可以与材料供应商、设备制造商、设计院和施工方等建立数字化协作平台,实现信息共享和协同作业,提高整个产业链的效率和效益。

另一方面,数字生态带来的另一个显著变革是建筑行业的商业模式。例如通过数字化技术实现建筑施工的定制化和服务化,可以提供更加高效和个性化的服务模式。这将有助于提高建筑行业的收益水平和服务质量。传统的建筑行业以线性价值链为主导,而数字生态则推动着服务化、定制化、平台化的商业模式转变。

一是服务化:数字生态使得建筑企业可以更好地理解和满足客户需求。通过数字化管理和监测,建筑企业可以在项目周期内提供更精细、个性化的服务,提高客户满意度和忠诚度。

二是定制化:借助数字化技术,建筑企业可以更好地理解和实现客户的个性化需求。通过BIM等工具,建筑企业可以在设计阶段就充分考虑客户的个性化需求,提供定制化的设计方案。

三是平台化:数字生态使得建筑企业可以借助数字化平台,整合产业链上下游资源,提供更高效、便捷的服务。例如建筑企业可以建立数字化平台,将设计、施工、管理等各个环节集成在一起,提高工作效率和资源利用效率。

笔者认为,数字生态颠覆建筑行业的潜力正在加快显现,对建筑行业的影

第一篇
建筑业数字生态发展趋势

响巨大、影响深远。通过先进的数字技术和平台，数字生态不仅可以改变建筑行业的生产方式和技术手段，更重要的是可以推动产业协同效应和商业模式变革。这些变革不仅有助于提高建筑行业的效率和效益，也将为整个社会带来更大的价值，但同时也面临着不小的挑战。为了更好地实现数字化转型，建筑企业需要加强技术应用和人才培养，明确数据安全和隐私保护措施，并加强行业内的交流与合作。只有这样，才能更好地应对数字生态带来的机遇和挑战，实现建筑行业的创新发展。

未来，随着数字技术的不断进步和创新应用，我们有理由相信数字生态将继续颠覆建筑行业，引领建筑行业进入一个更加智能、高效、可持续的发展阶段。同时，建筑行业也需要在应对挑战和抓住机遇中不断学习和进步，以适应数字化时代的发展要求，为推动全球建筑行业的创新和发展做出更大的贡献。

建筑业数字化转型具有哪些革命性意义

建筑业数字化转型不仅是为了应对市场的竞争压力，也是为了提高建筑项目的设计、施工和管理过程的效率和效益。建筑业的数字化转型具有一系列革命性意义，可以提高效率、促进可持续发展、优化项目管理、增强市场竞争力、提高质量和安全性，并推动产业升级和创新。

【提高效率和生产力】

数字化技术使建筑行业能够更准确地模拟和预测设计、施工和管理过程，从而提高效率和生产力。通过使用BIM、云计算、大数据和人工智能等先进的数字技术，建筑企业可以在项目周期内实现更精细、更个性化的服务，减少浪费和成本超支，提高资源利用效率。同时，数字化技术还有助于更好地管理和优化材料、设备和人员等资源，进一步提高生产力。

【促进可持续发展】

数字化转型为建筑行业带来了可持续发展的可能性。通过云计算和大数据分析等先进技术，建筑企业可以对建筑物进行更准确、更精细地监测和管理，提高建筑物的能源利用效率和环保性能。此外，数字化技术还可以促进可再生

建筑企业数字化系统建设方法论
Construction Methodology of Digital System in Construction Enterprises

能源的利用，推动绿色建筑和绿色城市的发展，从而为保护环境和社会发展做出贡献。

【优化项目管理和决策】

数字化转型可以为建筑项目管理带来更多的数据和信息，从而更好地支持决策制定和项目管理。通过使用大数据和人工智能等技术，建筑企业可以对施工现场进行实时监控和管理，及时发现和解决问题，确保项目按时、按质量完成。同时，数字化技术还可以支持更精细的项目预算和开展责任成本管控，更好地优化项目资源分配和精益管理。

【增强市场竞争力】

数字化转型可以为建筑企业提供更强的市场竞争力。通过数字化技术，建筑企业可以更好地理解和满足客户需求，提供更个性化的服务和解决方案。同时，数字化技术还可以分析区域建筑市场容量、竞争对手状况等，打开新的市场领域和商业模式，如平台化、服务化、定制化等，进一步提高企业的竞争力和创新能力。数字化技术还有助于建筑企业更好地与供应商、承包商和业主等合作伙伴进行协同合作，实现更高效、更精准的沟通和协作。

【提高质量与安全性】

数字化转型对建筑项目的质量和安全性有着重要的影响。通过先进的数字技术和工具，建筑企业可以在设计阶段就进行更准确、更精细的质量和安全性评估，过程中及时发现和解决问题。同时，数字化技术还可以对施工现场进行实时监控和管理，及时发现和解决潜在的安全隐患和质量问题。此外，数字化技术还可以支持更精细的工程验收和项目管理，确保项目质量和安全性能达到设计标准。

【推动产业升级和创新】

数字化转型将推动建筑行业的产业升级和创新。数字技术的引入将改变传统建筑企业的组织架构和业务流程，实现更高效、更精细的管理和协作。同时，数字化技术将促进新技术的应用和创新，为建筑行业带来更多的可能性。数字

第一篇
建筑业数字生态发展趋势

化转型将推动建筑行业不断向前发展，实现更加智能化、高效化、可持续化的未来。

我们如何从数字化红利中受益

前文提到，数字化技术为建筑业带来了巨大的机遇和挑战。建筑企业如何从数字化红利中受益，提升自身竞争力和盈利能力，成为当前亟待解决的问题。笔者认为，主要有以下四个方面。

【把握数字化转型的趋势和机遇】

数字化转型为建筑行业带来了新的机遇和挑战。建筑企业需要把握数字化转型的趋势和机遇，深入了解数字化技术对行业的影响，制定科学合理的数字化战略和计划，以应对市场竞争和客户需求。首先，建筑企业需要了解数字化技术对行业的影响。数字化技术不仅可以提高设计和建模的效率和精度，还可以实现施工过程的智能化和自动化，降低成本和风险，提高质量和效益。同时，数字化技术还可以为建筑企业提供更精细、更个性化的服务，满足客户的多样化需求。其次，建筑企业需要制定科学合理的数字化战略和计划。数字化转型不是一蹴而就的过程，需要建筑企业根据自身实际情况和发展需求，制定科学合理的数字化战略和计划，明确数字化转型的目标、路径和时间表。同时，建筑企业还需要根据数字化转型过程中可能出现的困难和问题，制定相应的应对措施和预案。

【加强数字化技术的应用和研发】

数字化技术是建筑企业从数字化红利中受益的关键。建筑企业需要加强数字化技术的应用和研发，掌握先进的数字化技术和工具，提高数字化技术的应用水平和效果。首先，建筑企业需要加强数字化技术的应用。数字化技术包括云计算、大数据、人工智能、BIM等，可以为建筑企业提供更精细、更个性化的服务，提高生产效率和质量。建筑企业需要积极应用这些数字化技术，将其贯穿于设计、施工、管理等各个环节中，提高数字化技术的应用效果。其次，建筑企业需要加强数字化技术的研发。数字化技术的更新换代速度非常快，建筑企业需要加强数字化技术的研发，跟上数字化技术的发展步伐，不断提高自身的数字化技术水平和创新能力。同时，建筑企业还可以与高校、科研机构等合作，共同推进数字化技术的研发和应用，提高数字化技术的应用效果和市场竞争力。

【提高数字化管理和运营能力】

数字化管理和运营能力是建筑企业从数字化红利中受益的重要保障。建筑企业需要提高数字化管理和运营能力，优化组织架构和业务流程，实现更高效、更精细的管理和协作。首先，建筑企业需要建立数字化管理体系。数字化管理体系包括数字化流程、数据标准、信息安全等方面的管理。建筑企业需要建立完善的数字化管理体系，确保数字化管理和协作的科学性和规范性。同时，建筑企业还需要加强对数字化管理体系的监督和评估，及时发现和解决数字化管理和协作中存在的问题和不足。其次，建筑企业需要优化组织架构和业务流程。传统的组织架构和业务流程已经无法满足数字化管理和运营的需求。建筑企业需要优化组织架构和业务流程，建立更加灵活、高效的组织架构和业务流程体系，实现更高效、更精细的管理和协作。同时，建筑企业还需要加强对员工的培训和管理，提高员工的数字化技能和素质，为数字化管理和运营提供更好的人才保障。

【加强数字化生态的合作和协同】

数字化生态可以为建筑企业提供更广阔的发展空间和机遇。建筑企业需要加强数字化生态的合作和协同，整合产业链上下游资源，实现更高效、更精准的沟通和协作。首先，建筑企业需要建立数字化协作平台。数字化协作平台可以打通产业链上下游资源，实现各方的协同合作。建筑企业需要建立自身的数字化协作平台，整合产业链上下游资源，提高沟通和协作的效率和质量。同时，建筑企业还需要加强对数字化协作平台的维护和升级，确保平台的稳定性和安全性。其次，建筑企业需要积极参与数字化生态的合作和协同。数字化生态包括多个产业领域和方面，建筑企业需要积极参与数字化生态的合作和协同，拓

第一篇
建筑业数字生态发展趋势

展自身的业务领域和市场空间。同时,建筑企业还需要加强对数字化生态的研究和分析,了解市场需求和发展趋势,为自身的数字化转型和发展提供更好的指导和参考。

建筑企业需要把握数字化转型的趋势和机遇,加强数字化技术的应用和研发,提高数字化管理和运营能力,以及加强数字化生态的合作和协同。只有不断推进数字化转型和管理创新,建筑企业才能在激烈的市场竞争中获得更好的发展机遇和效益。

如何走好建筑业数字化转型的创新之路

数字化的引入,使得建筑企业能够更高效、更精准地管理和运营项目,同时也能够提高设计和施工的精度和质量。然而,建筑企业如何走好数字化转型的创新之路,实现从传统建筑企业向数字化建筑企业的转型升级,仍需要深入探讨和研究。

【理解数字化转型的意义】

要明确数字化转型对于建筑企业的意义。数字化转型不仅能够提高建筑企业的生产效率和质量,还能够帮助企业更好地适应当今市场的需求和发展趋势。同时,数字化转型还能够提升建筑企业的核心竞争力,使其能够在激烈的市场竞争中获得更大的优势和市场份额。数字化转型的意义在于通过引入数字化技术,建筑企业可以更好地整合内外部资源,优化业务流程和管理体系,精减机构,降低经营费用,提高企业的决策效率和执行力。同时,数字化转型还可以使建筑企业更好地与供应商、承包商和业主等合作伙伴进行协同合作,实现更高效、更精准的沟通和协作。

【制定数字化转型战略】

制定数字化转型战略是建筑企业走好数字化转型之路的关键。首先,建筑企业需要明确数字化转型的目标和路径,制定科学合理的数字化转型战略和规划。同时,建筑企业还需根据自身实际情况和发展需求,选择合适的数字化技术和工具,确保数字化转型的顺利推进。数字化转型战略的制定应该基于深

建筑企业数字化系统建设方法论
Construction Methodology of Digital System in Construction Enterprises

入的市场调研和分析，了解市场需求和发展趋势，同时还需要对自身的数字化技术水平和应用能力进行全面评估。在制定数字化转型战略时，建筑企业需要注重以下几个方面：

[制定数字化转型的路线图] 数字化转型需要分阶段进行，建筑企业需要制定详细的数字化转型路线图，明确每个阶段的目标、时间表和重点任务。

[选择合适的数字化技术和工具] 数字化技术和工具种类繁多，建筑企业需要根据自身的需求和特点，选择适合自己的数字化技术和工具，例如 BIM、云计算、大数据、人工智能等。

[优化业务流程和管理体系] 数字化转型需要建筑企业对业务流程和管理体系进行优化，建立更加高效、灵活的组织架构和业务流程体系。

[建立数字化协作平台] 数字化协作平台可以打通产业链上下游资源，实现各方的协同合作。建筑企业需要建立自身的数字化协作平台，整合产业链上下游资源，提高沟通和协作的效率和质量。

【加强数字化技术的应用和研发】

加强数字化技术的应用和研发是建筑企业走好数字化转型之路的核心。数字化技术是建筑企业提高效率和竞争力的关键所在。因此，建筑企业需要不断加强数字化技术的应用和研发，积极引入先进的数字化技术和工具，提高数字化技术的应用水平和效果。

建筑企业需要深入了解数字化技术的最新发展趋势和应用前景，掌握相关技术和工具的应用方法和技巧。同时，建筑企业还需要注重数字化技术的研发和创新，结合自身的业务实际情况和发展需求，开发符合自身特点的数字化技术和解决方案。例如可以利用人工智能技术实现智能化施工安全和项目管理，利用大数据技术实现数据分析和风险预测等。

【提高数字化管理和运营能力】

提高数字化管理和运营能力是建筑企业走好数字化转型之路的重要保障。数字化管理和运营能力包括数字化流程、数据标准、信息安全等方面的管理能力，

第一篇
建筑业数字生态发展趋势

也包括对数字化设备和人员的运营和维护能力。这些能力的提高可以使得建筑企业更好地适应数字化转型的需求和挑战。建筑企业需要建立完善的数字化管理体系,包括制定数字化流程和标准、建立信息安全保障体系等。同时,建筑企业还需要加强对数字化设备和人员的投入和培训,提高员工的数字化技能和素质,为数字化管理和运营提供更好的人才保障和技术支持。此外,建筑企业还需要注重对数字化管理和运营的监督和评估工作,及时发现和解决数字化管理和运营中存在的问题和不足。

【加强数字化生态的合作和协同】

加强数字化生态的合作和协同是建筑企业走好数字化转型之路的重要途径。数字化生态包括多个产业领域和方面,建筑企业需要积极参与数字化生态的合作和协同,拓展自身的业务领域和市场空间。同时,建筑企业还需要加强对数字化生态的研究和分析,了解市场需求和发展趋势,为自身的数字化转型和发展提供更好的指导和参考。

建筑企业需要与供应商、承包商和业主等合作伙伴建立良好的合作关系,实现更高效、更精准的沟通和协作。同时,建筑企业还需要积极参与行业联盟和标准制定工作,推动数字化技术的普及和应用。此外,建筑企业还可以通过与高校、科研机构等合作,共同推进数字化技术的研发和应用,提高自身的创新能力和市场竞争力。

【抓牢抓好四大变革举措】

通过掌握数字化技术的最新进展和应用前景、优化组织结构、创新商业模式以及转变思维方式等措施的实施,建筑企业可以不断提升自身的创新能力和市场竞争力,为自身的可持续发展打下坚实的基础。

[生产方式的变革] 数字化技术的引入使得生产方式发生了深刻的变革。对于建筑企业而言,数字化技术可以提供从设计到工厂建造,再到施工现场建造的生产方式,更个性化的服务,从而提高生产效率和质量。例如利用BIM技术可以实现建筑过程的模拟和优化,实时掌控工序工艺建造过程,提高设计质量

建筑企业数字化系统建设方法论
Construction Methodology of Digital System in Construction Enterprises

和施工效率；利用先进的施工设备和技术可以实现施工过程的自动化和智能化管理，减少人工干预和实施操作错误。在生产方式的变革中，建筑企业需要注重以下几个方面：一是掌握数字化技术的最新进展和应用前景，积极推广和应用新技术、新工艺、新材料等；二是建立数字化设计与施工一体化的管理体系，实现设计与施工的有效衔接和优化；三是加强数字化设备的引进和维护，提高施工过程的自动化和智能化水平。

[组织结构的变革] 数字化技术的引入对组织结构产生了深刻的影响。传统的组织结构已经无法满足数字化管理和运营的需求。为了更好地适应数字化转型的需求，建筑企业需要优化组织结构，建立更加高效、灵活的组织架构和业务流程体系。在组织结构的变革中，建筑企业需要注重以下几个方面：一是建立数字化流程和标准，优化管理制度、业务流程和管理体系，提高管理和运营效率；二是建立高效协同的数字化平台，提高各方的合作效率和响应速度；三是加强数字化人才的培养、引进和考核力度，提高员工的数字化技能和素质，为数字化管理和运营提供更好的人才保障。

[商业模式的变革] 数字化技术的引入对商业模式也产生了深刻的影响。传统的商业模式已经无法满足数字化市场的需求。为了在激烈的市场竞争中获得更大的优势和市场份额，建筑企业需要创新商业模式，探索新的增长点和发展路径。在商业模式的变革中，建筑企业需要注重以下几个方面：一是研究和分析市场需求和发展趋势，寻找新的商业机会和发展方向。二是结合自身的特点和优势，创新商业模式，拓展业务领域和市场空间。三是加强与供应商、承包商和业主等合作伙伴的合作，共同推动数字化转型和创新。

[思维方式的变革] 数字化技术的引入对思维方式也产生了深刻的影响。传统的思维方式已经无法满足数字化转型的需求。为了更好地适应数字化时代的发展，建筑企业需要转变思维方式，树立数字化的思维观念和发展理念。在思维方式的变革中，建筑企业需要注重以下几个方面：一是领导干部要树立数字化的思维观念，把数字化转型作为企业发展的核心和主线；二是加强学习和培训，

提高员工的数字化思维能力和综合素质;三是建立数字化的企业文化和发展理念,营造数字化的企业氛围和文化。

总之,建筑企业要走好建筑业数字化转型的创新之路并非易事,需要从多个方面入手。通过深入理解数字化转型的意义、制定科学合理的战略、加强技术的应用和研发、提高数字化管理和运营能力以及强化数字化生态的合作和协同等措施的实施,不断提升自身的创新能力和市场竞争力。

第二篇　建筑业数字化转型面临的主要挑战

2020年9月，国务院印发《关于加快推进国有企业数字化转型工作的通知》，提出建筑行业要打造数字化转型示范样板。建筑业是数字化应用较低的行业之一，虽然不少建筑业企业把数字化转型提升到了战略高度，但从实际效果看，大多数企业的数字化转型仍处于初级阶段，诸多问题亟待解决。

财务一体化管理问题 /40
财务系统繁杂
管理流程的瓶颈
数据"孤岛"
业务数据填报问题 /44
数据来源不明确
重复填报，无法做到"一源多用"
线下数据无法与工作流程打通
智慧建造业务综合管理问题 /46
缺少统一明确的建设标准
"重碎片、轻平台"
信息化数据分析水平有待提高
企业报表自动生成问题 /47
数据来源复杂，尚未形成标准
业务系统之间的"数据壁垒"
缺少组织架构，管理边界模糊

财务一体化管理问题

财务一体化，也被称为"财务业务一体化"，是一种现代企业管理手段。它主要通过有机融合企业的业务流程、财务会计流程和管理流程，使财务数据和业务融为一体。在网络技术的辅助下，将建筑企业的财务、业务、各类管理数据集中至同一数据库中，便于各部门及时获取和使用。这加快了信息传递速度，实现了数据共享，便于管理人员对经济业务的实时控制，建筑企业财务一体化的作用主要体现在以下几个方面：

一是实现对业务全程动态监督。将财务管理工作融入企业业务工作中，可以对业务部门的生产发展进行有效的监督。

二是提高工作效率。通过统一管理业务信息和财务信息，并建立有效的联系，可以减少财务计算周期，从而提高企业整体工作效率。

三是为建筑项目提供全过程管理。财务管理工作渗透在建筑工程项目的各个环节，财务一体化管理可以极大地提升建筑施工项目全过程的财务管理工作效率。这有助于企业管理者通过各个工作过程的财务信息及时做出工作计划和决策，提高企业对各项目工作的管理质量。

四是为管理者决策提供有利信息。财务一体化可以使企业形成财务信息大数据系统，使管理者能够实时查看财务信息的变化，为企业发展决策提供及时、准确的数据支持，使企业决策更合理、科学。

财务一体化管理的基本思想是在包括网络、数据库、管理软件平台等要素的 IT 环境下，将企业经营中的三大主要流程，即业务流程、财务会计流程、管理流程有机融合，建立基于业务事件驱动的财务一体化信息处理流程，使财务数据和业务融为一体。在这一指导思想下，将企业的经营信息按使用动机不同划分为若干业务事件。当业务事件发生时，利用事件驱动来记录业务；业务事件处理器按业务和信息处理规则，将企业的财务、业务和管理信息集中于一个

第二篇
建筑业数字化转型面临的主要挑战

数据库,当需要信息时,具有数据使用权的各类"授权"人员通过报告工具自动输出所需信息。这种方式能最大限度地实现数据共享,实时控制经济业务,真正将会计控制职能发挥出来。

财务系统繁杂

首先,财务一体化管理需要依托网络、数据库等现代化信息平台,在业务事项的基础上驱动企业财务一体化流程的发展。然而,由于企业财务业务一体化需建立在多个信息系统的基础上,这就导致企业统一业务往往具有多个系统入口,进而在大幅度增加企业财务系统繁杂性的同时,导致企业财务业务相关工作的开展极易出现繁复、低效等负面问题。

其次,不同的系统和平台之间可能存在数据格式不兼容、数据重复录入等问题,这不仅增加了财务人员的工作负担,也可能导致数据不一致或错误,从而影响财务一体化管理的效果。

再次,如果企业的财务系统缺乏足够的集成性和灵活性,那么当业务发生变化或需要调整时,可能需要对多个系统进行修改和更新,这不仅增加了实施难度和成本,也可能引发新的系统问题和风险。

最后,为了有效地实施财务一体化管理,企业需要对现有的财务系统进行优化和整合,建立统一、集成、灵活的信息平台,实现各系统之间的无缝连接和数据共享。

管理流程的瓶颈

首先,多数企业的业务管理模式主要为职能管理模式,这使得企业出现业务流分割等问题。在这种模式下,企业开展某一业务时,大多需要多个部门、多个作业进行协同合作。然而,企业在这种业务开展模式下却未能够将业务责任点的划分工作重视起来,以至于出现管理流程瓶颈等影响其财务业务一体化进展的负面问题。

其次,企业的财务一体化管理需要各个部门和环节之间的紧密配合和协同工作。然而,由于各部门之间存在信息"孤岛"、数据透明度低等问题,导致数据传递不及时、工作繁琐，无法实现信息的有效共享和利用。这不仅影响了财务一体化管理的实施效果，也可能导致企业出现决策失误、资源浪费等问题。

再次，企业的管理流程中往往存在着一些重复、繁琐的环节，这些环节不仅增加了企业财务人员的工作量，也可能导致数据失真或错误，影响财务业务一体化管理的效果。

最后，企业需要对现有的管理流程进行优化和整合，还应该建立有效的沟通机制和协调机制，促进各部门之间的信息共享和协同工作，以克服管理流程瓶颈对财务一体化管理的影响。

数据"孤岛"

数据"孤岛"是影响财务一体化管理的重要因素之一。在企业管理中，数据"孤岛"指的是不同部门或系统之间由于数据格式不兼容、数据重复录入、数据传输不及时等问题而导致的数据无法共享和利用的现象。这种现象不仅增加了企业财务人员的工作负担，也可能导致数据不一致或错误，从而影响财务一体化管理的效果。

首先，数据"孤岛"会导致信息传递不畅。在企业中，不同部门之间可能存在不同的信息系统和数据格式，这使得数据在传递过程中需要进行转换和适配，增加了数据传输的时间和成本。此外，由于数据重复录入和更新不同步等问题，也可能导致数据不一致或错误，从而影响信息的准确性和可靠性。

其次，数据"孤岛"会导致工作效率低下。由于不同部门之间无法共享和利用数据，企业需要进行重复的数据采集和录入工作，这不仅增加了财务人员的工作负担，也可能导致数据冗余和不一致。此外，由于无法及时获取其他部门的数据，企业可能需要进行多次沟通和协调，从而影响工作效率和决策效果。

再次，数据"孤岛"会导致决策失误和资源浪费。由于无法及时获取全面和及时准确的数据，企业可能无法做出科学和合理的决策，从而导致资源浪费和决策失误。

最后，数据"孤岛"会影响企业的协同工作和创新发展。由于不同部门之

第二篇
建筑业数字化转型面临的主要挑战

间无法共享和利用数据,企业可能无法充分发挥各部门之间的协同作用,从而影响企业的整体竞争力和创新发展。此外,由于无法进行跨部门的数据分析和挖掘工作,企业可能无法发现和挖掘潜在的业务机会和价值。

建筑企业要想进一步提升财务管理一体化,必须要做好以下几个方面的工作。

一是建立健全财务一体化管理体系。建筑企业应该根据自身的业务特点和财务管理需求,建立健全财务一体化管理体系,明确各部门在财务管理中的职责和权限,制定统一的财务管理制度和流程,确保财务管理工作的规范化和标准化。

二是加强财务信息化建设。建筑企业应该加强财务信息化建设,建立统一的财务管理信息系统,实现各部门之间的信息共享和数据互通。这样可以减少重复的数据采集和录入工作,提高数据的准确性和可靠性,促进各部门之间的协同工作和创新发展。

三是推行全面预算管理。建筑企业应该推行全面预算管理,将企业的战略目标分解为各部门的具体目标,并制定相应的预算计划和执行方案。这样可以实现对企业经营活动的全面数据控制和监督,提高财务管理工作的预见性和针对性。

四是加强资金管理。建筑企业应该加强资金管理,建立健全资金管理制度和流程,确保资金的合理使用和安全。同时,建筑企业应该加强对资金流的监控和分析,及时发现和解决潜在的资金风险和问题。

五是提高财务人员素质。建筑企业应该加强对财务人员的培训和管理,提高财务人员的专业技能和数字化综合素质,增强他们的责任心和敬业精神。这样可以提高财务管理工作的质量和效率,为企业的发展提供有力的支持。

六是加强与业务部门的沟通和协调。建筑企业财务部门应该加强与其他业务部门的沟通和协调,促进信息的共享和利用。这样可以减少重复的数据采集和录入工作,提高工作效率和决策效果,促进各部门之间的协同工作和创新发展。

只有这样，才能实现建筑企业财务管理的全面优化和提升，为企业稳健发展提供有力的支持。

业务数据填报问题

建筑企业的业务数据填报是一项非常重要且繁杂的工作，它涉及企业经营管理中的多个方面，如合同签订、产值统计、成本核算等。建筑企业应该确保所填报的各项数据准确、及时，这包括合同金额、工程进度、产值统计等。如果数据不准确、不及时，将会对企业的经营决策产生误导，甚至可能导致经济损失。建筑企业应该根据国家和行业的相关标准，制定统一的填报标准和流程，确保各部门之间的数据格式和口径一致。这样可以减少重复的数据采集和录入工作，提高数据的准确性和可靠性。建筑企业应该确保各项数据的及时填报，这包括合同签订后的及时备案、产值统计的及时上报等。如果数据填报不及时，将会影响企业的经营决策和财务核算管理工作。

数据来源不明确

建筑企业的业务数据可能来自多个部门和系统，如工程项目、工程人员、物资采购、施工进度、工程实况等。这些部门和系统可能有不同的数据格式和标准，导致数据填报来源不明确。而且部分业务人员在填报数据时可能没有遵循统一的标准和流程，导致填报的数据格式不一致、信息不全或有误。这不仅影响数据的准确性，也可能导致数据填报来源不明确。最重要的是如果建筑企业的数据管理不完善，如没有建立统一的数据管理平台和流程，不同系统和部门之间可能存在"数据壁垒"，导致数据无法共享和互通，可能会导致业务数据填报来源不明确。此外，如果数据管理人员对数据的监控和分析不够充分，也可能无法及时发现和纠正数据填报中存在的问题。

重复填报，无法做到"一源多用"

由于业务部门参与度不高，缺乏有效的信息沟通和协作机制，不论是数据

第二篇
建筑业数字化转型面临的主要挑战

标准制定、应用逻辑建模,还是系统落地实施,都难以形成广泛、明确的共识,导致数据可用性差,同时,如某些数据被重复上报,也会造成工作重复、效率低下,且由于数据来源的不同和维护人员的差异,将导致上报的数据可能存在不一致或不准确的情况,使得企业无法做出准确的判断和决策。另外由于数据的上报方式存在问题,导致数据无法及时反映出实际情况,从而造成数据重复填报。例如某些数据可能需要经过多个部门或系统的审核和确认,导致上报周期较长,无法及时反映实际情况,再加上建筑企业的不同系统和部门之间可能存在"数据壁垒",导致数据无法共享和互通,这可能会导致同一数据在不同系统和部门之间被重复填报,甚至会出现数据偏差。

线下数据无法与工作流程打通

部分建筑企业数据采集方式落后,仍然采用传统的纸质方式进行数据采集,这种方式不仅效率低下,而且容易出错。同时,纸质数据难以与工作流程实现无缝对接,导致线下数据无法及时、准确地反映到工作流程中。部分建筑企业数据处理手段单一,缺乏先进的数据处理手段,无法将线下数据及时、准确地转化为线上数据,进而无法与工作流程打通。这可能导致线下数据与工作流程之间存在信息壁垒,影响工作效率和准确性。部分建筑企业工作流程可能存在不规范、不透明的问题,导致线下数据无法与工作流程打通。例如某些关键环节可能存在人为干预过多、缺乏标准化操作等问题,导致线下数据无法准确反映到工作流程中。部分建筑企业的信息系统可能存在集成度低的问题,不同系统之间无法实现数据共享和互通,导致线下数据无法与工作流程打通。这可能导致不同部门之间存在信息壁垒,影响工作效率和准确性。

建筑企业线下数据无法与工作流程打通的原因可能涉及多个方面,需要采取综合措施加以解决。通过升级数据采集方式、引入先进的数据处理手段、优化工作流程以及提高系统集成度等措施,可以有效地实现线下数据与工作流程的无缝对接,提高工作效率和准确性。

智慧建造业务综合管理问题

智慧工地一定是企业数字化转型的一部分，一定是建筑业高质量发展的必由之路。而就当前的技术而言，智慧工地是指充分应用BIM、物联网、大数据、人工智能、移动通信、云计算等信息技术与机器人等智能装备，实现全生产要素合理配置与动态优化，全参与方信息共享与高效协同，全生命期管理数据实时感知与互联互通，项目管理从"业务驱动"转变为"数据驱动"，实现建造过程的可视化、智能化的精准管控。

缺少统一明确的建设标准

当"智慧工地"逐渐成为建造技术和管理升级、生产和管理方式变革的重要载体，但由于缺乏建设经验及管理意识，也存在一些矛盾，暴露出了一些问题，必须要正视和解决。主要在于：一是建设分散，系统"孤岛"众多，无法形成项目管理整体应用，数据散落在外部云上，数据安全未能得到有效的保护，数据治理利用价值仍然有限。当前建筑企业智慧工地项目主要是在人员管理、材料控制、生产管控、安全施工、绿色施工、智能监测方面开展了应用，总体上各个点的应用还是比较零星、分散、局部，智慧工地建造只停留在看板阶段，不能形成应用管理，我们可以理解为端应用阶段，还达不到智慧工地建造要求；二是应用范围不足，普遍门槛高，投入大，产出有限，"智慧工地"项目建设往往进场快，没有完善策划、方案、合同、验收等流程，导致在后期工作上处于被动，增加了建设成本；三是管理方面也比较混乱，责任界限模糊，项目对"智慧工地"缺乏正确的认识，信息化、互联网思维生态未形成，缺乏正确的规范引导。

"重碎片、轻平台"

企业数字化转型是一项复杂的系统工程，需要统筹考虑多个方面,包括技术、业务、组织、文化等。然而，在数字化转型过程中，往往过于关注某个具体环

第二篇
建筑业数字化转型面临的主要挑战

节或业务单元,忽视了整体性的数字化转型战略和规划,导致数字化转型呈现出"重碎片、轻平台"的特点。具体来说,企业可能过于关注某个特定的数字化技术或应用,例如大数据、人工智能、区块链等,而没有充分考虑这些技术在整个企业数字化转型中的作用和价值。同时,他们也可能忽视了数字化转型所需要的整体性支持和保障,例如数据治理、组织架构调整、企业文化变革等。此外,一些企业可能过于追求数字化转型的短期效益,忽视了长期效益和可持续性。他们可能过于关注数字化技术带来的业务增长和效率提升,而没有充分考虑数字化转型对企业整体竞争力和持续发展的影响。

信息化数据分析水平有待提高

工程项目是建筑产业的最基本单元,企业的生产经营数据都来源于项目,通过量化建造过程中的生产、管理要素,利用 IoT、BIM、大数据、AI 等核心技术,实时采集现场真实、唯一、精准、有效的工程项目资金、成本、进度、质量、安全、技术等数据后,进行多角度汇总和分析,可视化呈现,使管理决策从"业务驱动"向"数据驱动"转变,最终提升企业的管理决策能力,这本是智慧工地建造管理的价值所在。但当前智慧工地主要由"供给侧"(科技公司以商业行为为目的)推进,而不是从真正的"需求侧"(企业降本增效是真正的复杂需求,政府监管是简单的需求)推进,因此"智慧"并没有体现在数据决策、企业运营等价值点上,而仅仅停留在硬件设备的"简单智慧"及对外宣传的"完美数据"上,智慧工地的热度逐年降低。

企业报表自动生成问题

企业报表自动生成具有提高效率和准确性、降低人力成本、提高数据可靠性、灵活性和可定制性、易于分享和协作以及实时性和动态性等优势。这些优势可以帮助企业更好地管理和分析业务数据,提高决策效率和准确性,为企业的高质量发展提供有力支持。

建筑企业数字化系统建设方法论
Construction Methodology of Digital System in Construction Enterprises

数据来源复杂，尚未形成标准

企业报表来源复杂，尚未形成标准的原因主要包括不同系统和部门的数据格式和标准不一致、数据质量难以保证、缺乏统一的数据管理平台和流程、业务流程不规范等方面。企业需要采取综合措施，实现数据的规范化、标准化和统一化，为企业报表的自动生成和标准化提供有力支持。

企业数字化管理是现代化企业加速管理变革的催化剂，是以数字化带动工业化，贯穿企业生产经营全业务流程，实现企业现代化与高质量发展的过程。对于执行操作层（项目部），作为企业源数据的基础源头，首先要遵循"数出一源、一源多用"的原则，确保源数据的真实性、唯一性、及时性、有效性，实现源数据的纵向互通、横向互联、集成共享，并通过场景化的应用实现业务替代、基层减负，提升工作效率；作为管理控制层，要坚持推进线上取数、线上检查、线上考核、线上评价的工作原则，整合碎片化、孤井式的数据源，打通业务数据链，以智能报表取代传统台账报表，实现报表自动生成，数据可视化分析，利用数据进行有效的资源统筹调配，提升内控运行管控能力；作为企业战略规划层，必须坚持数据安全第一的总原则，并设计源数据与管理数据平行与交互管理的总方案，通过数据智能分析、智能风险预警，为企业战略规划、风险管控、目标管理、绩效考核、决策分析提供数据支持。集团（局）、子（分）公司、项目三个层级构建以数字化驱动为导向，自下而上的知识链与数据流协同、开放的组织结构，是企业数字化管理能落地的重要支撑，最终实现"集团管控集约化、业务管理高效化、资源配置精细化、生态协同平台化"的数字化管理战略目标。

业务系统之间的"数据壁垒"

"数据壁垒"是指由于数据的稀缺性和难以获取，以及由于技术、制度和观念等方面的限制，导致数据无法自由流动和共享的现象。技术性壁垒主要是指由于技术上的限制，导致数据无法自由流动和共享。例如不同系统的数据格式可能不同，这导致了数据在不同系统之间的传递和共享变得困难。各个系统可

第二篇
建筑业数字化转型面临的主要挑战

能采用不同的数据标准,如数据分类、数据定义、数据计算方式等,这使得数据在不同系统之间的比较和分析变得困难。由于各个系统的数据保护级别和保护方式可能不同,因此,数据的共享可能涉及安全性问题。此外,某些数据可能涉及个人隐私或商业机密,因此不能随意共享。制度性壁垒主要是指由于法规和政策等制度上的限制,导致数据无法自由流动和共享。例如某些法规和政策可能限制了企业和机构之间数据的共享和使用,从而导致"数据壁垒"的产生。观念性壁垒主要是指由于组织文化和管理制度等方面的限制,导致数据无法自由流动和共享。例如某些企业的组织文化和管理制度可能不鼓励或支持部门和系统之间的数据共享和协作,导致"数据壁垒"的产生。

缺少组织架构,管理边界模糊

传统企业的组织机构是以部门为单位定岗定编的职能型组织,往往层级多、部门多、阶层分明、职责单一,部门间责任边界不清晰,每个部门都只关注自己认为该承担的一部分任务,部门间的工作目标和任务不一致,组织机构人员臃肿,管理层级多,人浮于事,多人一岗,在协同配合、资源共享方面困难重重,严重影响企业的经营效率。数字化转型就是通过数据驱动,以完成流程节点目标设定岗位,让管理流程由原来的制度化、长链条化向流程化、多任务化、数字化转变,使组织机构逐步走向流程型组织、扁平化管理,通过减少管理层次,压缩职能部门和机构,打破原有部门格局,尽可能减少中间管理层级,从而提高整体效率。根据建筑企业管理的特性,业务管理层主要应用于日常生产经营,通过业务数据进行有效的资源调配,支撑企业的运营管理。现实是很多企业各业务线条报表繁多,各级机关天天忙业务、做报表。因此,要快速完善核心业务系统的建设与迭代,实现业务管理的数据化;要构建各层级数据管理模型,变革监管方式,取消报表,让报表自动生成,推进线上检查、线上考核;要解决业务、财务核算口径统一的问题,打通业务管理系统与财务系统的数据接口,台账、报表自动生成,业务数据有效利用、持续改进,业、财、资、税一体化深度融合;要完成数据资产积累,优化数据治理与数据服务，架构数据服务业务模型，挖掘数据价值。通过建立统一的数据管理平台和流程，实现各部门和系统之间的数据共享和互通，避免数据重复填报。同时，通过统一的数据管理平台和流程，规范数据采集和上报的标准和流程，提高数据的准确性和规范性。通过制定统一的数据填报标准和流程，并对业务人员进行培训和管理，提高数据填报的规范性和准确性。同时，采用数据校验和审核机制，对上报的数据进行自动或人工的校验和审核，确保数据的准确性和规范性。通过建立数据接口、使用数据交换平台、采用数据仓库等技术手段来实现集成不同系统和部门之间的数据，实现数据的互通和共享，减少数据重复填报的问题。

第三篇　建筑企业数字化管理变革

企业数字化转型和企业管理制度变革是相互关联的，数字化转型可以推动企业管理制度变革，而企业管理制度变革也可以促进数字化转型的成功。企业数字化转型是一项系统工程，其核心是对业务流程和管理模式进行变革和创新，而业务流程重塑是数字化转型的基础和前提，对数字化转型的成功与否具有决定性的作用。

商务合约管理变革 /52

财务资金管理变革 /54

生产履约管理变革 /55

项目综合智慧工地管理变革 /57

企业报表管理变革 /58

监督与考核管理变革 /58

建筑企业数字化系统建设方法论
Construction Methodology of Digital System in Construction Enterprises

建筑企业数字化转型和企业管理制度变革是相互关联的。数字化转型可以推动企业管理制度变革，而企业管理制度变革也可以促进数字化转型的成功。建筑企业数字化转型需要在信息化管理制度、业务流程管理制度、组织架构管理制度、人力资源管理制度等方面进行制度变革。这些变革需要与数字化转型战略相结合，逐步推进，以实现数字化转型的可持续发展。

业务流程管理变革在建筑企业数字化转型过程中扮演着至关重要的角色。数字化转型是一项系统工程，其核心是对业务流程和管理模式进行变革和创新。而业务流程管理变革则是数字化转型的基础和前提，对数字化转型的成功与否具有决定性的作用。包括优化业务流程设计、引入数字化技术、实现流程自动化、改变业务流程协作方式、实现数字化监控等。这些变革可以提高企业的工作效率、质量和竞争力，帮助企业在数字化时代中快速适应和发展。

商务合约管理变革

建筑项目往往涉及大量的资本投入、复杂的工程流程和各种风险，商务合约管理是确保项目成功完成的关键因素之一，建筑业数字化转型对商务合约管理模式提出了许多新的需求和挑战，包括合同管理、分包管理、物资管理、收入管理等。

【合同管理】

[变革合同承载方式]传统的合同管理需要使用大量的纸质文件，并采取手写签名和邮寄等方式开展合同签订，建筑企业可以通过电子签名、在线签署等方式实现合同的数字化处理，降低合同签订成本，提高工作效率。

[变革合同审批方式]实现合同审核、审批、签署等业务流程的协同处理，避免重复劳动和信息不对称的问题。同时通过合同自动扫描、合同到期自动提醒、自动归档等，进一步提升合规化管理水平。

[变革合同数据分析方式]将合同管理数据进行整合、分析和应用，及时发

第三篇
建筑企业数字化管理变革

现合同风险，采取相应的措施，保障企业的利益，提高合同数据的价值和运用效率，为企业管理层提供更好的决策依据。

【分包管理】

[变革招标投标管理方式]通过集采系统在线发布招标信息、在线审核供应商资质，以及在线进行投标和评标，提高透明度和工作效率。

[变革供方资源管理方式]利用企业已有数据资源构建供方资源库，实现供应商信息、资质、合同等在线管理，能够帮助企业有效选择合适的分供方。

[变革分包结算管理方式]通过构建进度计量、零星用工系统，利用移动端做到业务即发生即办理，实现现场发生现场记录、审批，进一步帮助管理人员规范合同内/外用工管理，结算及时办理。

[变革分包交底方式]利用BIM技术开展数字化建模，提高建筑设计的精度和效率，实现供应链的数字化管理，提高分包管理的效率。

【物资管理】

[变革物资采购管理方式]通过集采系统在线采购物资，实现采购流程的自动化和实时监控。

[变革物资库存管理方式]通过智能仓储系统实现物资入库、出库、盘点等业务在线化管理，动态反映物资使用情况。

[变革物资配送管理方式]搭建供方门户，根据需用计划在线发起物资采购订单，通过供方在线协同，实现物资配送路线的规划和监控，以及配送进度的实时跟踪。

[变革物资验收管理方式]通过智能点数、智能地磅等手段，实现物资质量的在线监控和评估，以及对不合格物资的追溯和处理。

[变革物资成本管理方式]以物资线上结算单据为依据，在线归集物资采购成本，实时监控采购成本，进行采购成本分析和优化。

【收入管理】

[变革算量与计价方式]由项目技术人员通过算量软件计算工程用量，再由

商务管理人员进行复核，并将结果自动传输至业务系统，实现算量软件与信息系统的打通。

[变革成本管理方式] 通过成本"自动归集"，将一线作业数据自动上传系统，减少二次填报，实现收入、目标、成本数据横向对比分析，发挥数据价值，实现数据管控和赋能。

[变革收款管理方式] 通过收款在线管理，实现在线催款、跟踪收款、收款流水统计等操作的自动化和实时监控。

财务资金管理变革

财务资金管理在建筑企业数字化转型中具有不可替代的重要性。通过数字化转型，建筑企业可以提高财务资金数据的精确度和实时性，优化财务资金流程和效率，实现财务资金风险管理和合规性，并改善与业务合作伙伴的沟通和协作，包括财务管理和资金管理等。

【财务业务管理】

[变革财务数据管理方式] 将纸质财务数据转换为电子数据，采用财务管理软件或云计算服务进行财务数据存储、分析和管理，提高数据安全性和易于访问性。

[变革数据录入和处理方式] 利用自动化技术，如 OCR（光学字符识别）、自动数据输入、自动记账等来减少人工输入和处理数据的工作量，提高财务处理效率和准确性。

[变革数据分析和报告方式] 利用数据分析工具和技术，如数据挖掘、大数据分析、机器学习等，对企业财务数据进行深度挖掘和分析，生成定制化财务报告和决策支持信息。

[变革财务控制和监测方式] 根据业务管理需求，对财务数据进行可视化分析，实现对财务风险和成本的控制和监测，包括预算控制、费用控制、成本监管、

第三篇
建筑企业数字化管理变革

风险评估等，确保财务目标的实现和企业健康运行。

[变革供应链金融方式]构建供应链服务管理系统，实现企业与供应商、客户之间的资金流转和融资，提高资金利用率和流动性，降低融资成本和风险。

【财务核算管理】

[变革核算处理方式]利用数字技术自动化处理企业的财务核算工作，如自动记账、自动分类、自动核对等，提高核算效率和准确性。

[变革凭证管理方式]将纸质凭证转换为电子凭证，采用电子凭证管理系统对凭证进行存储、查询、分析和管理，提高凭证管理的准确性和安全性。

[变革数据分析方式]利用可视化工具进行财务数据的在线分析，如数据透视表、仪表盘等，帮助企业更加直观地了解企业的财务状况，提高决策效率。

[变革资金管理方式]通过资金管理系统，实现在线管理银行账户、现金流水等信息，实现资金调配、监控和流转的自动化和实时监控。

[变革报销管理方式]通过报销管理系统在线管理报销信息，实现报销申请、审核、批准和支付等操作的自动化和实时监控。

生产履约管理变革

生产履约是建筑企业运营过程中至关重要的一环，负责确保项目按时按质地完成，同时要控制成本。随着数字化技术的不断发展，建筑企业可以利用各种先进的工具和系统来实现生产履约的数字化转型，从而更好地管理项目并提高效率。

【工程量管理】

[变革技术应用方式]利用BIM技术实现建筑工程量的三维模型化，实现工程量的自动化提取、统计、计量等，提高工程量管理的效率和准确性。

[变革工程量管理方式]利用移动设备和应用程序实现工程量的实时采集和管理，包括工程量的录入、审批、查看、追踪等，提高工程量管理的时效性和

便捷性。

[变革工程量计量方式]利用数字化工具实现工程量的自动化计量和审批，包括工程量的计价、计量、结算等，提高计量的准确性和透明度。

[变革工程量估算方式]利用数字化技术和大数据分析对工程量进行智能化估算，提高估算的准确性和精度。

[变革工程量分析方式]利用数字化工具对工程量进行数据化分析，包括工程量趋势分析、工程量成本分析、工程量风险评估等，提高工程量管理的决策支持和风险控制。

【产值管理】

[变革产值预测方式]利用数据分析技术对建筑项目的产值进行预测和评估，实现项目各节点进展和收益的精准掌控，降低项目风险。

[变革产值计量方式]利用数字化工具实现对建筑项目产值的自动化计量和审批，包括项目阶段产值的计价、计量、结算等，提高计量的准确性和透明度。

[变革产值分析方式]利用数据分析技术对建筑项目产值进行分析，包括产值趋势分析、产值成本分析、产值收益分析等，提高管理者对项目产值状况的了解，进一步优化项目管理。

[变革产值管理方式]利用移动设备和应用程序实现产值的实时采集和管理，包括产值的录入、审批、查看、追踪等，提高产值管理的时效性和便捷性。

[变革数据分析方式]利用数字化技术对项目的产值数据进行整合和分析，提供实时的决策支持和风险控制，进一步提高管理者对项目的决策效果。

【进度管理】

[变革进度计划管理方式]利用数字化工具实现建筑项目的进度计划，包括项目各阶段的时间节点和进度要求，提高进度计划的准确性和实时性。

[变革进度监控方式]利用数字化工具对建筑项目的进度进行实时监控和追踪，包括进度的数据采集、分析和展示，实现项目进度的精准掌控和管理。

[变革进度管理方式]利用移动设备和应用程序实现进度的实时采集和管理，

包括进度的录入、审批、查看、追踪等，提高进度管理的时效性和便捷性。

[变革进度分析方式]利用数据分析技术对建筑项目的进度数据进行分析，包括进度趋势分析、进度成本分析、进度风险评估等，提高管理者对项目进度状况的了解，进一步优化项目管理。

[变革数字化分析方式]利用数字化技术对项目的进度数据进行整合和分析，提供实时的决策支持和风险控制，进一步提高管理者对项目的决策效果。

项目综合智慧工地管理变革

数字化变革可以帮助建筑企业实现工地综合管理的现代化和智能化，提高企业竞争力和创新能力。同时，数字化工具还可以提高建筑工地的生产效率、降低施工成本、减少施工风险和提高工程质量。

[变革智慧监控方式]利用传感器、视频监控等技术实现工地的实时监控和数据采集，包括施工过程中的人员、设备、材料等信息，提高施工安全性和生产效率。

[变革现场管理方式]利用移动设备和应用程序实现现场管理的数字化和移动化，包括施工进度、工艺质量、材料管理、安全管理等，提高现场管理的实时性和效率。

[变革数据协同方式]利用数字化工具实现项目各方之间的协同管理和信息共享，包括项目经理、监理、设计师、施工方等，提高沟通和协作效率，减少信息传递和误解带来的风险。

[变革安全管理方式]利用数字化技术对工地的安全管理进行信息化管理，包括安全规章制度、安全隐患过程闭环管理、安全事故管理、安全培训等，提高安全管理的规范化和标准化程度。

[变革设备管理方式]利用数字化技术实现设备的智能化管理和维护，包括设备监测、故障预警、维修保养等，提高设备的可靠性和运行效率。

企业报表管理变革

报表管理是企业日常管理的重要组成部分，数字化转型可以通过自动化生成、实时更新、数据可视化和数据分析等方式提高报表管理的效率和质量，更好地服务于企业决策。

[变革数据采集和处理方式] 利用数据仓库、数据挖掘和机器学习等技术，实现数据的自动化采集和处理，提升数据自动化处理和分析水平。

[变革报表生成和分析方式] 利用云计算、大数据和可视化分析等技术，实现实时数据分析和报表生成，帮助企业及时了解业务状况和趋势，快速做出决策和调整。

[变革报表发布和共享方式] 利用云存储、门户网站和移动应用等技术，实现报表的数字化发布和共享，帮助企业实现报表信息的共享，提高信息透明度和决策效率。

[变革风险管理和合规性检查方式] 利用数据挖掘和机器学习等技术，实现风险管理和合规性检查，帮助企业发现潜在的风险和合规问题，及时进行预警和调整。

[实现报表管理系统集成] 利用数字化技术实现报表管理系统的集成，可以使用 ERP、BI 和 CRM 等系统来实现。帮助企业实现报表管理系统的整合和统一，提高数据质量和管理效率。

监督与考核管理变革

数字化背景下的企业监督与考核管理变革，可以帮助企业实现监督与考核管理的数字化和自动化，提高数据质量和管理效率，同时也可以帮助企业及时了解业务状况和发展趋势，快速做出决策和调整，提高企业竞争力和创新能力。

第三篇
建筑企业数字化管理变革

[变革监督与考核方式]利用数据仓库、数据挖掘和机器学习等技术，实现自动化数据处理和分析，减少手动工作和错误率。

[变革监督与考核报告方式]利用云存储、门户网站和移动应用等技术实现监督与考核报告的数字化生成、发布和共享，提高信息透明度和决策效率。

[变革风险监测与预警方式]利用数据挖掘和机器学习等技术，实现风险监测和预警，帮助企业发现潜在的风险，及时进行预警和调整。

[实时化监督与考核]利用云计算、大数据和可视化分析等技术实现实时监督与考核数据的分析和反馈，帮助企业及时了解业务状况和经营状况，快速做出决策和调整，实现精准监督与考核。

第四篇 企业信息技术平台架构设计

企业信息化建设过程中,"平台+应用"构建模式逐渐成为主流。从产品设计的视角来看,企业构建的信息化应用是实现企业战略目标和业务目标的价值载体,如何以一种高性能、高可用、高扩展的方式,通过信息化、数字化的技术,快速匹配到企业核心战略目标和业务目标,实现企业商业运营模式的创新,是企业数字化转型的核心。因此,在企业信息化建设中,信息技术平台架构设计是至关重要的环节,它涉及企业整体的信息技术规划和架构设计,为企业构建一个稳定、高效、安全的信息技术底座,并提供技术支持和平台,使其能够实现各种业务活动和管理需求,最终为企业的业务运营和发展提供支持。

架构设计概述 /62
未来技术趋势
平台发展方向
企业信息技术平台架构的关键思维 /64
融入服务化架构思想
融入云原生架构思想
平台架构的底层逻辑和方法 /65
信息化技术平台设计逻辑
信息化技术平台架构构思
技术平台支撑业务架构的几个关键点 /70
企业信息化业务架构底层逻辑
平台支撑业务架构关键点分析
技术平台支撑应用架构的几个关键点 /74
企业信息化应用架构底层逻辑
平台支撑应用架构关键点分析
技术平台支撑数据架构的几个关键点 /79

企业信息化数据架构底层逻辑
平台支撑数据架构关键点分析
技术平台支撑技术架构的几个关键点 /84
企业信息化数据架构底层逻辑
平台支撑技术架构关键点分析
企业私有云技术平台架构设计 /88
云计算概念
关于 IaaS
关于 PaaS
关于 SaaS
私有云价值
企业混合云技术架构设计 /102
企业为什么需要公有云
企业适合采用公有云的场景
混合云的建设思路

架构设计概述

企业信息化建设过程中,"平台+应用"构建模式逐渐成为主流。从产品设计的视角来看,企业构建的信息化应用是实现企业战略目标和业务目标的价值载体,如何以一种高性能、高可用、高扩展的方式,通过信息化、数字化的技术,快速匹配到企业核心战略目标和业务目标,实现企业商业运营模式的创新,是企业数字化转型的核心。因此,在企业信息化建设中,信息技术平台架构设计是至关重要的环节,它涉及企业整体的信息技术规划和架构设计,为企业构建一个稳定、高效、安全的信息技术底座,并提供技术支持和平台,使其能够实现各种业务活动和管理需求,最终为企业的业务运营和发展提供支持。

未来技术趋势

随着科技的快速发展和创新,未来的技术趋势对企业信息技术平台架构设计将产生深远影响。评估未来技术趋势,可以帮助企业在架构设计中选择合适的技术方向,把握正确的技术方向是关系到一个平台生命周期长短的核心因素。技术更新迭代如此之快,坦白说,没有人能预知未来技术是什么,我们只能基于已知的主流技术体系,对未来技术的发展趋势进行推演分析。

[从计算机运算的角度分析]当前主流企业信息技术平台,都已经在使用云计算了,不会去使用小型计算机,而是使用普通PC服务器,通过虚拟化以后,再进行容器云建设,进行分布式并行计算。未来,随着边缘计算技术的发展,云计算与边缘计算将会更加紧密地融合。企业将利用边缘设备和边缘节点的计算能力,在边缘实现更快速的数据处理和决策。这将为企业提供更低延迟、更高可靠性和更实时的应用服务。

[从业务应用运行的角度分析]未来,企业将面临更加复杂和多变的业务需求,需要快速调整和扩展技术资源。因此,企业信息技术平台架构设计将趋向于支持弹性和可伸缩性,包括自动化的资源管理、弹性计算和存储、容器化技术等。

第四篇
企业信息技术平台架构设计

[从数据驱动决策的角度分析] 未来，企业将更加注重数据的采集、整合治理和分析能力，通过数据驱动的决策系统，实现更准确、快速的决策。数据科学、数据挖掘和可视化技术将得到更广泛地应用，帮助企业发现业务洞察和优化运营。

[从数据智能化的角度来看] 除了数据科学、数据挖掘和可视化技术，未来，AI 和机器学习将应用于更广泛的领域，包括自动化决策、智能推荐、异常检测、自然语言处理等。企业将更加关注数据驱动的智慧决策和创新，借助 AI 和机器学习的力量提升业务效率和智能化水平。

随着网络安全威胁和数据隐私问题的日益突出，安全与隐私保护将成为企业信息技术平台设计的重要关注点。未来，企业将加强安全意识和安全措施，采用更高级的加密技术、身份认证方法和访问控制机制，以保护系统和数据的安全性和隐私性。

平台发展方向

通过上述技术趋势的分析，企业信息技术平台需要朝着更灵活、智能、安全、可靠和高效的方向发展，企业可以通过灵活的架构设计、持续的创新和投入，以及积极的人才培养，来适应和引领未来技术趋势。不断探索和学习新技术，不断优化信息技术平台，将为企业提供更多的机会和优势，在竞争激烈的市场中脱颖而出。

【创新驱动与研发投入】

企业信息技术平台将更加注重创新驱动和研发投入。为了跟上技术发展的脚步，企业需要持续投入资源进行研究和创新，推动新技术的应用和落地。建立研发团队或与研究机构合作，以确保信息技术平台保持竞争力和领先性。

【弹性伸缩与可扩展性】

企业信息技术平台将采用弹性和可扩展性的架构设计。引入容器化技术、微服务架构和自动化资源管理，以实现系统的灵活调配和快速扩展。这样的设计能够应对未来技术的不确定性和快速变化的业务需求。

【敏捷模式与持续交付】

信息技术平台将采用敏捷和持续交付的开发流程。通过敏捷开发和持续交付的方式，快速迭代和发布新功能，使企业能够及时响应市场需求和技术变化。

【混合云与多云架构】

企业信息技术平台将采用混合云和多云架构。通过整合公有云、私有云和边缘云资源，实现资源的最优配置和业务的灵活扩展。多云架构能够提供更高的可用性和可靠性，同时降低对单一云服务商的依赖。混合云架构也是平台层面设计产业链协同应用非常合适的基础设施架构。

【平台安全与风险管理】

信息技术平台将加强安全与风险管理。企业需要将安全作为首要考虑，采用最新的安全技术和措施，确保系统和数据的安全性和隐私保护。定期进行风险评估和安全漏洞扫描，及时处理潜在的风险和威胁。

综上所述，企业信息技术平台的发展方向将聚焦在创新驱动与研发投入、弹性和可扩展性设计、整合多云架构、敏捷和持续交付以及安全与风险管理。这些方向将使企业信息技术平台具备更强大的竞争优势和适应未来技术发展的能力。

企业信息技术平台架构的关键思维

我们从传统的平台架构思维中，习惯一开始就把整个业务架构、应用架构从上往下、从顶层一直做到最终的细粒度层面上去思维，再进行合适的裁剪，用合适的颗粒度去保证平台对业务支撑的灵活性。因为基于这种"一步到位"的架构思维只有既懂技术实现，又对业务了然于胸的人才，才有可能做到技术和业务的匹配，解决应用场景的问题。

如果我们基于这种传统的细粒度架构思维，对企业核心的业务架构、数据架构、应用架构和技术架构进行调研和梳理，也基于相关的业界对标和成熟度模型进行差距分析，来制定技术平台架构方案，那这样的平台只能解决企业当

第四篇
企业信息技术平台架构设计

前问题，很难为企业实现后续的业务目标调整做支撑，必须融入以下思想：

融入服务化架构思想

我们基于"平台+应用"模式去架构的信息化技术平台，不应该是一个死板的东西，它应该是一个相当灵活的，可以适应和承载企业业务运作、商业模式变化的可持续发展的体系。所以我们在去规划平台架构设计和业务梳理的时候，必须要融入敏捷方法论，融入服务化架构思想。而服务化架构思想的本质就是怎么样去找寻企业可复用的业务服务能力，同时这些能力能够快速灵活地组装和编排，去适应应用架构的需要。

融入云原生架构思想

当今主流技术条件下，在平台架构设计时，一定要融入云原生架构的思想。云计算从最初的 IaaS（Infrastructure as a Service）平台，发展到 PaaS（Platform as a Service）平台、SaaS（Software as a Service）平台，到现在通过云原生技术实现从资源层向服务层去做抽象，以服务接口的形式提供能力，典型的技术实践包括了微服务、DevOps 和容器云。技术平台架构设计已不是简单地做传统 IT 基础设施的架构设计，而是怎么样去做云原生为核心的技术服务平台设计。在技术层面，识别企业核心可复用的技术服务能力，把它打造成一个统一的 gPaaS 技术平台。在应用层面，通过识别、抽象、沉淀可复用的微服务到平台（业务中台范畴）中，形成企业核心可复用的业务能力或者是业务组件。在数据层面，通过在数据中台中沉淀数据服务，企业可以更好地管理和利用数据资源，提供一致性、高质量的数据服务，促进数据共享和业务创新。所谓"大中台"是以云原生为核心的技术服务平台，在发展中逐步壮大发展产生的。

平台架构的底层逻辑和方法

信息化技术平台设计逻辑

我们面对一个棘手问题的时候，通常需要科学地进行问题的定义、问题的分析、问题的解决。同样，当我们现在面对一个庞大的业务应用时，平台如何支撑我们便捷地进行分解、抽象、复用、组合、集成这些关键的逻辑要素，便是我们进行技术平台架构设计的底层逻辑。

平台如何支撑我们架构师运用"分治"思想进行业务模块划分？如何支撑架构师运用平台能力进行服务化设计？如何方便架构师进行基于应用场景进行服务的组合与集成？开发人员基于平台的什么技术路线去开发服务，可以只专注于业务本身的实现？平台在底层需要提供什么非功能性技术能力或技术服务去支撑平台的运行？这些问题解决后，平台又需要提供哪些功能入口，去保障运行过程中的运维工作，使之能够安全、更便捷地开展？这就需要我们的平台架构师具备相应的逻辑思维。

信息化技术平台架构构思

我们建设一个企业信息化技术平台，核心需求是要满足应用软件的开发和运行。软件开发在需求明确的情况下，我们首先要做的是进行功能性业务架构和非功能性技术实现。其次，当业务架构梳理清楚业务流程，界定功能模块和功能清单后，我们平台要能够提供技术能力去匹配业务的实现，并帮助达成业务架构与应用架构的统一。最后，技术架构设计完成后，平台要具有能够敏捷的、多样化的开发能力，去实现服务化的开发，并能够基于平台去运行。这个是我们搭建一个信息化技术平台，实现"平台+应用"的建设设想的核心架构构思。

【支持功能性业务架构与非功能性技术支撑】

在业务架构阶段，首先我们需要梳理业务场景和业务流程，不管是用面向对象的方法还是面向结构的方法，都需要做好业务模块的分解工作，分解出业务组件或者业务单元，使之满足高内聚松耦合要求，这是业务架构的核心工作。此时，平台就要具备提供组织、权限、流程、基础档案四个基本能力，实现高效业务建模，再梳理业务流程，构建业务组件模型。如果涉及 SaaS 租户级云服务业务场景，平台还需提供租户隔离能力。

根据业务场景梳理出业务流程，做好业务组件的模型设计以后，就需要平

第四篇
企业信息技术平台架构设计

台建一个完整的开发子平台，用于开发业务组件或微服务。在开发框架、开发工具和开发语言，以及软件应用时，对高可用、高扩展、高性能的技术支撑，可作为核心非功能性软件的需求，核心目的是满足业务需求、业务功能服务，支撑核心业务架构功能。比如常见的基于元数据的开发平台，基于模板的开发平台，甚至一些支持函数式编程的低代码开发平台。

【支持业务流程场景化与数字服务化的匹配】

在开发子平台的框架时，需特别关注纯IT技术架构。在演变时，我们首先要考虑底层的IT基础设施部署架构，也就是常说的IaaS平台的内容，它包括服务器主机的虚拟化、网络拓扑图的设计。基于IaaS平台之上，按照云原生技术体系做的容器云，持续集成、持续发布所需要的组件，以及为非功能性架构设计中所需的技术栈，比如消息、安全、日志、缓存等各种技术服务中间件，统一把它们叫作gPaaS的技术平台。当然，所有的技术架构、技术平台都是跟业务无关的。

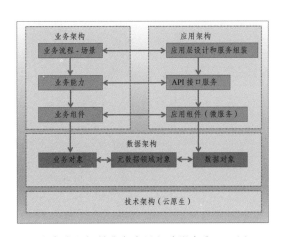

业务流程场景化与应用组建服务化匹配图

在云原生的技术平台之上，我们需要从业务架构演变到我们核心的应用架构设计。在业务架构阶段，我们关注业务模块和业务组件，到了应用架构阶段，我们关注微服务组件，我们需要拆分出相应的微服务，考虑它们怎样去集成交互。根据应用场景，定义清楚微服务的集成关系和它们之间相应交互接口的过程，即集成架构设计。微服务之间的接口是因为上层应用存在业务流程，业务流程的实现往往需要调用底层各个微服务的能力接口，所以一个业务场景的实现，底层的微服务之间必须要交互和协同，并根据交互逻辑设计接口。集成架构设计好之后，对于业务架构阶段梳理的业务流程和业务功能，可以把它拆解成最上面的应用层，包含应用展现层和应用服务层。应用服务层可以完全做到和应用展现层前端页面展现无关，应用服务层最重要的是具备组合底层应用组件的能力，这个就是我们常说的前后分离。在解决了分解的问题后，我们将解决分解出来的微服务怎么样去组装满足应用、满足业务流程这个难题。

在集成架构完成以后，我们从任何一个单独的微服务应用组件的视角去分析，横向看，它既会提供接口供其他微服务调用，也会去消费其他微服务暴露的能力接口。纵向看，它既会去消费底层技术平台提供的技术服务接口，又会暴露接口给上层的前端应用界面或者是App。所以，微服务通常都不是孤立的，它既有东西方向的应用接口和协同，又有纵向的南北方向接口的交互。把应用架构设计弄清楚以后，我们发现业务架构和应用架构之间通常就会出现一一映射的关系，在业务架构的底层业务单元或者是业务组件对应到应用架构，它就变成了微服务。在业务架构的业务能力对应到应用架构里，它就变成了微服务接口，在业务架构里面的业务流程到应用架构里面，它变成了微服务接口的组装编排或者集成，体现出完整的一对一的对应关系。

不难看出，在业务架构阶段，平台需要建设业务流程设计器去承载业务流程的设计，需要领域建模设计器去支持业务模块的划分及业务单元，甚至更细粒度业务单据的定义；在应用架构阶段，我们需要微服务接口发布能力（封装反向代理）、集成能力（连接集成平台）；在开发过程中暗流涌动着数据架构，需要通过元数据设计能力来驱动业务对象与数据对象的映射。

第四篇
企业信息技术平台架构设计

【支持服务化聚合设计与多样化黑盒式开发】

我们把视角从宏观的架构转向微观来分析微服务，对于任何一个应用服务组件，我们以微服务这种服务组件来说，就像一个提供服务能力的黑盒子，把黑盒子打开，我们可以看到，一般会有多个服务域的 service 类对应我们对外提供的服务。从 DDD 领域建模的角度来看，就会存在聚合根，每个聚合根下面可能又有实体对象和值对象，同时 service 类本身还要再去跟底层的 Dao（仓储）去交互，Dao 再去跟我们的数据库做交互，完成数据的持久化，实现数据存储与查询能力。所以一个服务黑盒具备对多个聚合根或者是多个实体能力，以及数据存储、查询能力进行组装，通过服务接口暴露出去，供外部使用。这个时候通过领域分析、领域建模，我们发现服务接口的提供，除了我们平台提供默认的微服务技术栈去实现以外，其实服务实现同样可以用 10 年前的 Spring MVC 技术开发，可以用 Python 去做，也可以用 Node.js 去实现，甚至不一定完全是通过 DDD 去设计的，只要能实现一个服务黑盒即可。因为这个是微服务实现的核心逻辑，掌握这个核心逻辑，我们就可以脱离平台默认的带局限性的开发框架，去做市场化的产品，去适应外部不同的信息化平台了。同时，我们平台也可以去吸收第三方的微服务部署进来，组装我们企业需要的应用。所以，我们把单个相应的微服模块儿拆解以后，我们整个软件架构设计的核心内容就完成了。我们的平台需要提供通用的微服务技术栈，包含"平台默认的带局限性的开发框架"，与平台绑定，如用友、金蝶等厂商设计的平台也习惯这么做。一是能提高微服务开发效率、降低开发门槛，二是便于应用产品与平台的绑定，平台和应用产品都能产生利润，符合商业规律。同时，平台设计需要能够支持非平台技术栈开发的微服务的部署，运用多样开发方式，满足不同场景的应用需求。

【平台能力设计框架】

基于以上从软件架构全流程的三个步骤的分析，对平台能力设计得出很多想法和思路，但相对还是显得比较零散，我们可以从两个层面来设计。

第一个层面，我们从横向基于云计算参考架构的方法，我们可以把它分为底层的 IaaS 云平台，中间的 PaaS 层（包含技术中台 gPaaS、业务中台 aPaaS，以及数据应用开发治理的数据中台 dPaaS），上层面向用户的应用层，暂且从多租户的设计角度，我们叫它 SaaS 层，这样我们一个平台大的框架雏形就设计出来了。这样划分完以后，平台层的能力需要进一步以服务化的方式对上层开放，支撑上层应用的快速开发与运行。所以这些平台的能力最终又要接到一个能力聚合网关，或者叫连接集成平台 iPaaS。

第二个层面，我们可以从整个软件应用的全生命周期来纵向设计，我们就会分成开发平台 adPaaS、运行平台、运维的微服务治理管控平台、微服务的开发框架和环境的持续集成和交付平台。这个运行平台里面就有 PaaS 最为核心的应用部署和资源调度，也有消息、安全、缓存、流程引擎、模板引擎等各种技术服务能力，连同微服务治理平台，环境的持续集成和交付平台都可以归纳到技术中台 gPaaS 中。特别指出，对于数据应用开发和治理的数据中台 dPaaS 而言，其核心是基于像 Hadoop 大数据一样的生态体系，去实现大数据的采集、存储、处理、分析、流批一体等各种数据处理能力，形成数据资产，对外提供数据服务，实现数据业务化。

信息化技术平台这个骨架设计好之后，我们再分别从企业信息化业务架构、应用架构、数据架构、技术架构的角度，去充实平台的"血肉"。

技术平台支撑业务架构的几个关键点

企业信息化业务架构底层逻辑
【从顶层战略出发分析企业核心业务价值链】

从企业顶层业务战略出发，当企业业务战略和业务目标制定以后，往往就会出现核心的业务价值。形成信息化业务架构的第一步，就是梳理企业的核心业务价值，如何通过各个业务域的什么样的业务能力来支撑，通过分析核心的

第四篇
企业信息技术平台架构设计

价值链来梳理，如建筑企业通过房建业务、基础设施业务、投资运营业务、地产开发业务、市场营销管理、人力资源管理、财务管理等业务域的有机协同，来支撑企业核心的业务价值。这样我们就会去考虑通过信息化手段，实现核心的业务价值，这些关键的业务域究竟应该提供什么样的业务能力，在业务域相互协作时，各自对外暴露哪些接口服务能力。如果您是专业业务专家，在企业主要领导支持下，通过组织相应业务域的人员研讨，进行相应的头脑风暴时，很快就能够得出在我们信息化平台之上，需要在各个业务域、各个业务过程中具备什么样的业务能力。把这一步处理完成以后，我们就会得到一个业务能力地图，可分为房建、基础设施、投资运营、地产开发、市场营销、人力资源管理、财务管理等各个业务域，每个业务域应该对外暴露哪些业务能力的服务接口，这样就形成了企业核心业务价值链。

【自上而下业务流程分析形成业务能力地图】

业务能力地图重点就是去实现企业各项业务的管理，怎样把这一系列业务组件、业务黑盒打开。我们知道任何一个业务，比如说在房建整个业务域里面，它内部其实是有很多个业务功能模块的，这些业务功能模块本身就会实现相应的能力，又比如用户输入数据，数据最后存到数据库里面，甚至要"入湖"，或者是用户要从db（数据库）里面查一个数据出来，这种业务能力不涉及对外部进行能力的开放和接口，但仍然是这个业务域的业务功能。所以，任何一个业务域，它都有许多业务功能，而且它还需要跟上下游的业务域中的业务组件交互，这些都是对外暴露的该有的开放业务能力。这样分析完成后，我们会得出比如房建业务域为了实现业务价值应该对外开放哪些业务能力，这些业务能力既可能是某一个业务功能提供上去的，也有可能是这个房建业务域里面多个业务功能组合以后形成业务功能模块提供上去的。那么对于房建业务域究竟应该有哪一些业务功能呢？此时就不能用头脑风暴法解决问题，因为简单的头脑风暴往往就容易遗漏大量的业务功能，所以，我们要从传统的业务流程梳理这个维度来分析。基于企业各项业务能力的实现，我们又要分析各个业务域里面具体有哪一些业务流程，我们会去做业务流程的二级分析、三级分析以及四级更细的流程分析，分析到每一个业务流程的业务活动、业务功能、业务操作步骤，这些流程分析结束，每个流程节点就是业务功能，每个流程节点的输入输出就是这个业务操作形成的单据或者数据。

【自下而上业务功能聚合形成业务功能架构】

有了业务功能和业务数据以后，需要根据业务去做CRUD（增加、读取、更新和删除）的矩阵分析，把业务功能列出来，把业务数据分析出来，然后去看功能和数据之间的CRUD分析，分析完以后得出哪些功能应该聚合在一起，满足软件工程的高内聚松耦合原则。通过业务流程梳理分析，再对拆散到最细的业务功能进行聚合，把这些业务功能聚合以后，形成上面的业务模块，形成业务域的业务模块划分。至此，就有了业务战略，就形成了业务能力地图，通过流程分析和业务功能的聚合，形成业务架构的业务功能图，整个业务架构的梳理分析过程就结束了。

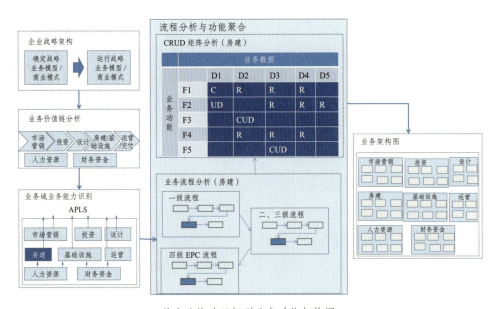

从企业战略目标到业务功能架构图

第四篇
企业信息技术平台架构设计

根据上面的逻辑和步骤，我们可以看到整个业务架构里面涉及价值链的分析，涉及业务的地图，涉及流程的梳理和分析，涉及业务功能地图，融合成一个完整的整体，最终形成业务架构图。形成业务功能地图，要结合流程的分析，要从二级到三级，从三级到四级的流程数据分析中，找到一个个业务功能点，然后再把它聚合成一个个的业务功能模块，通过从顶向下再结合从底向上两者相结合，形成一个完整的业务架构，一个与企业战略目标结合的输出成果。

平台支撑业务架构关键点分析

数字化时代，快速的业务需求变化，需要平台提供快速响应能力。随着市场变化，企业的业务重点也在发生变革，优秀的企业每年有一个"主题年"战略，企业信息化技术平台就要为适应企业业务发展变化、契合战略重点服务。其核心是需要建设一个符合企业自身实际需要的业务中台，在一个个业务域信息化建设过程中，不断打磨各个业务中心，做厚中台，形成良性循环，实现业务能力平台化。

【从零起步的企业不要搭建伪业务中台】

业务中台的核心功能就是共性的业务能力下沉，将已有的可共享的业务服务能力对外开放和共享，实现业务能力的复用，支撑上层快速地去构建应用，是业务中台的核心。如果一个企业从零开始做信息化建设，设计大技术平台去构建业务中台，一定要结合业务架构底层逻辑去建设，不要脱离业务场景和业务流程去梳理，除了极少数顶级天才架构师以外，是没有办法想清楚企业的业务中台究竟应该去构建哪一些通用的服务能力，很容易把业务中台建设成一个"伪业务中台"。

【具备信息化基础的企业业务中台设计】

如果一个企业的信息化建设已初具规模，各个业务域的 ERP 系统、OA 系统都已经建设完毕。那么在这种情况下，企业进行数字化转型时，该如何去构建一个业务中台？

在这种场景下，一定不是把传统的 IT 系统全部推翻，推倒重来，重新去构建业务中台。也不是把所有传统遗留的 IT 单体系统去做拆分，把它搞成一个个微服务，然后再去把各个微服务组合成一个完整的业务中台或业务能力中心，这是一个不太现实的、也不是一个最佳的路径。

在这种情况下，不要再去纠结业务中台的标准、概念，如果已经有信息化建设基础，只需借业务中台，构建针对已有系统的能力开放平台，因为它本身不是去提供全新的业务能力，而是以一个聚合网关去聚合各个已有系统可复用、可共享的业务能力，最终通过能力开发平台对业务能力接口进行统一接入、管控、发布。

在此情况下，当新的业务场景、新的业务流程构建时，除了按标准微服务的方式去抽象、沉淀业务中台新的能力，还可以去组合、适配老系统的能力。因为打造业务中台构建能力开放平台后，在能力开放平台里面去定制化开发各种能力的聚合组件、能力的适配组件、API 接口能力的组合组件。这些组件的目的就是更好地对底层接口能力去组装、去适配、去组合。但是所做这些工作的目的，都是能够向上暴露企业可共享的业务服务能力，在这种情况下传统已有的 ERP 系统、OA 系统，并不需要全部推倒重来，也不需要全部马上就去做微服务的改造、建设，只需要把这些传统系统可共享的能力接口暴露出来，接入到能力开放中心，提供给上层新的业务、新的流程使用就足够了。

技术平台支撑应用架构的几个关键点

企业信息化应用架构底层逻辑

在业务架构梳理完成之后，我们自然而然就会过渡到应用架构的梳理环节。很多时候，我们看到业务功能架构和应用功能架构，觉得两者之间很相似，其实不然，那它们之间有哪一些区别，如何实现一一对应呢？

第四篇
企业信息技术平台架构设计

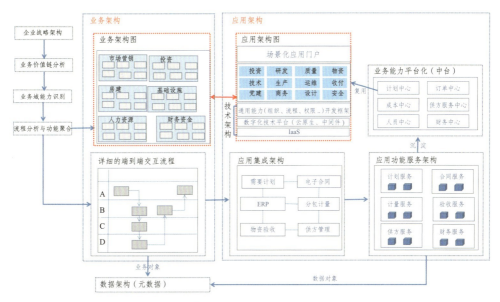

从业务架构过渡到应用架构图

【应用架构与业务架构的区别】

从业务架构过渡到应用架构以后，我们发现，在应用架构的整体架构体系里面，我们就会有 IaaS 层级的云数据中心资源池设计，在 IaaS 上层有 PaaS 云平台的规划，比如有技术中台 gPaaS，有集成连接平台 iPaaS，这些往往都是跟业务完全不相关的内容。另外，在应用架构规划里面，往往还会增加上层的应用门户的选项,企业可以部署私有云的应用门户,也可以采用公有云的应用门户，这些往往是在业务架构的规划里面没有的内容，这是第一个方面的区别。

第二个方面的区别点在于映射关系的区别。当业务架构映射到对应的应用架构里面的业务系统的时候，有两个区别关键点。第一个关键点在于业务域的业务架构映射到应用架构里面的应用系统的时候，它的颗粒度有可能不一样。比如说在业务架构里面我们梳理的是 SCM 供应链管理，但是到了应用架构，我已经拆成了合同管理系统、采购管理系统、销售管理系统。当然也有可能是在业务架构梳理的时候，梳理的是采购管理、物流管理、合同管理，但是到了应用架构以后，我们可以把多个业务域的一些功能合并成一个大的供应链系统，所以这个颗粒度不匹配的现象是业务架构过渡到应用架构以后带来的。实际上是从业务到应用系统之间映射的颗粒度出现了变化。第二个区别关键点，企业在做信息化建设的时候，往往会首先建立一个基础的 ERP 系统。ERP 系统往往是一个大而全的系统，它包括了计划、采购、库存、销售、人力资源管理、市场营销很多的业务功能模块。但是随着整个企业业务的发展，它会在 ERP 系统外围衍生出很多其他的业务系统，比如我们的轻量化系统、移动应用系统。这些系统的定位往往仅仅是 ERP 系统的外延，满足一些特定场景的需求。我们会发现要实现业务架构里面一个核心的物资管理的能力，这个物资管理既包括了 ERP 系统的采购订单、库存等模块，也包括了在应用架构里面外挂的轻量化系统里的物资计划管理、物资验收管理，甚至供方协同的发货管理。所以我们实际看到的业务架构和应用架构之间匹配和映射出现了比较大的差异。

【应用架构包含应用功能架构与应用集成架构】

应用架构它本身既包括了应用功能架构，又包括了应用集成架构。应用集成架构的设计，本质上是在设计好业务架构及其核心的业务功能模块、业务组件以后，根据应用场景的交互流程，设计各大业务组件的协同和交互，形成跨业务域、跨业务组件的集成交互流程图。在集成交互流程图的梳理过程中，需要把所有跨组件交互的接口梳理出来，再结合企业整体应用架构规划，把这一些交互的接口通过梳理形成一个完整的集成架构图。

集成架构图里面所有应用架构之间的横线，其每一个横线都是一个独立的接口。比如我们可以看到物资验收和 ERP 之间有接口，入库信息、物资结算信息需要传到 ERP，这样就形成了完整的一个集成架构。应用功能架构加上应用集成架构，最终形成一个完整的应用架构。

【基于平台服务架构实现应用架构与业务架构的统一】

随着中台架构的发展，结合互联网企业的一些成功实践，在业务中台中，会抽象出以"中心"为关键词的业务中台能力层，如订单中心、用户中心、人

第四篇
企业信息技术平台架构设计

员中心、成本中心，在上层是我们基于中台快速构建的一个个前端应用，在这个中台架构的上层，实际上是我们经过梳理分析的业务场景和业务流程，中间这一层是我们需要提供的能力。这种架构回答了究竟应该用什么样的能力来支撑我们上面的业务场景和业务流程。那么这样的应用服务架构设计出来以后，整个企业业务架构，从业务战略讲，与前期业务目标、业务场景梳理和能力的匹配，与应用架构是完完全全映射的。

实现一一映射的过程，其本质就是把应用集成架构中粗粒度能力进一步细化，从集成架构形成应用服务架构。在应用服务架构图里面，我们看起来仍然像业务架构，也像应用架构，应用服务架构分房建域、基础设施域、投资运营域等业务域，但是每一个域里面的每一个小方框，他们都是一个服务接口。也就是说，基于应用服务架构不关心任何一个功能操作的实现，而是关心每个业务域究竟应该提供哪一些细粒度的接口能力。所以随着中台架构的兴起，可以看到在企业架构规划、应用架构梳理过程中，除了常说的功能架构、集成架构以外，我们会更加强调服务架构的设计，更加强调把相应的服务接口梳理出来以后，怎么样通过这些接口服务去组合和组装与上层的应用场景和业务流程。

平台支撑应用架构关键点分析
【按应用领域划分业务中台能力中心】

按照应用架构底层逻辑，应用功能架构偏上层应用层，应用服务架构偏底层支撑，应用集成架构贯穿其中，为了方便基于应用服务架构进行服务的编排，能快速满足应用功能的构建，需要分类梳理应用组件库（或者叫应用服务库）。

业务中台将企业的业务内容，按照不同应用领域以及能否独立运营为标准，进行纵向切割、分类。对切割后的大小各异的多个业务领域，业务中台从技术上再进行一系列的分析、抽象、归类、推演，形成在应用上能独立运营，技术上含有多个微服务的应用系统。切分之后的各个系统，我们一般称为业务中台的能力中心。如常见的用户中心、商品中心、订单中心、合同中心、交易中心、库存中心、财务中心、营销中心等。每个能力中心都支撑着不同的应用领域，能力中心内部所有的领域对象均与业务领域有直接的聚合关系，它们支撑后端的服务调用。

【基于平台形成微服务接口矩阵】

在我们进行微服务架构设计和微服务应用开发时，在前期要有意识地去构建微服务接口矩阵，方便后续去做微服务之间的应用集成和后续微服务的应用变更分析。一个成熟的开发团队做微服务多年后，您会发现一个大的应用里面，尽管拆分了多个微服务，但是微服务之间的接口调用关系相当混乱，我们做微服务就是为了微服务之间彻底解耦，但是您也会发现，由于错综复杂的接口调用关系，微服务和微服务之间的耦合比原来单体的时候反而更加严重了。

一个微服务应该暴露哪些接口，它应该受到严格限制和控制，所以我们前期做微服务的拆分和微服务架构设计时，我们必须要去做好顶层的接口设计，同时梳理清楚微服务和微服务之间的接口依赖关系，它一方面会用于您后续微服务应用的产品集成上，按照一定的顺序，先集成哪些上游的微服务，再去集成哪些下游的微服务，您才能够明白整个集成的流程和微服务产品集成的顺序。

有了微服务的接口依赖关系，我们就可以去做后续的变更影响分析。当某一个微服务出现接口变更的时候，就要能够快速地分析出来，这次变更究竟影响到哪一些外围的微服务，是否影响到上层的应用。如果没有接口的依赖矩阵，就会导致我们微服务变更时，最容易影响到其他微服务已有的功能。

当我们做好前期微服务之间接口依赖分析和构建接口依赖矩阵后，才能够真正做好后期整个微服务应用产品集成，才能够真正方便后期微服务的变更影响分析，才能够真正避免大量微服务之间的接口被滥用，否则，将导致后续微服之间接口依赖过度的复杂，导致微服务又变成一个臃肿的单体。

当架构师或者开发人员将微服务接口设计好之后，基于平台的开发技术栈去实现接口的时候，平台应设计能封装接口的识别能力，包括接口注释、接口

第四篇
企业信息技术平台架构设计

名称、接口参数的识别。当微服务自动化部署以后，平台通过识别各个微服务接口，将会自动生成微服务接口矩阵地图。同时平台将会提供为每个微服务接口的限流、熔断、鉴权等能力。

技术平台支撑数据架构的几个关键点

企业信息化数据架构底层逻辑

【数据架构衔接业务架构和应用架构】

　　数据架构是企业信息架构设计里面非常关键的一个线条，原来我们通常把数据架构划分到应用架构的范畴，只是在应用架构图里面画上一个数据中台的示意，实际上数据架构是衔接业务架构和应用架构的关键衔接点。对于数据架构里面的数据主题域的分析、数据的业务对象的梳理和分析，实际是业务建模阶段要做的事情。而对于数据架构里面详细的一些数据逻辑模型、数据物理模型和数据库设计，全部归到应用架构设计之中。

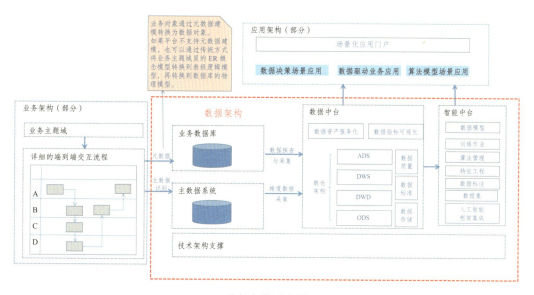

数据架构示意图

建筑企业数字化系统建设方法论
Construction Methodology of Digital System in Construction Enterprises

【数据架构的四条关键主线】

第一条关键主线是模型设计。数据架构模型设计路径为：从数据主题域分析，到数据概念模型，再到逻辑模型，最后从逻辑模型到物理模型。

数据主题域分析，可以理解成业务价值里面的业务域，任何一个企业，每一个业务域里面，架构师都会去分析它核心的业务对象（面向业务过程），或者叫数据对象（面向数据分析）。比如说在人力资源业务域里面，有人员对象、组织对象；在市场营销业务域里面，有客户对象、订单对象；在供应链业务域里面，有订单对象、合同对象，这样就完成了一个简单的数据主题域分析。

在数据主题域分析完以后，我们就会进行概念模型设计，它类似于在传统 IT 软件开发里面 E-R 实体关系图的业务对象建模。在概念模型阶段，只要识别出核心业务对象和业务对象之间的关系就足够了。比如说对于供应链业务域，关键的有项目对象、合同对象、订单对象、供应商对象，项目跟合同之间可能是一对多的关系，合同跟订单也可能是一对多的关系。完成业务对象的关系定义，概念模型建模就完成了。

从概念模型设计过渡到逻辑模型设计时，一般要拆分到具体的数据表格力度，比如说，对于采购订单，在概念模型的时候就是一个对象，但是到了逻辑模型的时候，就要拆分出采购订单表头和采购订单明细行，这样就形成一个完整的采购订单主子表结构。

在逻辑模型做完以后，我们还要过渡到软件开发里面的物理模型，需要去对每一个数据库表、每一个字段、字段的类型、字段的约束进行详细设计。所以说物理模型设计出来以后，它已经完全可以支持应用的开发和建设。这个就是数据架构里面最核心的第一条主线。

第二条关键主线是数据对象的归属分析与设计。也就是前文讲的通过流程分析和 CRUD 的矩阵分析，我们就会看到每一个数据对象与业务功能之间的耦合关系和应用架构。应用架构有合同系统、采购系统，它是应用功能架构，它解决业务功能的聚合，但是它不能解决数据的聚合。所以说在应用功能架构分

第四篇
企业信息技术平台架构设计

析完成以后，我们还要思考通过结合 CRUD 矩阵分析，各个数据对象会聚合到哪些对应数据库里，也就是说每一个数据对象，必须要找到它实际归属的应用系统，这是做数据架构梳理以后必须要完成的另外一个重要工作。

第三条主线就是主数据的识别和建设。通过 CRUD 矩阵分析，架构师需要做主数据的识别，要清楚这些数据对象，哪些字段是需要去引用档案数据，最后才能做详细的主数据分析和主数据建模。

第四条主线就是数仓架构。业务系统建设好之后，通常都需要利用数据进行决策分析，用专业术语讲，就要从 OLTP（联机事务处理过程）过渡到（联机分析处理）OLAP。这个时候架构师设计一些传统的 BI（商务智能）架构，或者是当前主流数据中台的架构，到 OLAP 分析阶段，再去做数据探查和设计采集数据的策略，形成统一的 ODS（操作数据存储）层。结合数据建模，形成上层的数据仓库（DW），再做数据聚合分析、数据维度分析，形成原子指标、派生指标，建立指标体系，管理数据资产。数据资产以图表化形式，或者数据服务形式，支撑业务决策，实现数据业务化，更好地与企业业务战略做匹配。

基于以上四条主线，才能够形成一个完整的但本质上还是相对浅层的数据架构。深度的数据架构还需要与人工智能算法结合设计。

平台支撑数据架构关键点分析

平台在支撑企业数据架构时，需要提供全面的数据管理和分析功能，确保数据高质量、安全性、可用性和可扩展性。我们在进行数据架构时，可以结合平台能力，按照最佳实践路径降低技术门槛，规避技术风险。

【平台需要提供全面的数据引擎对接能力】

每一个公司的数据专业团队，有时会面对一个流程比较复杂的过程，涉及很多环节，从采集到数据开发，然后再到数据应用落地，遇到问题后我们很难定位，特别是数据采集环节，它需要多个系统进行数据采集，而且还面对着不同的异构数据。需进行一系列复杂的转换和加工。当终端用户或者需求人员对呈现的数据结果产生一些疑问时，数据开发人员需要花费很长时间，要对接多

建筑企业数字化系统建设方法论
Construction Methodology of Digital System in Construction Enterprises

个环节沟通排查，有时发现是数据源发生了变化，最终影响了数据交付。试想，这种场景下，如果您是一名数据开发人员，每天大部分精力都是用来做问题排查，天天被别人投诉、嫌质量问题、嫌速度慢等诸多情况，那怎么可能还有精力去研究数据关系、研究数据模型、研究数据指标的业务价值呢？所以我们在平台架构层面就需要考虑提供对接各类数据引擎，包括结构化的、半结构化的、非结构化的能力，来帮助我们简化数据移动和数据开发的任务，包括任务创建、发布、调度，再到测试、运维等一系列的数据开发过程。把平台的多种数据能力结合起来，才能辅助数据开发，提高开发效率，形成数据架构最佳实践。

【平台需要提供完善的数据管理和治理能力】

我们从数据模型这个视角来看，大中型企业有多个事业部，有多条业务线，而且每个事业部经常在各不相同时间段提出数据开发需求，甚至需要由不同的开发团队来实现，这种现象必然出现一个数据"孤岛"问题。并且，跨团队、跨部门的数据很难共享，互相不清楚对方有什么数据，而且各部门的数据将引发数据信任问题，比如定义口径不统一，模型不能复用，定义也不规范。所以，尽管事业部的数据能够共享给其他事业部或者业务线条，那别人也用不了，为什么？因为口径的定义不太一样，那将导致其他部门还得自己再开发一遍，这就是数据孤立，导致数据不能共享，协作出现问题。

其次，针对加工处理好的一些数据，我们会把经常用的数据存到表里，通过数据中间存储层或者中间库，满足某些数据应用能可以访问，根据场景需要，小的数据可以放到 MySQL，大的数据可以放到 Oracle，高维数据、实时性高的数据又都不一样，那面对不同的查询引擎，应用开发就需要定制一个不同的访问接口，那设计访问的 API 也是不一样的，所以对于开发来讲，它的开发周期比较长。每个数据应用都要根据不同的中间存储开发对应一套代码，不然数据接入效率就比较低。特别是当我们的接口如果访问服务特别多时，尤其是业务变更后，我们也不知道数据模型和数据应用之间的链路关系，就会导致随着业务数据变更，从而影响到数据应用。而且当数据出现问题时，我们也不知道应

第四篇
企业信息技术平台架构设计

该优先回滚哪一个业务的数据。在下线一个数据模型时，也不知道下游还有没有哪个应用是正在访问的。此外，数据接口，能不能给其他应用使用，这也是一个重要问题，而接口实际上要满足一个可复用性，数据服务接口开发前后穿插的数据标准、数据质量规则等都是我们数据管理的一系列问题。

数据管理中的数据不可用，数据不能共享，数据治理的数据标准和数据质量管理，都是我们平台要解决的痛点。其目的就是降本增效，实现数据共享，建立一个数据中心，服务业务一体化，让数据产生价值。平台对数据架构提供支撑时，第一个需要借鉴的是数仓方法论和高效数据平台的技术支撑，其次就是中台的组织架构。他就像我们要盖一幢楼，先设计一张图纸，各工序施工的工具就是我们的平台技术，需要作业团队高效协作，才能盖好一幢楼。

【平台需要提供灵活的数据服务输出能力】

企业经过多年系统建设、应用开发，通常会积累海量业务数据。这些数据经过探查、采集、治理形成数据指标、数据资产以后，就可以去赋能管理者决策，或者做数据业务化，所以平台在架构层面能具备提供数据输出能力。

第一类是统一查询服务API形式的数据服务输出。平台具备数据资产管理能力后，才能掌握一个公司内部核心的数据资产，包括数据主题、数据资产分类、资产分布、各个业务领域的资产数据流动等，就相当于看书要看目录一样，去检索您所关心的资产。平台提供统一查询服务API，它的功能就是屏蔽不同的中间存储，应用开发使用统一的API访问数据。能满足不同应用场景查询需求，它不需要我们针对每一个不同的数据层级再去重新去开发一套对接的代码，这就提高了我们的开发效率。当然这里面还有一个数据网关的服务，对权限监控、流量控制，能够保证我们从数据应用到数据模型有一个数据链的追踪。

第二类是通过平台数据分析套件，能够快速形成数据分析界面输出。数据经过数据治理后的数据指标，能够以维度（看待数据的视角）和度量值的形式，通过平台提供数据分析套件进行展示。业务人员可以通过拖、拉、拽的可视化方式，选择合适的图形，来制作丰富美观的可视化效果，实现可视化数据分析形式的数据输出。

技术平台支撑技术架构的几个关键点

企业信息化数据架构底层逻辑

【传统技术架构现状分析】

近二十年来，企业IT架构的发展演进和云计算架构发展演进是息息相关的。传统的企业信息化IT建设，是一种"烟囱"式的建设模式，在这种建设模式下面，底层统一了IaaS虚拟化资源池，但是上面的应用建设仍然是一个"烟囱"一个"烟囱"地在建，每个应用底层都有一个小技术平台，上层也划分了多个功能模块，但是这些功能模块往往是紧耦合在一起的，应用和应用之间往往是通过ESB（企业服务总线）去实现数据的集成、接口的交互。所以在最早企业技术架构设计时，更多的是做IaaS虚拟化资源池整体的IT物理部署架构设计，主要考虑数据库集群、应用中间件的集群、网络的负载均衡、上层核心网络交换机等内容。

当然，对于物理部署架构，仍然可以细化去考虑它的逻辑架构，物理部署架构更多的是关心存储、服务器、交换机和网络。但是到了IT逻辑架构设计时，往往就会关心数据库服务器有多少台，消息服务器有多少台，缓存服务器有多少台，上层APP应用集群有多少台，这样就会形成一个IT逻辑架构图。

此外，就是狭义的技术架构设计。它是在整个应用开发过程中，对于存储和持久化层、应用层、逻辑层，以及前端展示层，主要是如何做开发技术选型，把这些技术线形成一张完整的分层技术架构图，也可以把它纳入企业架构规划的技术架构设计里面。比如在数据持久层，会用到结构化数据库、非结构化数据库、Redis（远程字典服务）缓存、MQ（消息队列）中间件。在应用层会用到Spring Cloud微服务开发框架、API网关。在前端会用到Vue/React的前端技术。这样就会形成一个完整支撑企业应用开发的一个技术架构体系图，也可作为技术架构设计的一部分。上述表述就是最传统的技术架构设计内容。

第四篇
企业信息技术平台架构设计

【用云原生技术架构打破"烟囱"】

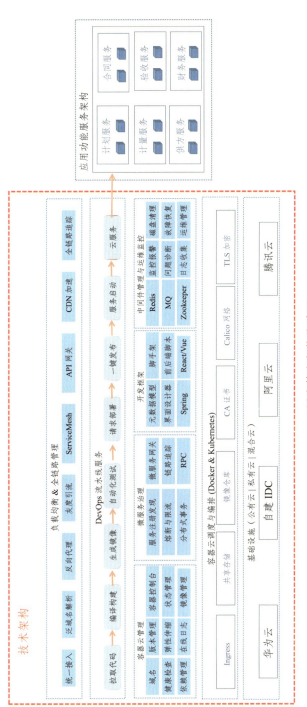

云原生技术架构体系图

建筑企业数字化系统建设方法论
Construction Methodology of Digital System in Construction Enterprises

随着云原生云计算技术的发展，企业整体应用建设将逐渐打破"烟囱"式建设的模式，逐渐从传统单体架构转到微服务架构，云计算也是逐渐从只管 IaaS 层的虚拟化资源池，提升到去管共性化平台的能力，去支撑"平台＋应用"的构建模式。这个平台主要就是指 PaaS 平台内的技术平台，在这个平台里面，传统单体应用自身小的技术平台，逐渐就被取代了。各个单体应用共性的技术能力，全部构建到统一的技术平台里面，这个技术平台仍然可以按软件开发生命周期分为开发平台、运行平台、运维监控平台，比如微服务开发框架，低代码开发平台的底层支撑，就可以把它纳入开发平台里面，是基于 Kubernetes 的容器云资源调度平台，消息、安全、日志缓存各种共性的技术服务能力，这样就可以把它纳入运行平台里面。对于需要去覆盖从资源到服务，从服务到应用的整体监控平台，微服务管控治理可以统一纳入运维监控平台里面去。

底层共性平台形成以后，上层应用开发就能够以一种只关心业务实现状态去开发满足业务需求的微服务模块。

至于上层微服务模块的开发，我们如何跟底层技术平台集成和协同呢？怎样去实现微服务从需求、设计、开发、测试、部署、交付整个链条的自动化，以及高度敏捷和流水线作业？这时候就需要去引入覆盖微服务开发和交付，实现持续集成和持续部署能力的 DevOps 平台。所以在去做技术平台架构设计的时候，就需要把 DevOps 平台纳入整个平台设计的体系里面，形成一个完成企业级技术平台的架构设计。只有把技术平台层的能力做好，才能够真正实现"平台＋应用"这种快速的构建模式。当然，如果企业要去做互联网 SaaS 对外应用，从应用架构的角度看，SaaS 似乎是应用层的范畴，但它仍然会需要一个技术平台做支撑，比如多租户设计，多中心设计，这些都应该纳入整个技术架构设计体系里面。只有这样，才能够形成一个完整的技术架构设计及形成底层逻辑。

第四篇
企业信息技术平台架构设计

平台支撑技术架构关键点分析

【支持 Serverless（无服务器化）最佳实践】

我们要把业务开发和技术平台开发分离。开发人员面对大中型业务场景、业务需求时，要能够100%地将重心放在业务功能的实现上面，而不需要去实现底层的技术平台、技术架构，各种消息、安全、缓存等技术服务能力的提供。因为搭建一个高可用、高扩展的一个技术组件服务，本身也是高难度的。一般来讲，要求一般开发人员完全具备搭建底层技术架构的能力，是相当困难的，所以平台一定要做到让开发人员将重心放在业务需求、业务功能、业务逻辑上，不要去关心底层技术平台实现的细节。

【支持 Service Mesh（服务网格）最佳实践】

我们要把功能微服务开发和后续微服务治理、运维两件事情分离。开发人员开发功能时，做业务流程实现、业务功能实现、业务逻辑实现，所有代码都应该是为功能服务的。在开发过程中，不应该太多去关心后续治理、后续运维的事情，比如去写为了后面监控运维方面、后续微服务治理管控方面的代码，这些都是不合适的。对于微服务治理、检测、运维这些能力，应该是自然而然能够通过技术平台自动附加上。

【支持 DevOps（开发运营）最佳实践】

我们要把功能产品研发、整个产品集成和交付过程分离。开发人员只需把这个功能开发好，做好相关功能模块的单元测试，后续整个功能模块怎么样去做集成，怎么样去做编译构建，怎么样从开发环境转到测试环境，怎么样从测试环境进一步交付发布到生产环境，相应的持续集成和持续交付过程最好都能够实现自动化，至少是半自动化，因为从单体架构拆分微服务以后，集成、部署、交付这些事情会变得很繁杂，无需让开发人员去浪费精力，比如花费时间去研究如何手动与技术平台底层的容器云进行交互，这些是技术平台需要提供的 DevOps 能力。

企业私有云技术平台架构设计

云计算概念

云计算，是一种基于互联网的计算方式，通过共享软硬件资源和信息，以按需使用、按量计费的方式提供计算服务、存储服务、网络服务等多种IT资源。这种计算方式使得用户可以像使用水、电资源一样方便、快速地使用计算机资源，只需投入少量管理工作或与服务进行少量交互。云计算有效地利用了分布式处理和虚拟化技术，实现了高效、灵活、弹性的资源共享和调度。它不仅可以提高资源的利用率，还可以降低用户的硬件成本和管理成本，大大提高了用户的工作效率和生活质量。云计算正在逐渐渗透到各行各业，成为数字化转型和智能化发展的重要支撑。

【云计算的五个特征】

云计算具有按序自助服务、广泛的网络接入、资源池化、快速弹性伸缩、可计量服务等五个特征。

[按序自助服务] 用户可以通过自助的方式，按照自己的需求获取计算服务、存储服务、网络服务等资源。这种服务方式可以按照用户的顺序自动分配资源，无需人工干预。

[广泛的网络接入] 云计算提供了广泛的网络接入方式，用户可以通过互联网、专网等不同的网络环境接入云计算平台，享受云计算服务。

[资源池化] 云计算将各种IT资源（计算、存储、网络等）进行了抽象化和池化处理，将资源看作一个公共的资源池，用户可以通过申请资源池中的资源来使用计算机资源。

[快速弹性伸缩] 云计算可以根据用户的需求，快速、灵活地扩展或缩减资源，为用户提供足够的计算能力和存储空间，满足用户业务发展的需要。

[可计量服务] 云计算采用计量方式提供服务，用户可以通过计量方式来衡

第四篇
企业信息技术平台架构设计

量自己使用云计算服务的数量和质量，以便进行合理的资源分配和管理。

【云计算的两个组成部分】

云计算是一种基于网络的数据计算和存储服务，由包括云设备和云服务两部分组成。

[云设备]指用于数据计算处理、数据保存和数据通信的设备，包括服务器、存储设备和网络设备。这些设备通过网络相互连接，形成一个庞大的资源池，为云计算提供硬件支持。

[云服务]包括云平台软件和用于向用户提供服务的应用平台软件。云平台软件是指对物理资源进行虚拟化调度管理的软件，它将物理资源转化为虚拟资源，并对其进行统一管理和调度，提高了资源的利用率和灵活性。应用平台软件则是指向用户提供各种服务的软件，例如云存储、云桌面、云游戏等，用户可以通过这些服务方便快捷地使用云计算资源。

云计算将传统的购买软硬件产品转变为购买信息服务，这种商业模式的转变是由多种因素共同推动的，包括需求、技术和商业模式的变化。

云计算的产生源于政企客户低成本且高性能的信息化需求，以及个人用户的互联网、移动互联网应用需求强烈，追求更好的用户体验。虚拟化技术、分布式并行计算、互联网技术的发展与成熟，使得基于互联网提供包括IT基础设施、开发平台、软件应用成为可能。宽带技术及用户发展，使得基于互联网的服务使用模式逐渐成为主流。少数云计算的先行者（例如亚马逊/阿里云）的云计算服务已开始运营。市场对云计算商业模式已认可，越来越多的用户接受并使用云计算服务。生态系统正在形成，产业链开始发展和整合。

【云计算的三种部署模式】

云计算的部署模式有三种：私有云、公有云和混合云。私有云是指企业通过购买或租赁设备，搭建起来供企业内部使用，例如华为数据中心。公有云是指像共用的交换机一样，由电信运营商去运营这个交换机，但它的用户可能是普通的大众。混合云强调基础设施是由两种或更多的云来组成的，但对外呈现的是一个完整的实体，例如电子商务网站在平时业务量稳定时使用自己购买的服务器搭建私有云进行运营，在业务量非常大时从运营商的公有云租用服务器来分担高负荷的压力，但可以统一地调度这些资源，这样就构成了一个混合云。

【云计算的三类商业模式】

云计算的商业模式包括 IaaS、PaaS 和 SaaS。IaaS 指的是把基础设施以服务形式提供给最终用户使用，包括计算、存储、网络和其他的计算资源，用户能够部署和运行任意软件，包括操作系统和应用程序，例如虚拟机出租、网盘等。PaaS 指的是把具有综合技术能力的二次开发的平台以服务形式提供给最终用户使用，客户不需要管理或控制底层的云计算基础设施，但能控制部署的应用程序开发平台，例如微软的 Visual Studio 开发平台。SaaS 指的是软件即服务，用户能够通过互联网使用软件，不需要安装在自己的计算机或设备上，例如在线办公系统、在线 CRM 等。

【云计算的五个价值】

云计算的价值主要体现在以下几个方面：

[资源整合与提高资源利用率] 通过虚拟化技术，云计算能够实现资源的弹性伸缩，避免原来的服务器只能给某个业务独占的问题，提高了服务器的利用率。同时，通过灵活调整虚拟机的规格，可以快速满足业务对计算资源需求量的变化。

[快速部署与弹性扩容] 云计算能够快速部署业务系统，只需要少量的服务器就可以开局，后续需要扩容时也十分简单，只需要通过 PXE 或者 iso 新装几台计算节点即可。基于云的业务系统采用虚拟机批量部署，可以在短时间内实现大规模资源部署，快速响应业务需求，省时高效。

[数据集中与信息安全] 传统 IT 平台数据分散，可能存在安全漏洞。部署云系统后，所有数据集中在系统内存放和维护，并提供网络传输加密、系统接入认证和数据安全保护等安全保障措施，保证数据的安全性。

[自动调度与节能减排] 云计算能够实现基于策略的智能化、自动化资源调度，实现资源按需取用和负载均衡，削峰填谷，达到节能减排的效果。这种动

第四篇
企业信息技术平台架构设计

态电源管理可以优化数据中心的能耗，实现节能减排。

[升级扩容不中断业务] 管理节点的升级可以在有主备两个节点的情况下先升级一个节点，再做主备切换后再升级另外一个节点。计算节点的升级可以先将该节点的虚拟机迁移到其他节点，然后对该节点升级，再将虚拟机迁回，实现升级扩容不中断业务。

关于 IaaS

【IaaS 概念】

基础设施即服务（Infrastructure as a Service，IaaS）是一种提供即时计算基础架构，通过 Internet 进行配置和管理的云计算服务模型。IaaS 允许用户根据需要扩展和缩减资源，以减少资本支出和不必要的"自有"基础设施需求。与平台即服务（PaaS）和软件即服务（SaaS）相比，IaaS 提供了对云中资源的最低级别控制。

IaaS 是由物理和虚拟资源的集合组成，这些资源为消费者提供了在云中运行应用程序和工作负载所需的基本构件。IaaS 提供商负责管理大型数据中心以及其中的物理机器，最终用户则通过网络使用这些物理机器。在大多数 IaaS 模型中，最终用户并不直接与物理基础设施进行交互，而是将其作为服务提供给他们。

IaaS 通常被理解为虚拟化的计算资源。提供商管理虚拟机监控程序，最终用户可以通过编程方式为虚拟"实例"提供所需数量的计算和存储。大多数提供商都为不同类型的工作负载提供 CPU 和 GPU。云计算通常还与支持自动扩展和负载平衡等服务搭配使用，这些服务使云成为理想的规模和性能特征。

【常见的 IaaS 业务场景】

[测试与开发] 团队可以快速设置和拆除测试和开发环境，从而更快地将新应用程序推向市场。IaaS 可以快速经济地向上和向下扩展开发测试环境。

[网站托管] 使用 IaaS 运行网站可以比传统的网络托管更便宜。

[存储、备份和恢复] 避免了存储和复杂的存储管理的资本支出。存储管理

通常需要有熟练的员工来管理数据,并满足法律和遵从性需求。IaaS对于处理不可预测的需求和稳定增长的存储需求非常有用。它还可以简化备份和恢复系统的规划和管理。

[网络应用程序]IaaS提供了支持Web应用程序的所有基础结构,包括存储、Web和应用程序服务器以及网络资源。可以在IaaS上快速部署Web应用程序,并在无法预测应用程序需求时轻松地上下扩展基础架构。

[高性能计算]超级计算机、计算机网格或计算机集群上的高性能计算(HPC)帮助解决涉及数百万个变量或计算的复杂问题。例如地震和蛋白质折叠模拟、气候和天气预报、财务建模以及评估产品设计。

[大数据分析]大数据是一个流行术语,其中包含潜在有价值的模式、趋势和关联。挖掘数据集以定位或梳理出这些隐藏的模式需要巨大的处理能力,而IaaS经济地提供了这种能力。

【IaaS的优势】

[随用随付]IaaS避免了建立和管理一个现场数据中心的前期费用,使其成为初创企业和测试新想法的企业的经济选择。由于无需先设置基础架构即可开发和交付应用程序,因此可以使用IaaS更快地将其提供给用户。

[改善业务连续性]实现高可用性、业务连续性和灾难恢复的成本很高,但借助正确的服务水平协议(SLA),IaaS可以降低成本,并在灾难或中断期间照常访问应用程序和数据。

[快速创新]一旦决定启动新产品或计划,就可以在几分钟或几小时内准备好必要的计算基础架构,而不是在几周甚至是几个月完成内部设置。

[更快响应变化需求]IaaS使您能够快速扩展资源以适应您的应用程序的需求高峰(例如在假期期间),然后在活动减少时再次缩减资源以节省资金。

[专注于核心业务]IaaS可以释放您的团队,使其专注于组织的核心业务,而不是IT基础架构。

[安全性]通过适当的服务协议,云服务提供商可以为您的应用程序和数据

第四篇
企业信息技术平台架构设计

提供安全性,这些安全性可能比您在内部获得的安全性要好。

【企业自建 IaaS 平台的流程】

企业自建 IaaS 平台需要遵循一定的步骤和流程,以下是一些基本的步骤:

[确定需求] 企业需要明确自己的需求,比如需要多少计算资源、存储资源和网络资源,以及希望的可扩展性和可用性水平。

[选择合适的硬件] 根据需求,选择适合的服务器、存储设备和网络设备。还需要考虑容错性和可扩展性。

[选择合适的虚拟化技术] 虚拟化是 IaaS 平台的基础,因此企业需要选择一种适合自己需求的虚拟化技术,比如 VMware、OpenStack 或 KVM 等。

[部署管理平台] 选择一个适合的管理平台来管理 IaaS 平台。企业可以选择一个开源管理平台。

[建立网络] 建立网络,包括虚拟网络、子网等,以满足企业的需求。

[建立存储] 根据需求,选择合适的存储解决方案,比如 SAN、NAS 等。

[安装和配置虚拟化软件] 在服务器上安装和配置虚拟化软件,比如 VMware ESXi、OpenStack 等。

[创建虚拟机] 根据需求,创建虚拟机,并进行相应的配置。

[建立管理平台] 安装和配置管理平台,比如 OpenStack、VMware vCenter 等。

[测试和验收] 测试和验收 IaaS 平台,确保其符合企业的需求和标准。

需要注意的是,自建 IaaS 平台需要较高的技术能力和资源投入,因此企业需要充分考虑自己的实际情况,并做好风险评估和计划。另外,企业还可以考虑使用已有的 IaaS 服务,比如阿里云、华为云、腾讯云等,以降低成本和风险。

关于 PaaS

PaaS 云平台通常是基于 IaaS 云平台构建的,PaaS 云平台和 IaaS 云平台最大的差别是平台即服务。所有的管理都是以服务为粒度的,在 IaaS 以资源管理为中心的平台上提供了更高层次的抽象。通俗地讲,企业基于一个平台自己建设应用、运行应用,保管和使用应用数据,这样一个平台就是 PaaS 云平台。

建筑企业数字化系统建设方法论
Construction Methodology of Digital System in Construction Enterprises

PaaS 的特征有三个，一是具备运维自动化的能力，故障的自动恢复，在不需要人为干涉的情况下能够自愈。二是具备面向服务化的管理能力，围绕服务的发布、升级、调用、监控、日志及服务域名等能力体系。一般专业 PaaS 平台厂商会对服务化的管理能力体系再次进行细分，提供云原生（微服务、容器云、DevOPs）的能力体系部分可划分为技术平台（gPaaS），提供公共业务服务能力（如组织、流程、权限、基础数据）和抽象，沉淀业务服务的能力体系可划为业务中台（aPaaS），提供数据的采集、治理、服务输出的能力体系可划为数据中台（dPaaS）。三是面向开发人员的服务，即软件开发流程化服务，代码自动编译打包及更新，持续发布，持续集成和更新，一些专业厂商甚至会提供低代码开发平台（adPaaS）。

平台的实现有多种方式，并不一定需要 Kubernetes 或者 Docker，只不过当前大多数 PaaS 云平台都是基于"Kubernetes+容器+流水线"的方案，这是需要区分清楚的地方。目前 Kubernetes 已经成为 PaaS 云平台建设最重要的组成，甚至是标准，自己实现维护，大概率不如 Kubernetes 稳定，且 Kubernetes 提供了很强的扩展性。

PaaS 云平台是面向服务管理的，所有的资源也都是以服务为最小管理单元。用户不用担心基础资源配置（部署在哪台机器、IP 地址多少、配置的内存多大等），所有的操作都是针对服务的。服务管理包括服务列表查询、服务创建和删除、服务的副本数修改、服务自动伸缩、服务的滚动升级和灰度发布等。

由于企业信息技术平台架构核心即是 PaaS 云平台的架构。所以，在理论、方法阐述之外，《企业私有云 PaaS 云平台架构方案》（作者：中国建筑五局肖波彦先生）作为实际案例，供读者参考理解基本的 PaaS 云平台是怎么做的，企业可以根据实际需要采购完善的商业 PaaS 云平台或者自建简单的 PaaS 云平台。

企业私有云 Paas 云平台架构方案（2020 年）：
【技术架构】

该 PaaS 云平台采用容器镜像技术实现应用交付标准化，将应用系统及其

第四篇
企业信息技术平台架构设计

依赖环境进行镜像封装，以开箱即用的方式管理基础资源。容器云平台利用 Kubernetes 高效完整的自动编排核心组件实现计算资源、网络资源、存储资源等 IT 资源自动化管理与分配。当出现故障时，自动化的迁移系统至备份资源做到故障的秒级自愈。具备以下技术特点：

一是更细颗粒的资源分配，仅占用 MB 级资源；

二是亚秒级的服务扩展、迁移以及故障自动恢复；

三是亚秒级的基于 CPU、内存以及服务业务指标的自动扩缩容；

四是满足应用对不同环境的依赖，彻底消除环境不一致带来的资源浪费问题。

【方案概述】

PaaS 云平台是将所有主机整合为一个大的资源池。当有业务系统需要部署时，平台会将系统作为一个资源对象进行监控，分配合理的 CPU、内存给这个资源对象。当监控发现资源过剩或不足时可灵活地垂直扩缩 CPU 和内存，所以能够做到资源与应用的最大化适配，从而实现资源利用率提高至传统模式数倍。

使用 PaaS 云平台进行业务系统的管理，将业务系统的服务新建/迁移到云平台中。使用 Readiness 和 Liveness 探针来监控业务系统的状态。当探针不可达时，PaaS 云平台会秒级拉起新系统并切换路由来保障业务不中断，留存历史系统死亡记录后再进行资源回收。

通过 PaaS 云平台的 HPA 能力来控制系统的副本数来动态水平扩缩容，从而解决业务突发时的系统压力。

PaaS 云平台结合自动构建和版本管理工具实现完整的 DevOps 流程，构建编译发布一体化，确保从系统最源头的代码到上线后的产品都在平台的管理之中。

【建设步骤】

[方案验证]

搭建测试云平台，测试网络方案、平台基础调度、资源分配能力。

[资源池建设]

建设好 Kubernetes 集群后，很多人会马上开始做 DevOps 相关的建设，容易忽视资源池主机管理能力，殊不知这是一个 PaaS 云平台非常重要的一个基础能力。能力清单如下：

一是增加主机分组功能，主机可以按照不同的维度进行分组和过滤；

二是增加主机活动功能，实时查看主机上下线活动；

三是增加主机维护功能，主机可以在需要维护情况下设置为维护状态，不可被新应用调度；

四是增加租户的集群配额功能，每个租户可申请需要的集群资源。

PaaS 云平台基础能力图

[资源划分]

根据企业业务应用系统的大小（用微服务数量来衡量）、重要程度进行资源规划，将云平台划分为核心区、普通区、应急区等不同的业务场景资源池。

[建设自动化构建]

将迁入云内的系统代码保存在公司私有 GitLab 代码仓库，通过 Jenkins 流水线实现系统的自动构建上传到镜像仓库。PaaS 云平台统一进行调度和发布。

可实现：

贯穿开发、测试、预生产和生产环境的流水线发布；

快速搭建开发、测试环境，部署第三方组件和应用，提高开发效率；

第四篇
企业信息技术平台架构设计

PaaS 云平台资源池图

全容器化技术实现编译、打包、测试和部署过程,降低测试资源成本;

完整发布流水线支持,多个代码管理工具,质量扫描工具以及自动化测试支持。

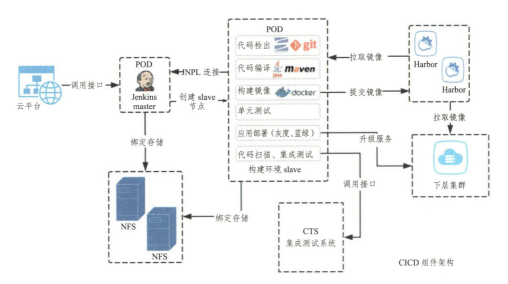

自动化构建流水线架构图

[构建镜像仓库]

镜像推送功能：镜像仓库作为容器云平台CI/CD的核心组件，肩负着打通整个开发测试到生产环境的CD流程。镜像远程同步可以实现基于项目的镜像两种细粒度的同步。

镜像仓库清理功能：平台支持对镜像仓库进行镜像清理功能。用户可以创建清理规则，并对规则进行修改、删除等操作。

镜像仓库备份功能：备份服务器添加成功之后可以新建备份规则，输入规则名称，选择需要被同步的镜像仓库地址，选择备份服务器。

镜像仓库高可用：拥有多个实例和一套分布式的共享存储卷系统。

我们采用开源的HARBOR来构建镜像仓库，官方提供了Docker-Compose脚本可以做到一键启停，非常方便。

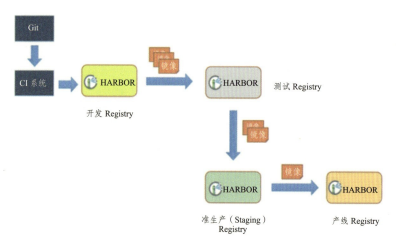

镜像仓库体系图

[提供业务系统在线滚动升级]

进一步缩短业务系统升级版本带来的不可用时间片，使用滚动升级的方式进行系统发布，在用户没有感知的情况下完成升级。

第四篇
企业信息技术平台架构设计

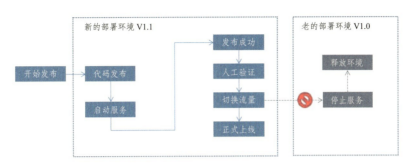

基于流水线的滚动升级图

[调试运维自动化能力]

实现探针监控、日志采集集中管理、告警等健壮性功能。保证系统的高可用性，减少运维人员的手工介入。

增加服务基于主机和 POD 的亲和和反亲和调度。

增加蓝绿升级功能，可通过一键切换业务系统新旧版本。

增加服务发布的爆发模式，更好地提高资源利用率。

[提供弹性伸缩服务]

基于业务指标的自动弹性伸缩，支持基于 CPU、内存的自动伸缩。用户可以指定应用弹性伸缩的范围，同时指定对应的 CPU、内存阈值来作为弹性伸缩的指标。

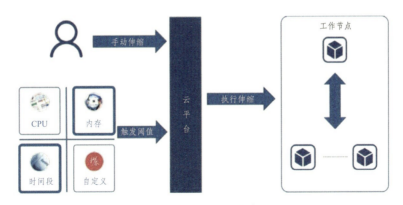

应用使用资源自动伸缩图

[使用与监控]

逐步将云外系统迁移到云内，扩充云计算工作节点，保证资源的高利用率。

关于 SaaS

软件即服务（SaaS）是一种基于云计算的软件交付模式，用户通过互联网访问和利用软件应用，无需关心软件安装、配置和维护等后端工作。在 SaaS 模式下，软件提供商负责保障软件运行和数据安全，用户只需通过 Web 浏览器或移动应用程序就能即刻使用软件服务。简单来讲，SaaS 主要提供场景化的应用，即将应用作为服务提供给用户。

SaaS 运作原理很清晰。首先，软件提供商将软件部署到云服务器上，并确保其持续稳定运行。用户通过购买服务的方式来获取软件的访问权限，通常以月或者年为单位支付费用。无论身处何地，只要设备上有 Web 浏览器或专用的移动应用程序，用户都能访问到软件服务。云端部署使得软件提供商能实时更新和升级软件，确保用户始终获得最新版本。

SaaS 通常采用多租户架构，允许多个用户共享同一个软件实例和基础设施。这种方式能提高资源利用率，降低硬件和维护成本。同时，由于采用了经济规模效应，SaaS 提供商能降低价格。

SaaS 很适合中小企业或初创公司。对于大型公司，SaaS 化的对外协同的产品也是适合的。

【SaaS 的优势】

[降低成本] 使用 SaaS，用户无需投入昂贵的软件许可证或硬件设备成本。只需根据实际使用情况支付费用，从而降低初始投资和运营成本。

[灵活性和可扩展性]SaaS 提供商通常根据用户需求和规模提供弹性服务，允许用户根据业务发展适时增加或减少订阅量。

[自动更新与维护] 由于软件在云端运行，软件提供商能实时更新和维护软件，无需用户手动升级和维护。这为用户节省了时间和精力，同时确保用户能持续享受到最新版本带来的便利。

第四篇
企业信息技术平台架构设计

[资源托管和管理] 通过使用 SaaS，软件的资源托管和管理责任由 SaaS 提供商承担，用户无需担心服务器维护、性能优化和容量规划等技术细节。这使用户能够专注于核心业务的发展，无需花费精力和资源处理基础设施问题。

【理性选用 SaaS】

虽然 SaaS 模式具有许多优势，但也有一些场景下，SaaS 模式可能不太适合或者需要慎重考虑：

[高度定制化需求] 如果企业有高度定制化的软件需求，SaaS 可能不是最佳选择。因为 SaaS 提供的是标准化的软件解决方案，对于高度定制化的需求，可能需要采用传统的软件许可方式或者专门的定制开发服务。

[涉密或高安全性需求] 如果企业有一些高度敏感的业务数据或涉密信息，需要高度安全的数据存储和传输环境，那么 SaaS 可能不是最佳选择。因为 SaaS 数据存储在云端，数据安全性和保密性可能受到一定挑战。另外，如果企业需要用到一些高度专业的行业软件，比如金融、医疗等领域的软件，通常需要考虑专门的许可和认证问题，这时候 SaaS 可能不是最佳选择。

[对本地部署有强烈需求] 有些企业因为某些原因，比如数据主权、法规遵从等，需要对软件进行本地部署。这时候使用 SaaS 厂商提供的公有云服务可能不是最佳选择。

私有云价值

私有云建设的技术目标，主要是为企业 IT 建设和从技术层面出发考虑，通过私有云平台建设后在技术方面能得到的好处。

【建设灵活可扩展的架构体系】

云计算本身就具有弹性伸缩扩展的能力，而私有云 PaaS 平台建设则通过平台+应用的服务化构建模式，利用各种分布式技术的运用，形成一套完全可以灵活水平扩展的弹性架构体系。这种架构体系要能够满足 IT 系统在业务高速发展下 5～10 年，甚至更长时间段的灵活支撑和水平扩展，而不是像传统架构体系在扩展方面受到很多约束。

【建设高可用性的私有云生态环境】

业务系统的高可用性始终是企业信息化建设和后期运维管控的重要内容，通过私有云平台的建设，希望能形成一个高可用、高可靠、安全性一致的IT生态环境。通过分布式集群技术、冗余、异地容灾备份、双中心等多种措施真正形成一个高可用性的环境。

【形成企业可复用的IT资产库】

传统的业务系统开发模式往往很难真正地抽取各个业务系统的共性能力并服务化，而私有云PaaS平台建设在基于SOA的思想指导下，通过可复用服务能力的识别和开发，形成可复用的企业IT资产库和服务目录。对于单纯的私有云PaaS技术平台而言不是资产，但是对提供了可共享的业务、数据和技术服务后的PaaS平台则是企业重要的IT核心资产。

【形成标准化的IT治理和管控体系】

通过私有云平台的建设，可以进一步规划企业内部业务系统的建设标准和流程、业务系统的开发流程和技术架构等，所有的业务系统都基于同样一套技术标准体系、开发流程进行需求分析、设计和开发、过程管理等。真正提升企业信息化部门对IT系统的管控能力。

【降低对单一厂家硬件或软件的依赖】

对于中国互联网领域前几年开始推行的去IoE（数据库服务器、数据库软件、数据存储设备）运动的重要性，已经逐步被大型企业所接受，随着国家相关信息化发展规划和安全政策、开源和国产化将逐步成为趋势。因此在当前私有云建设规划中重点可以考虑去IoE和开源软件的使用。

企业混合云技术架构设计

企业为什么需要公有云

公有云是第三方通过互联网给大众提供的云计算服务，您可以通过互联网

第四篇
企业信息技术平台架构设计

访问公有云并享受包括计算、存储、网络等各类服务。公有云可以是免费的或者按使用量收费。

公有云的特点是可以把资源分享给需要的人,提供用户所需的计算、存储、网络和场景应用等资源。对于使用者来说,不需要很大的IT基础设施投入,只要通过互联网按需付费就可以获得相应的服务,这样不仅降低了门槛,也节省了IT成本。

公有云在运维方面既面向用户又面向平台。公有云可以提供用户运维能力,例如控制权限、监控性能、状态监控、故障报警等。而公有云保障团队则负责保障平台的高可靠性、高可用性及安全性等。

公有云还具备运营能力,用户可以提交工作单、订单、计费等操作,以便更好地了解运营成本和业务趋势。公有云运营团队会处理用户的工作单和投资,并管理公有云的总收入。

在安全方面,公有云需要确保系统、平台、运维和网络安全等方面的安全,以保护用户和云服务提供商的数据财产。

所以,对于很多中小企业或初创企业来讲,选择公有云是明智的选择。从运营角度看,公有云可以按需为用户提供所需的资源,并且计量收费,降低了总体拥有成本(TCO),节约了成本。特别适合没有充足预算购买设备、短时间内使用并释放(比如测试、验证等)、需要超大规模计算能力的企业。

从运维的角度来看,通过自建数据中心来支撑业务是很困难的,需要考虑基础设施、系统、中间件等的维护工作,并且这些工作的开销也很大。但通过使用公有云,用户不需要关心这些问题,只需要关注自己的业务就行,这大大减轻了维护的复杂性及维护成本,转而将重点放在业务持续创新上。

此外,公有云提供多种服务,可以让用户尽情享受云服务的便利。同时,由于主流公有云服务提供商的安全等级很高,能够有效地保护用户的数据和隐私安全。

企业适合采用公有云的场景

随着云计算技术的不断进步，公有云已经成为越来越多企业存储和应用业务的首选。不过，不同的企业有着不同的需求和情况，并不是所有业务都适合部署在公有云上。那么，哪些业务适合部署在公有云上呢？下面就让我们一起来分析一下。

首先，对于中小企业来讲，公有云是一种非常适合的选择。因为中小企业通常缺乏足够的 IT 资源和技术能力，难以自行构建和维护数据中心。而公有云则可以提供随时可扩展的计算和存储资源，企业可以根据业务需求灵活地租用所需的资源，无需投入大量的初始成本，即可轻松地应对业务增长和高峰期的需求。比如，在某些特殊时期，如电商平台的促销活动期或者旅游旺季，企业可以通过公有云快速扩展计算和存储资源，保证业务的顺畅运行。

对于中小企业来讲，需要进行海量数据存储的业务也适合部署在公有云上。因为这类业务需要处理的数据量极大，对于企业的存储系统提出了很高的要求。而公有云具有出色的数据存储和管理能力，可以满足企业的海量数据存储需求，同时提供了高效的数据处理和分析工具，帮助企业更好地挖掘和分析这些数据。比如，金融行业需要处理大量的财务数据来进行风险评估、投资决策等，公有云的数据分析能力可以帮助企业快速、准确地完成这些任务。

其次，对于拥有私有云平台的大型企业来讲，如果存在需要远程协作的业务，公有云也是一个很好的选择。随着移动办公的普及，企业员工需要在不同的地方进行协同工作，而公有云可以提供安全、高效的远程连接和协同办公工具，让员工随时随地访问企业内部的业务系统，提高工作效率和质量。

所以，适合部署在公有云上的业务主要有需要快速扩展的计算和存储资源、需要进行海量数据存储的业务以及需要远程协作的业务。当然，每个企业的情况都不同，还需要根据自身的实际情况来选择是否将业务部署在公有云上。随着云计算技术的不断发展，公有云将会在企业存储和应用业务中发挥越来越重要的作用。无论您是中小企业还是大型企业，都可以通过公有云获得更高效、

第四篇
企业信息技术平台架构设计

更灵活、更低成本的 IT 解决方案。

混合云的建设思路

公共云和私有云的混合使用被越来越多的公司采纳，这种模式被称为混合云。混合云模式为企业数字化建设提供了非常优秀的建设思路，让企业对云资源的使用具有很高的自由度。

【混合云的关键技术架构】

首先，多云管理能力是混合云的一个关键技术要求。在面对如何更好地管理各种不同的资源环境，例如在使用物理机、虚拟化等时，我们需要构建一个统一的云资源池，这需要计算、存储以及网络资源的统一管理和监控。

其次，云网协同能力也是混合云的必备技能之一。混合云是通过网络将客户本地基础设施、私有云和公有云进行灵活整合的，因此需要保证本地计算环境和各云资源池的互联互通。

Gartner 认为"iPaaS 是 ESB、数据集成工具、文件传输、B2B 网关以及 API 管理等多个云集成中间件能力的总和"。

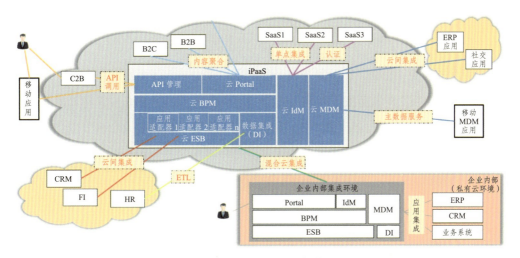

基于混合云的集成参考架构图

建筑企业数字化系统建设方法论
Construction Methodology of Digital System in Construction Enterprises

【如何建设混合云赋能企业数字化转型】

混合云为传统大型企业提供了一个全面连接当今数字化解决方案的平台,企业可以通过这个平台,自主选择未来业务的部署模式,以较小的代价、较低的风险来推进企业自主可控的数字化转型之路。以下是混合云建设的四个阶段:

[尝试阶段] 在这个阶段中,企业需要谨慎地选择合适的项目开始混合云部署,并做好云战略的顶层规划。

[扩展阶段] 在扩展阶段,企业应从各个职能部门中选拔各自领域的专业人员,建立起专业的云管理团队。此外,还需要建立一整套应用上云的全生命周期管理机制。

[服务化阶段] 服务化阶段是个分水岭,企业应建立全面服务化的架构,以中台战略支持数字化转型。中台将集合整个企业的运营数据能力、产品技术能力,对各前台业务形成强有力的支撑。

[智能化阶段] 在这个阶段中,企业已具备了实现数字化转型的支撑要素,下一步就是利用已有的资源去挖掘企业的智能化发展潜力。企业智能化的发展可以理解为业务数据化和数据业务化的一个循环过程。在此阶段中建立起企业级的数据平台尤为关键。

第五篇 企业主数据标准构建

企业主数据标准构建是为了满足企业跨部门业务协同需要，消除数据冗余，提升数据处理效率，提高公司战略协同力，达到"统一标准、集中管控、专业负责、分级审核"的管理效果。它是一系列规则、应用和技术，用以协调和管理与企业的核心业务实体相关的系统记录数据。主数据体系建设是企业数据管理的核心，是标准化数据的载体。

主数据概念 /108
主数据诞生
主数据定义
主数据特点
主数据范围
主数据价值

主数据标准 /110
主数据分类
主数据编码
主数据码表

主数据管理 /113
主数据管理意义
主数据管理内容
主数据运营

主数据应用 /116
主数据梳理
建立应用模型
建立应用标准
搭建系统平台
主数据分发

主数据概念

主数据诞生

【背景】

企业信息化是一个逐步发展的过程，从信息化建设比较早的国家经历来看，信息化的实施和应用都不是一步到位的，而是通过循序渐进的过程逐步建立起来的。企业信息化有一个从初级阶段到中级阶段、再到高级阶段的发展过程，人们从使用计算机进行文字处理、报表打印，到围绕一项项业务工作，开发或引进一个个业务应用系统。这些分散开发或引进的应用系统，无统一数据标准或信息共享机制，系统间相互不兼容，从而导致系统各自为政，信息孤立闭塞，从而导致信息"孤岛"不断产生。

信息"孤岛"的存在给企业信息化系统集成过程中带来诸多的问题。第一、导致信息的多口径采集、重复录入以及多方使用与维护，信息更新的同步性差，影响数据的正确性和一致性，并使企业的信息资源杂乱分散和大量冗余，信息使用和管理效率低下，且失去了统一的、准确的依据。第二、由于缺乏业务功能交互与信息共享，致使企业的物流、资金流和信息流的脱节，结果造成账账不符、账物不符，不仅难以进行准确的财务核算，而且难以对业务过程及业务标准实施有效监控，导致不能及时发现经营管理过程中的问题，造成计划失控、库存过量、采购与销售环节的暗箱操作等现象，给企业带来无效劳动、资源浪费和效益流失等严重后果。第三、孤立的信息系统无法有效地提供跨部门、跨系统的综合性信息，各类数据不能形成有价值的信息，局部的信息不能提升为全局的管理信息，无法支撑对企业的决策支持。

【需求】

企业信息化必将朝着集成化方向发展，以适应企业的规模化集团化的发展需要，基于企业对信息化集成平台建设需要，无论是将原各独立存在的信息化

第五篇
企业主数据标准构建

系统集成起来，实现数据互联互通，还是从头规划统一建设，都需要明确一件事，那就是建立一套主数据。各系统或模块统一使用一套主数据，将原本一个个孤立的系统通过主数据串联起来，从而消除系统间的信息"孤岛"，实现数据的互联互通统一使用。

主数据定义

主数据是具有共享性的基础数据，可以在企业内跨越各个业务部门被重复使用，通常长期存在且应用于多个系统。由于主数据是企业基准数据，数据来源单一、准确、权威，具有较高的业务价值，因此也是企业执行业务操作和决策分析的数据标准。

主数据特点

主数据作为企业管理的基础数据，具有如下特点：

[独立性] 独立，客观存在，不依赖于其他数据。

[高价值性] 数据价值高，主数据是定义企业核心业务的关键数据。

[稳定性] 交易主体相对稳定，规范性强。相对于业务数据，主数据是缓慢变化的，但也不是一成不变的，而是变化缓慢。

[共享性] 共享性强，"一处维护，多处使用"。主数据可以跨部门和组织共享和重用，主数据一旦创建，就可供不同用户、应用系统使用和重用来完成各自任务。

[唯一性] 可以唯一识别和唯一编码。每个主数据实例是唯一的，各不相同。

主数据范围

企业内部不是所有的业务数据都是主数据，主数据的范围是指在企业各个系统间共享的必要的业务数据，简单来讲就是在处理业务中被重复使用的数据，企业典型的主数据类型一般包括供应商、物料、产品、客户、组织、人员、财务等数据。此外，根据业务需求，关键基础数据也经常纳入主数据的管理范畴。

主数据价值

主数据建设在企业信息化战略中处于核心地位，处于基础支撑地位，是基础数据的集中地，确保目标系统数据的一致和唯一。对于企业而言，主数据管理有消除数据冗余、提升数据处理效率、提高公司战略协同力等价值，是企业数据治理过程中必不可少的一环。而且主数据流程并不是一蹴而就、一劳永逸的；需要不断改进、更新、完善，这是一个长期坚持的过程，得到的收益也是长久的。

【管理价值】

[提高企业标准化程度] 将最核心且急需共享的数据从企业的各个业务系统中整合出来，集中进行规范、分析、清洗等工作。与各业务部门达成一致后，将标准统一的、扩充完整的、准确无误的、获得权威认证的主数据分发下去，供企业内部对这些数据有使用需求的业务系统、业务流程、决策支持系统等使用。

[提高企业精细化管理能力] 建立基于同一主数据的统一经营数据视图，帮助企业集中管理数据，实现经营管理数据快速上传下达，提高数据的响应速度与共享程度，通过数据快速精准地最终以数据提高企业的精细化管理。

【业务价值】

主数据管理让企业将拥有统一的主数据访问接口，拥有集中的且内容丰富和干净的数据中心，能够为各业务部门提供一致、完整的共享信息平台，为业务流程和经营决策提供了一个可靠的支撑载体。

主数据应用可以增加信息系统结构的灵活性，构建覆盖整个企业范围内的数据管理基础和相应规范，并且更灵活地适应企业业务需求的变化，同时，降低接口成本、数据清洗和维护成本等，帮助企业远离高成本和高风险。

主数据标准

主数据分类

不同企业内部的主数据也是不同的，对于企业的主数据，一般按其业务来源或数据特征进行分类，就建筑企业来讲，主数据一般包括组织、部门、人员、账号、供应商、物料、产品、客户、财务等数据。

第五篇
企业主数据标准构建

[基础] 国家、地区、货币等，诸如此类主数据。

[组织] 组织、部门等。

[人员] 人员账号、人员信息、岗位、岗位级别等。

[客商] 供应商、客户等。

[项目] 项目信息、合同等。

[物资] 物料、设备、产品等。

[财务] 财务科目、固定资产、银行账户等。

[知识] 标准、专利、工法等。

主数据资产目录体系图

主数据编码

主数据编码标准定义了主数据的分类和编码规则，是主数据标准化建设的重要内容，通过对主数据编码的标准化，杜绝编码的不规则性和二义性，提高信息管理效率。

【编码原则】

主数据编码，应遵循以下总体原则。

[唯一性] 确保每条主数据内容都有一个唯一的编码，不重复。

[科学性]根据每项主数据的特点,选择主数据相对稳定的本质属性和特征,作为编码的基础与依据。

[可扩充性]编码应具备可扩展性,用于后期的扩展。

[简明性]编码结构应该尽量简单明了,码段组成合适,长度尽可能地短,以减少存储空间并减少编码的差错率。

【编码结构】

主数据编码一般分两个部分,第一部分为主数据分类标志,通过对每一类主数据设置一个分类标志码来标识这个主数据。第二部分为顺序流水号,一般按增加的先后顺序自动添加。

主数据编码结构图

如:1000000001 ××公司,编码中100,表示是组织的编码,0000001为流水号。

主数据码表

码表即代码表,用来记录主数据中特征编码、分类标志、分类编码等所代表的具体意义。

主数据码表

序号	分类	编码	类型	含义	说明
1	主数据类型	100	组织编码	主数据分类标识	
2	主数据类型	101	部门编码	主数据分类标识	
3	主数据类型	300	客商编码	主数据分类标识	
...					

第五篇
企业主数据标准构建

主数据管理

主数据管理意义

构建集中的主数据标准化体系，实现流程驱动和数据管控，通过数据管控体系和数据运维体系咨询服务，对组织架构、运营模式、管控流程、角色与职责进行明晰的定义。

通过集中数据访问，提高数据质量，降低数据集成成本，构建通用的、方便的、集中处理的数据总线，实现一致性的企业数据视图，能够大大降低数据交互访问的复杂性。

提升数据资产管理成熟度，实现主数据全生命周期的动态管理。基于标准的数据管理模型，实现基于数据平台的规则整合、统一定义和发布等事务的集中处理。通过数据的审计支持，来保证数据变化经过严格的审批；通过数据管理的持续优化和绩效改进，提升数据资产的管理成熟度。

支持精准决策，减少信息统计汇总成本。通过集中的主数据管理平台，为所有信息的交互和集成提供统一的数据基准。通过主数据管理和集成，保证信息来源的唯一性和正确性，为决策支持和数据仓库系统提供准确的数据源，避免因为基础数据的不一致而导致信息核对、汇总、统计的错误，减少异构系统之间的交互成本，用信息化提升企业的管理水平。

主数据管理内容

企业的主数据管理是指一整套的用于生成和维护企业主数据的规范、技术和方案，以保证主数据的完整性、一致性和准确性。主数据管理的目标是提供一个准确、及时、完整、相应的主数据来源，以支持业务流程和交易。

根据主数据管理内容和要求，我们可以构建一个主数据管理模型，主数据管理主要涉及五个方面的内容。

建筑企业数字化系统建设方法论
Construction Methodology of Digital System in Construction Enterprises

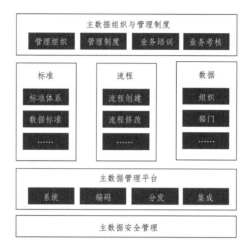

主数据管理模型图

【组织与管理制度】

组建进行主数据管理的组织机构，这个机构可以是专门的，也可以是兼任的，同时制定一系列的主数据管理制度，用来保障主数据的管理规范化。

【主数据标准制度】

建立一套规范主数据的标准制度，包括主数据的组成、分类、编码等相关内容。

【主数据管理流程】

主数据全生命周期中涉及的管理流程的制定，如主数据新建流程、主数据修改流程、主数据使用流程等。

【主数据管理平台】

主数据管理平台是实现主数据业务管理的一套信息系统，通过主数据管理系统，实现主数据的获取、清洗、分类、编码、流程、应用等相关服务。

【主数据安全管理】

主数据作为企业最基础的数据资源，必须确保主数据安全。一般通过管理制度与技术方案方式，实现对主数据的安全管理。

第五篇
企业主数据标准构建

主数据运营

主数据运营体系包括主数据管理组织、管理制度、管理流程、应用及管理评价五部分。

【主数据管理组织】

主数据管理组织主要包括企业内各类主数据的管理组织架构、运营模式、角色与职责规划，通过组织体系规划，建立明确的主数据管理机构和组织体系，落实各级部门的职责和可持续的主数据管理组织与人员。

主数据管理组织结构包括决策层、管理层和执行层。

【主数据管理制度】

主数据管理制度规定了主数据管理工作的内容、程序、章程及方法，是主数据管理人员的行为规范和准则，主要包含各种管理办法、规范、细则、手册等。主要包括《主数据管理办法》《主数据标准规范》《主数据提案指南》《主数据维护细则》《主数据管理工具操作手册》等。

【主数据管理流程】

主数据管理流程提供梳理数据维护和管理流程，建立符合企业实际应用的管理流程，保证主数据标准直到有效执行，实现主数据的持续长效治理。主数据管理流程可以以管理制度的方式存在，也可以直接嵌入到主数据管理工具中。

主数据管理流程包括主数据业务管理流程（主数据的申请、校验、审核、发布、变更、冻结、归档等进行全生命周期管理）、主数据标准管理流程（对主数据标准的分析、制定、审核、发布、应用与反馈等流程）、主数据质量管理流程（主数据的创建、变更、冻结、归档）等。

【主数据应用】

主数据应用主要包含三部分内容：明确管理要求、实施有效的管理、强化保障服务。

【主数据管理评价】

主数据管理评价是用来评估及考核主数据相关责任人职责的履行情况及数

据管理标准和数据政策的执行情况，通过建立定性或定量的主数据管理评价考核指标，加强企业对主数据管理相关责任、标准与政策执行的掌控能力。

主数据管理评价指标从管理标准、数据认责和数据政策三个角度考虑，由数据所有人与数据认责人共同确定，定义一系列的衡量指标和规则，一方面落实和检查主数据的应用情况，另一方面考察和评估主数据管理、主数据标准、主数据质量的执行情况。

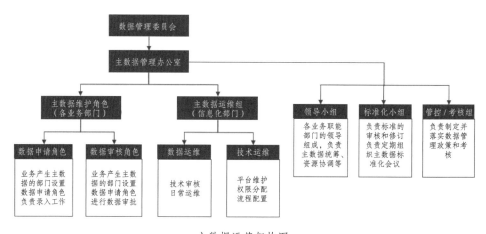

主数据运营架构图

主数据应用

主数据梳理

企业在进行主数据规划和使用之前，一般都已存在一些已使用的主数据内容，这些数据存在于线下或线上的系统中，分散、不唯一、无标准、不便于统一使用。

通常主数据梳理工作的对象为每个主数据所对应的副本数据，目的是得到一份完整的、没有重复的且与现实状况相符的数据集合。

主数据的历史数据梳理工作，看起来很简单，涉及的理论知识很少，但是

第五篇
企业主数据标准构建

恰恰是这部分工作占据了主数据管理项目实施工作的大部分时间。通常主数据梳理工作的对象为每个主数据所对应的副本数据,如果副本数据与主数据有不一致的地方,则需要进行修改,使其与主数据保持一致。

主数据的梳理一般包括四个方面的工作:

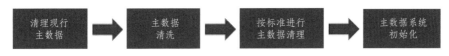

主数据梳理流程图

[清理现行主数据] 对企业所涉及的主数据进行清理,确定主数据的范围,明确主数据的内容。

[主数据清洗] 依据全面性、必要性、唯一性原则对主数据进行清洗,去除重复的、无效的数据。

[按标准进行主数据清理] 对清洗完成的主数据,进行编码、分类、命名等标准化处理。

[初始化] 按需要初始化入主数据管理系统。

建立应用模型

主数据应用模型,主要包括系统架构与数据模型的设计。

【系统架构】

建设统一的主数据管理系统,由主数据管理系统统一管理主数据的增加、审批、变更,并通过主数据管理系统分发接口,将各主数据内容分发到所需要的 ERP、OA、数据等第三方应用系统。

如企业部署了人力资源管理信息系统,人力资源信息系统应作为人员、岗位、职级等人员信息的主数据源头,由人力资源信息系统统一管理这些主数据,主数据系统从人力资源信息系统接收这些主数据。

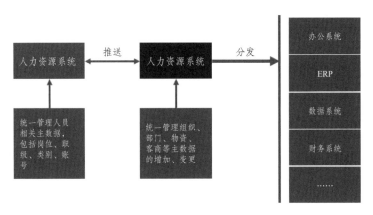

主数据管理系统架构图

【数据模型】

数据模型是对每一个主数据的字段、字段类型、字段意义等数据层面的内容进行定义与规范。

数据模型一般应包含属性字段名称、属性字段编码、字段类型、字段长度、是否可为空以及备注这几个基本的字段内容。这些字段内容，作为主数据最重要的信息字段，为各应用系统提供所需的主数据信息值，设计时应充分考虑各需求系统的不同需要，并做到模型的可扩展。

组织主数据的数据模型表

属性名称	属性编码	类型	长度	为空	参照	备注
公司主键	pk_corp	字符	20	Y		
公司编码	unitcode	字符	40	Y		
公司名称	unitname	参照	200	Y		
公司层级级次	innercode	字符	40	Y		
是否封存	isseal	布尔	1	Y		
上级公司	fathercorp	参照	64		Y	公司模型
公司简称	unitshortname	参照	200			
是否报表使用	isreport	字符	2			

第五篇
企业主数据标准构建

续表

属性名称	属性编码	类型	长度	为空	参照	备注
纳税号	taxcode	字符	30			
显示顺序	showorder	整型	4			
集成编码	cwbm	字符	20			
集成名称	cwmc	参照	200			
预留字段1	def01	字符	50			预留字段
预留字段2	def02	字符	50			预留字段
预留字段3	def03	字符	50			预留字段

建立应用标准

主数据的应用必须遵循一套标准有效的应用标准，以确保主数据的唯一性、有效性及高可用性。

【应用原则】

为保证主数据的唯一性，主数据必须进行集中管理，建立统一的主数据系统平台进行主数据管理。

每项主数据必须进行分类并编码，分类与编码规则按制定的标准执行。

主数据的增加、变更、封存必须通过审批，并通过主数据系统实现。

接入主数据系统，应用主数据，需制定专项的主数据接入方案并通过审批后，方可使用主数据。

【应用标准】

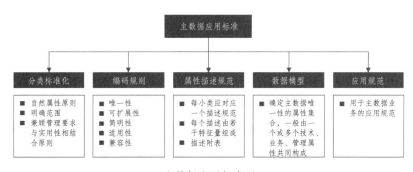

主数据应用标准图

建筑企业数字化系统建设方法论
Construction Methodology of Digital System in Construction Enterprises

搭建系统平台

主数据管理是企业信息系统建设的基础,其核心理念为标准、数据、平台和组织流程,这四个方面是不可分割、相辅相成的有机整体。

统一规划的主数据管理平台能够帮助企业做好数据源头管理,统一的主数据管理流程、规范化的数据管理模板、数据校验规则及数据分发机制,及定期开展的数据治理,能够确保数据的质量。

滞后或者缺乏统一的主数据管理平台规划,往往会成为企业信息系统集成与业务流转的瓶颈,没有统一数据基础更加无法支撑企业通过数据进行业务分析和创新优化。

主数据管理平台面向集团型企业,即适用于有复杂的 IT 系统架构及主数据集中管理诉求,意在实现全企业统一的数据标准和管控流程的所有企业,可作为全集团主数据的唯一出口。主数据建设的价值包括主数据标准体系建立、主数据管理流程体系梳理、主数据管理平台设计、主数据质量提升四个方面,全面支持集团型企业的多层级管理要求。

基于云架构的主数据管理平台架构。

[前端] 主数据管理平台在这里实现,是系统与用户的交互界面,用户通过管理平台实现对主数据的各类管理,包括数据管理、审批管理、配置管理、分发管理等各类功能。

[负载均衡] 负载均衡为系统提供稳定可靠的多并发服务支持。

[SaaS]SaaS 层提供主数据系统的功能模块,提供主数据系统服务。主数据的管理、实现、审批、分发等功能均在这一层实现,SaaS 层是整个主数据系统的核心服务层。

[PssS] 由容器、插件、缓存、数据库等构成 PaaS 层,提供平台系统服务。

[IaaS] 利用公有云平台或企业自建的私有云平台,构建系统的基础服务层,即 IaaS 层。

第五篇
企业主数据标准构建

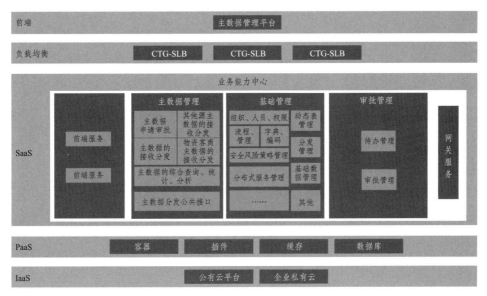

主数据管理平台架构图

主数据分发

主数据分发是指将已在主数据管理系统内完成管理流程的各主数据，通过标准接口分发到各外部消费系统的过程。

主数据系统一般有三种方式进行数据的分发，即数据推送、静态获取、数据库直接访问。数据推送为主动进行数据的分发，当有新的主数据产生或定时任务开启，主数据系统将通过接口主动调用外部消费系统接口，进行数据的推送分发。静态获取为主数据提供标准数据接口，外部消费系统在需要的时候主动去读取主数据系统的接口获取主数据信息。数据库直接访问为外部消费系统直接通过数据库技术，访问主数据系统信息库进行数据信息获取。

一般主数据管理系统都倾向于采用数据推送的方式进行主数据的分发，这种方式的优势在主数据管理系统掌握数据分发的主动权，数据的更新更及时。

建筑企业数字化系统建设方法论
Construction Methodology of Digital System in Construction Enterprises

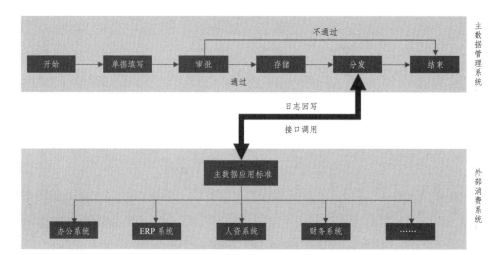

主数据分发模型图

第六篇　企业业务流逻辑构建

业务流程是企业实现价值创造的重要手段，梳理企业业务流程与数字化建设之间存在的密切关系，数字化技术才可以帮助企业实现对业务流程的自动化、智能化管理，提高工作效率和质量。同时也可以实现对各项业务活动的实时监控和优化，提高企业的决策效率和响应速度。

市场营销业务线 /124
客户管理流程
营销立项流程
投标管理流程
商务合约业务线 /128
合同管理流程
主合同结算流程
签证与索赔流程
分包招标议标流程
分包合同结算流程
物资采购流程
成本管理流程
财务资金业务线 /140
资金管理流程
会计核算管理流程
资产管理流程
费用管理流程
预算管理流程
生产履约业务线 /145
进度管理流程
风险管理流程
质量管理流程
安全管理流程
环境监测管理流程
人力资源业务线 /157
机构管理流程
岗位管理流程
编制管理流程

招聘管理流程
入职管理流程
转正管理流程
退休管理流程
离职管理流程
薪酬管理流程
行政管理业务线 /165
公文管理流程
印章管理流程
接待管理流程
档案管理流程
督办管理流程
会议管理流程
机要管理流程
信访管理流程
应急管理流程
后勤管理流程
党群工作业务线 /173
党员教育业务流程
党建政研业务流程
宣传思想业务流程
共青团工作业务流程
纪检监督业务流程 /178
执纪办理业务流程
问责工作业务流程
反腐斗争业务流程
巡察工作业务流程

市场营销业务线

市场为大，客户是上帝。在百年未有之大变局时代，企业处于不断变化大的新环境之中，市场营销业务工作至关重要。唯有维护好客户、做好增值服务，实现优质履约，赢得客户与市场的认可，企业才能深耕区域市场。市场营销业务工作包括客户管理、营销立项、投标管理等业务。

客户管理流程

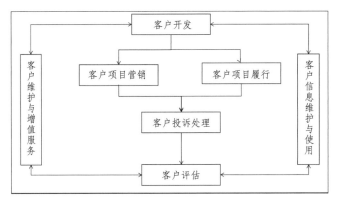

客户管理流程图

【客户开发】

客户开发团队由企业各层级组织下的客户经理及客户服务人员组成，主要负责收集整理客户的基本信息、需求、背景、资信调查工作，全面了解客户的组织结构、财信能力经营状况、可能合作的领域及对潜在项目分析等，团队成员需要制订专项的项目开发方案，明确开发目标、项目责任人、时间和工作要求。

【客户维护与增值服务】

客户维护贯穿项目全生命周期的过程管理，通过建立企业客户信息数据库，建立客户关系管理机制，定期回访，提供定制化服务，关注口碑、不断

第六篇
企业业务流逻辑构建

优化及完善服务等方式，以提供增值服务为特色，在沟通交流、项目营销、项目履约、投诉处理、增值服务等五个方面开展维护工作，保持双方长期稳定的合作关系。

【客户项目营销】

客户管理团队及时掌客户方的项目开发计划、制订营销策略、年度营销计划、签订营销责任书，执行和监控营销活动来开展营销工作。

【客户项目履约】

为与客户方建立长期稳定的合作关系，客户经理定期与客户集团公司有关工程管理的领导和部门保持正常沟通；公司履约服务经理定期与项目所在地区公司、项目公司或项目管理团队等有关工程管理的领导和部门进行质量、进度、成本、安全等方面沟通，让客户充分了解项目当前及未来的状态，协调客户新的诉求，以实现项目管理计划中确定的绩效目标。

【客户投诉处理】

客户投诉处理是客户维护和增值服务中的重要环节之一，企业需要建立畅通的投诉/信息反馈渠道，负责项目履约过程中对客户的投诉进行处理，并及时向客户反馈。建立投诉处理台账，阶段性对投诉的原因进行统计分析，及时发现和解决潜在的问题和风险，避免客户投诉的升级和扩大化。

【客户评估】

客户评估一般由企业总部客户经理牵头组织，公司相关部门参与组成联合评估小组，开展对客户的评估工作，客户评估对象包括已认定的战略客户和推荐客户，主要从企业资信、合作规模、合作状况、合作前景等四个维度进行。

【客户信息维护与使用】

客户信息管理实行动态管理，客户经理及时收集、整理客户的信息并对信息进行录入、更新和维护，保证信息完整、真实、准确，公司总部市场部及时汇总、分析客户的相关信息和数据，为客户管理研讨、综合评估、领导决策提供依据。

建筑企业数字化系统建设方法论
Construction Methodology of Digital System in Construction Enterprises

营销立项流程

营销立项主要内容包括编制营销策划书、签订项目目标责任书、指导与管理营销工作和项目营销立项，主要内容及要求如下：

[编制营销策划书] 营销经理牵头组织编制，公司分管领导监督指导。营销策划书主要内容包括项目及建设方的基本情况介绍及分析、竞争对手及本公司竞争优胜状况分析、确定项目营销领导机构。

[签订项目目标责任书] 营销策划书审批通过后营销经理及时与公司签订项目目标责任书。责任书主要内容包括明确营销经理部人员工作职责、工作目标以及相关业绩考核等内容。

[指导与管理营销工作] 依据审定的策划书实施营销策划，开展营销工作，定期召开营销协调会落实措施、协同作战。

[项目立项] 潜在项目提请公司评估，并同意立项，同一项目不同子公司立项，要提请上级机关协调分配。

投标管理流程

投标管理主要内容包括企业资格预审和招标文件预审、投标管理、开标记录和标后总结。

【企业资格预审招标文件评审】

企业资格和招标文件评审包括以下几个部分：

[资信部分] 发包人的资信、工程基本情况、工程招标内容、评标办法等。

[技术部分] 工期、质量、安全、环境、工程难点及风险、新材料新工艺等。

[设计部分] 设计的范围、设计的质量要求、设计新技术要求、设计的进度、设计概算及费用等。

[商务部分] 报价范围及内容、费用的计取、甲供材约定、变更签证、预期利润及风险、支付条款、垫资、融资条款、结算条款、保证金方式及金额、争议解决条款、担保条款及违约条款等。

第六篇
企业业务流逻辑构建

【投标管理】

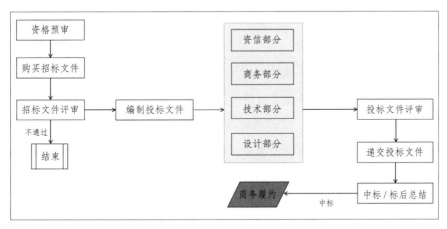

投标业务流程图

[资信部分]类似业绩，项目经理等专业技术人员的配备，企业证照，保证金，现场验证资料，文件签署、盖章、份数及电子版，包封等。

[技术部分]项目组织机构设置，工/料/机资金安排，施工机械设备配备，总平面布置，进度计划，施工方案，工期、质量、安全、环境目标等保证措施，冬、雨期施工，防洪、汛期措施。

[设计部分]地勘方案、建筑方案、设计方案、设计概算等。

[商务部分]工程量清单、各项取费要求，定额套用或组价、暂估价，技术措施和风险，政策风险和涨价风险，变重风险，包干费内容等。

【开标记录与标后总结】

标书审定完成终稿后，按招标文件要求提交。在开标过程中应及时、准确地做好开标记录，并做出标后分析与总结。营销经理及时报告项目中标情况，及时反映业主提出的具体要求，与发包人进行合同洽谈前，公司内部应召开专题会，研究洽谈策略及重点。营销经理在合同洽谈专题会上就营销情况、业主情况、项目投标情况等作详细介绍并提出谈判建议等。

商务合约业务线

合同管理流程

合同管理包括对业主方合同和对下游分供方的合同管理,无论哪种类型的合同管理都需要考虑:一是建立有效的文档系统,便于合同的监督、跟踪和诊断工作正常进行,有利于及时正确地决策,而且在发生纠纷时能及时地提供有力的证据;二是建立报告和行文制度,工程中合同有关各方的沟通都应以书面形式作为最终的依据并形成制度,保证各工程活动有根据。

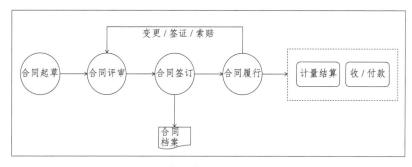

合同管理流程图

与下游分供方签订合同时,应由施工单位主导起草,为更好满足施工进场要求,一般情况下施工单位发布各类型标准的示范合同文本,各项目部参照示范合同文本发起合同评审工作。

合同起草与评审由公司法务部门负责具体组织,工程技术、商务管理、财务资金等各部门参与,按相关规定进行评审,合同应在分供方单位进场前完成签订,原则上没有签订合同不得进场实施作业,对于特别紧急,需立即进场施工作业,可设置灵活处理模式,比如实施"快速通道"机制,机制规则不同的公司可根据自身企业制度拟定。

合同签订后进行交底,由项目经理组织项目商务经理向项目部全体人员进

第六篇
企业业务流逻辑构建

行交底，形成合同责任分解的书面交底记录，涉及商业秘密做好保密工作，参与人员不得泄露交底内容，因管理需要借阅、复制相关交底文件记录的，均应授权登记受控。

公司可建立合同管理系统对合同管理进行标准化管控，将合同与市场营销、商务履约衔接起来，实现各环节数据与信息互享、互联、互通，提升企业管理品质与员工工作效率。

主合同结算流程

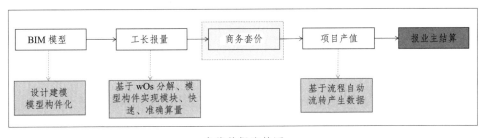

产值数据流转图

与业主方办理结算前需要完成以下几个事项：一是确定合同清单；二是确认变更签证材料；三是核对工作量及综合单价。

对甲结算办理应由项目经理牵头负责，组织工程、技术、商务等专业人员完成结算书的编制和报送工作。项目结算办理涉及各类经济技术资料的编制、收集、审查、确认、整理、归档等工作可由项目商务人员、项目技术负责配合处理，确保文件和资料准确、真实、完整。结算书初稿完成后报公司审批，项目部根据上级意见再次对结算书修改完善，在合同约定的时间内向业主和其指定审核机构提交完整的结算书文件，如合同未约定具体时间，不晚于工程竣工验收后一个月。合同有分段结算约定的，按约定分段办理结算，合同无分段结算约定的，应按工程进度分段进行结算准备。

签证与索赔流程

在解决合同争议的方法中，其优先顺序为谈判（协商）、调解、仲裁、诉讼。

项目部有向业主方提请签证或索赔流程时，应遵循"先签证、后索赔"的原则，签证不成再进行索赔，且签证不成即进入索赔程序，尽量以签证形式解决问题，减少索赔事件发生。签证索赔流程包括提出签证索赔要求、报送资料、监理工程师审核、持续索赔、仲裁与诉讼。

签证/索赔是合同管理的重要环节，应按以下原则进行：一是必须以合同为依据。遇到索赔事件时，以合同为依据来公平处理合同双方的利益纠纷；二是注意资料积累。积累一切可能涉及签证/索赔论证的资料，做到处理索赔时以事实和数据为依据；三是及时、合理地处理。签证/索赔发生后，必须依据合同的相应条款及时地进行处理，尽量将单项工作在执行过程中陆续加以解决；四是加强工作的前瞻性。在项目执行过程中，应对可能引起的签证/索赔进行预测，及时采取补救措施，避免过多索赔事件的发生。

项目经理是工程签证/索赔的第一责任人，对项目部各类签证索赔管理结果负责，签证索赔的证据要符合真实性、全面性、关联性、及时性和合法性要求。

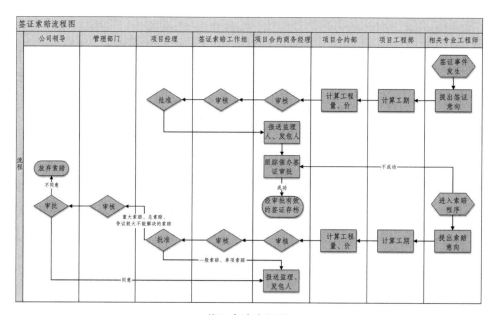

签证索赔流程图

第六篇
企业业务流逻辑构建

分包招标议标流程

【公开招标采购流程】

公开招标的主要目的是保证公开、公正、公平、竞争性的原则，确保建筑工程的质量和进度，并最终保证企业的利益。它能够为建筑项目选择最合适的承包商，确保建筑工程的质量和进度，公开招标还能够促进建筑行业的竞争，提高建筑行业整体管理水平，还能够避免非法操纵和腐败行为的发生。在公开招标的过程中会根据招标项目的具体需求，制定投标条件和评标标准，确保所有投标单位在同等的条件下进行竞争。

公开招标采购流程：

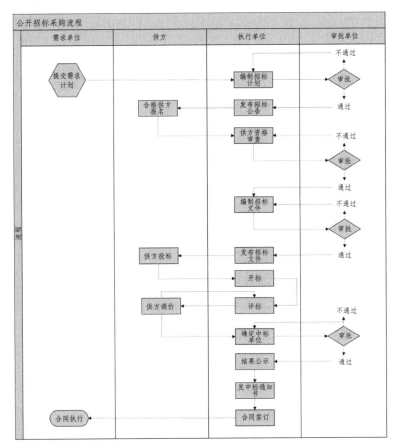

公开招标采购流程图

公开招标优劣势分析表

序号	优势	劣势
1	高透明度和竞争	可能选择没有经验的承包商
2	创造机会（给更多的承包商）	招标过程耗时较多
3	业主可以得到更好的价格	不可靠的竞争

【邀请招标采购流程】

邀请招标可以帮助公司选择最合适的承包商或供应商，以确保项目的顺利完成。以下几种情况适用于邀请招标：

一是技术复杂、有特殊要求或者受自然地域环境限制，只有少量潜在的投标人可供选择；

二是涉及国家安全、国家秘密或者抢险救灾，适宜招标但不宜公开招标的；

三是法律、法规规定不宜公开招标的；

四是对完成质量、服务效果等有特殊要求，分包单位只能在特定范围内选择的。

邀请招标优劣势分析表

序号	优势	劣势
1	更高的质量保证	较少的竞争
2	更好的商业关系	潜在的不公平竞争
3	更高的效率	

第六篇
企业业务流逻辑构建

邀请招标采购流程：

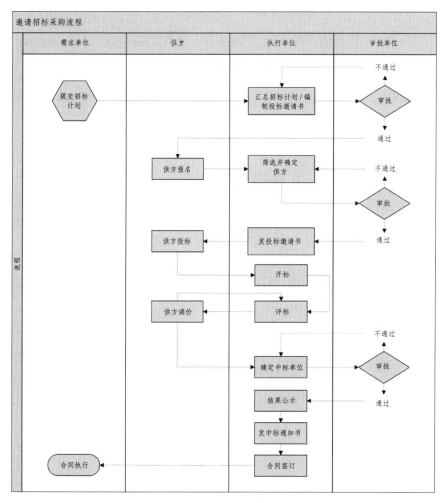

邀请招标采购流程图

【竞争性谈判采购流程】

竞争性谈判要求采购人或采购代理机构和供应商就采购方案的细节进行面对面商谈，而不仅是交换采购文件这样简单。与招标采购的对象特点相比，竞争性谈判采购对象特点具有特别的设计者或者特殊的竞争状况。此类采购对象很少能形成竞争的市场，也没有确定的价格。因此在采购人或采购代理机构与供应商对采购对象的制造、供应、服务的成本存在不同估价时，就不可避免地要采用谈判方式。而在多家供应商参与的情况下，采用竞争的方式，需通过多轮谈判报价，对各种采购因素及内容细节在谈判过程中均可以充分分析讨论，使总体方案报价更容易接近适当的价格，并常常能加以调整，以取得价格上的共同利益。

竞争性谈判采购流程：

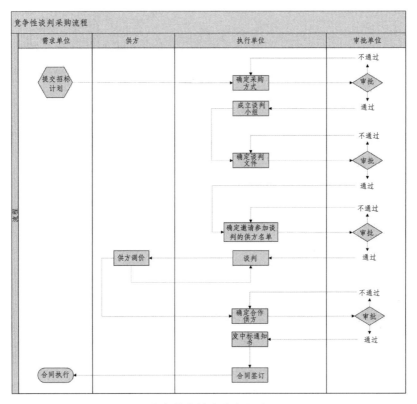

竞争性谈判采购流程图

竞争性谈判优劣势分析表

序号	优势	劣势
1	紧急采购	违反自由竞争精神
2	降低采购风险	价格过高
3	得到有利互惠条件	徇私舞弊

第六篇
企业业务流逻辑构建

【单一来源采购流程】

单一来源采购是指没有竞争的谈判采购方式，采购人与单一的分包单位谈判，确定报价及相关条款的采购方式，符合下列条件之一的，可以申请采取单一来源采购方式：

一是只能从唯一供应商处采购；

二是发生了不可预见的紧急情况，不能从其他供应商处采购；

三是必须保证原有采购项目的一致性或者服务配套的要求，需要继续从原供应商处添购，且添购资金总额不超过原合同采购金额百分之十。

单一来源采购流程：

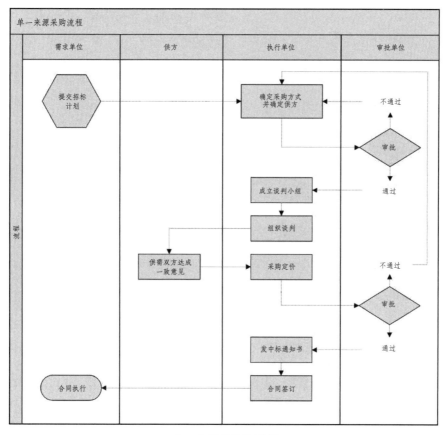

单一来源采购流程图

分包合同结算流程

项目分包方完成施工任务后,向承包方报送结算单。承包方收到分包方的结算单后,应按照合同约定的内容和方式进行审核,并填写结算审批表。分包合同过程结算应遵循"月清月结"的原则,按月度完成形象进度及合同规定办理,对于未签订分包合同的分包单位,不应给分包方办理分包结算,未按规定程序办理并审批的,财务人员不能自行预估分包成本做账,更不能支付款项,对于合规供方办理结算,也应遵循"无合同、不结算""无结算、不支付"原则。过程结算资料包括结算书、工程量计算式等;办理最终结算包括合同原件、签证原件等。原则上分包结算金额不得超过对应于业主的工程竣工结算金额,属于主观原因造成的应按公司的管理制度管理。如分包方未在规定时间内领取结算款项或提出异议的,承包方有权按照合同约定进行处理,如扣除质保金、罚款等。

分包结算管理流程:

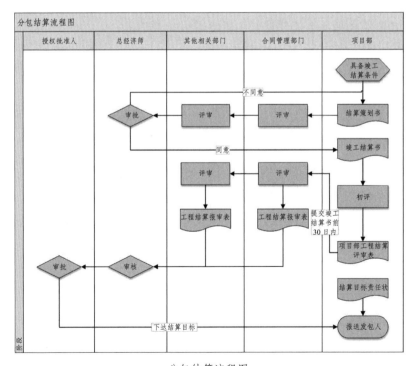

分包结算流程图

第六篇
企业业务流逻辑构建

物资采购流程

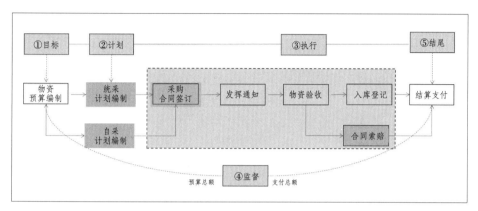

物资采购流程图

【计划管理】

项目部应根据项目策划编制主要物资总需用计划，上级物资管理部门根据总控计划组织物资的集中采购或调拨，建立项目主要物资总量的控制机制，项目部根据总控、月控计划、当前项目实施进度制定采购订单，分供方组织货源。

【验收及入库】

材料验收要严把"质量关"，物资进出场登记进出场台账，主要材料验收按相关流程执行，送货单严禁后补，应自动生成相关单据，作为结算依据。项目部按施工总平面布置及存储、运输、使用、加工、吊装等要求设置物资存放位置及设施。

【废旧物资】

对废旧物资的计量，项目部必须按相关流程执行，处理的资金项目部不能自留，须按流程转账到公司账户。

成本管理流程

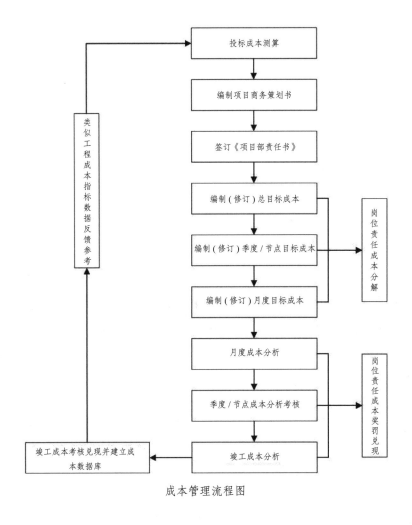

成本管理流程图

施工项目成本管理贯穿项目全过程，包括投标成本管理、责任成本管理、过程成本管控、项目完工成本数据库、最终审计兑现。

项目成本管理应遵循四条基本原则：坚持法人管项目的原则；坚持价本分离、目标责任的原则；坚持全过程管理、过程精细化的原则；坚持动态管理、持续改进的原则。

第六篇
企业业务流逻辑构建

【投标成本】

项目启动投标前，组织专业人员进行策划，编制《投标商务策划书》进行投标成本测算与评价，包括"工程量清单差异分析""投标项目成本分析""投标项目盈亏分析""投标项目创效分析"与"投标项目风险评估"等内容。项目中标后，投标测算明细资料作为基础经济档案保存。其中，"工程量清单差异分析"与"投标项目成本分析"要力求详细准确，采用公司统一的企业内部定额、分资源类别的成本编制方式进行测算。对于战略性及市场开拓性项目，项目投标预期利润属利润管控类时，提出具体创效举措并明确各项举措的企业责任层级，作为项目中标后责任分解的依据。

【责任成本】

项目的责任成本管理可以按公司/项目分成本两级落实，第一级是以《项目目标管理责任书》形式明确项目责任成本；第二级是以《项目岗位成本责任状》或《项目商务策划》形式明确项目对各岗位的责任成本管理。项目责任成本实施应以"价本分离"的方式进行，落实责任/目标成本与实际成本的对比与考核。

对于"三边"工程项目，《项目目标管理责任书》可在科学预判合理测算后，以暂定目标责任指标按原有规定及时签订，待条件合适时，签订补充责任条款，调整原暂定相关责任指标。

【过程发生成本】

项目过程成本管理的核心是执行《项目商务策划方案》。在满足履约目标的前提下，项目各类资源的投入与消耗成本不得随意超出策划目标。

项目过程成本管理的核心机制是定期对项目成本动态分析，一般采取月度成本分析会议形式召开，按规定流程与表单格式进行成本和收入盘点、归集，对比目标成本与实际成本偏差，全面深入分析影响成本节超原因，提出改进措施。项目部应由项目经理定期或不定期组织召开成本分析会。

项目商务成本核算可以采取月度为核算期统一要求，即每月25日或结构层完成时，为项目工程量盘点、材料盘点、分包结算、物资采购租赁结算月成本计算截止日。各类成本费用，特别是预提、摊销类成本应与当期收入相匹配，依照"权责发生制"原则处理；在项目过程考核时，项目应真实、准确测算未完工程成本，商务线条与技术线条应研判后期创效方案的可操作性及可行性，充分评估项目收入，兼顾项目整体效益。

财务资金业务线

资金管理流程

资金管理是指公司的资金流入、流出等全过程控制，过程中应遵循四个管理原则：

[安全合规]资金收支事项必须遵守国家方针政策、法律法规以及公司相关管理规定，确保资金安全、使用合规。大额资金支付和相关重大事项应履行企业管理决策程序。资金管理的关键岗位执行回避制度，行政领导、财务资金负责人的直系亲属不能在同级单位或下一级单位任财务资金负责人或资金管理的关键岗位。

[预算控制]资金收支实行预算管理，以现金流量预算为基础，编制资金预算并严格执行，预算外支付事项应按规定履行决策程序。

[集中统一]坚持资金集中管理，充分盘活资金存量，有效提高资金使用效率，降低财务成本和资金风险。

[科学高效]科学合理管控存量资金，加强资金的流动与周转，提高单位资金的获利能力。

资金管理业务流程包括以下几个方面：

[制定资金管理政策]公司需要明确资金管理的原则和标准，包括资金分配、使用、流动等规定。

[制定资金计划]各部门根据公司的经营计划和预算，制定相应的资金计划，包括资金需求、筹措、调度等。

第六篇
企业业务流逻辑构建

[资金流入管理] 公司需要对各种资金流入渠道进行管理，包括销售收入、投资收益、贷款等，确保资金流入的稳定和安全。

[资金流出管理] 公司需要对各种资金流出渠道进行管理，包括采购支出、员工薪酬、税费等，确保资金流出的合法、合理和有效。

[资金调度管理] 公司需要建立有效的资金调度体系，根据各部门资金需求和公司整体资金状况，进行合理的资金调度和调配。

[资金风险管理] 公司需要对各种可能的风险进行预测和管理，包括市场风险、信用风险、操作风险等，确保资金的安全和稳定。

[资金报告管理] 公司需要定期对资金管理状况进行报告和分析，包括现金流量表、财务分析报告等，以便及时发现问题并进行调整。

会计核算管理流程

会计核算管理是指保障公司各项会计资料的准确、真实，各项财务收支的合理、合法，维护企业财产物资的安全、完整，提高会计工作质量。会计核算岗工作人员需具备从事会计工作3年以上；从事过基层财务工作岗位；有较高业务技能、职业素养，熟悉掌握和正确运用国家财经法规、公司规章制度等条件。

会计核算管理流程包括：

【凭证稽核】

分为原始凭证稽核与记账凭证审核。

原始凭证稽核内容：

[真实性审核] 包括审核经济业务的单位、经办人、经济业务发生的时间、地点和凭证日期、经济业务的内容是否真实。涉及实物收付的原始凭证,其数量、单价、金额是否真实准确。

[完整性审核] 审核原始凭证是否有收款单位印章、税务或财政监制章，是否为"发票联"，验证发票的真伪，双方经办人是否签名或盖章，应附的旁证材料是否齐全。

[合法性审核] 对不真实不合法的原始凭证不予接受，对记载不明确、不完

整的原始凭证予以退回并要求按照规定进行更正、补充。对弄虚作假、严重违法的原始凭证，在不予受理的同时应当予以扣留，并及时向财务负责人报告，请求查明原因，追究当事人的责任。

记账凭证审核内容：

[原始凭证]是否齐全。对真实性进行复核，是否合规。

[会计科目、子目、细目]是否有误。摘要是否适当，有无遗漏、错误以及各项数字的计算是否正确，借贷是否符合规范，辅助核算是否准确。

[凭证编号]是否连贯。有无重编、缺号现象，装订是否完整，是否按规定时间装订。

【账簿稽核】

主要工作内容包括按照公司有关规定，在财务管理系统中设置会计账簿，各种账簿的记载必须与凭证相符，且复核者完成复核；现金日记账和银行存款日记账及时审核且账实一致；财务管理系统年初余额、辅助余额与上年度期末数一致。

【财务报告稽核】

财务报告稽核按季度、年度稽核，稽核内容包括各类报表按规定期限编制，无缺漏；报表内容与账簿上的记载相符；财务报告勾稽关系正确。

【库存现金和银行存款稽核】

对库存现金盘点情况进行核查，实际库存现金与账面余额相符，现金存放库内未超出规定的库存现金限额。

未到期票据等有关库存财物，应同时检查，并核对有关账表、凭证单据，有无挪用、贪污或白条抵库等现象，如有此情况应及时以书面形式报告财务负责人。

检查支票存根有无缺号，支票使用登记，是否有签发空头及远期支票的行为。

【收入、成本、费用稽核】

正确确认当期收入，真实、可靠，依据充分，无虚报、瞒报行为，按规定及时、

第六篇
企业业务流逻辑构建

准确、完整记录已经发生的成本和费用，按真实的项目类别归集成本。

各项成本费用开支符合规定标准，要按照规定程序复核审批，会计处理前后数据一致，收入与其相关的成本、费用相互配比合理合规。

【财产、物资稽核】

固定资产的购置和处置按制度规定进行审批，审核各种物资的采购签订合同是否有评审流程，结算单据与合同是否一致，发票与验收单是否相符。

定期对财产物资进行盘点，及时调整账务，做到账账相符、账物相符。

废旧物资的处置收入按规定办理，并及时入账核算。

资产管理流程

通过对资产管理，防范财务资金风险，加速债权周转，增加现金流量，提高资产运营效率，资产管理流程包括：

【企业"两金"压降】

两金是指企业的应收账款余额、存货余额、已完工尚未结算款。为确保管理到位，企业应树立"催收防欠就是营销和创效"的工作理念，建立健全"两金"和其他各类应收款催收防欠工作责任体系和管控机制，从市场经营前端、运营管理中端、欠款催收后端预防、管控"两金"和其他各类应收款。树立正确的业绩观，不片面追求规模增长，理性参与市场竞争，规范业务承揽。防范市场竞争风险和交易风险。

项目部是催收防欠的第一责任单位，管理上严格落实项目部工程款催收防欠责任，项目部上级单位可以通过信息化手段，加强统计信息和数据管理，联动市场、商务、工程、财务多线条协同共建"两金"和其他各类应收款催收防欠统计报告制度，按月度、季度、年度归集相关统计表，对相关数据进行分析对比和预警管理。

【固定资产及低值易耗品管理】

设定并规范固定资产及低值易耗品管理流程，用于杜绝资产的浪费和损害，实现资产从预算、收购、使用、维护到报废全过程控制，最大限度地发挥资产使用效益。

固定资产按用途和使用情况可分为土地房屋及建（构）筑物、施工机械、运输机械、生产设备、试验设备及仪器、融资租入固定资产、经营租入固定资产改良支出等，全过程管理涵盖如下内容：采购流程控制、资产验收、在用期管理、折旧计提、资产维护与保养、资产盘点、处置与报废。

低值易耗品按用途和使用情况分为办公家具、电器及通信设备、生产设备、生产工具、仪器仪表和管网等。低值易耗品管理可按资金额度分类管理，例：分为资产原值 2000 元以上及资产原值 2000 元以下两大类，超过 5000 元视同固定资产管理模式。资产原值 2000 元以下的按如下内容管理：采购流程控制、产品验收管理、分配转移控制管理、处置与报废控制。

【无形资产管理】

无形资产包括专利权、非专利技术、商标权、特许权、著作权、软件资产等。

[资产的获取] 无形资产分为外部取得和内部自创，专业管理部门根据年度预算提出申请，满足企业发展需要，通过可行性论证，有明晰的产权关系，能够提升企业经济效益。

[资产的持有] 严格按照相关法律法规，保持无形资产在寿命时限内的所有权、收益权、处置权。

[资产的处置] 由无形资产的专业管理部门根据市场情况和技术秘密程度，进行资产价值评估，再与需求方协商或采用招标投标方式拟定交易价格。

【备用金管理】

设立备用金是有效控制资金占用，规范员工借款行为，保证资金的安全使用与高效运转，备用金主要用于小额零星费用支出，其使用范围为：除工资统发项目外的国家规定对个人的其他支出；出差人员必须随身携带的差旅费；其他确需支付现金的支出等。备用金借支实行"总额控制、一事一借、专款专用、及时清理"的管理原则。

第六篇
企业业务流逻辑构建

费用管理流程

费用管理包括并不限于办公费、交通差旅费、业务招待费、会议费、培训费、中介机构费、职工薪酬、物业费等，为确保费用管理依法合规，严禁通过列支虚假费用支出，套取资金，设立"小金库"或进行账外资金循环。

费用管理流程包括预算编制与上报、费用报销管理、费用涉及票据管理、费用核算管理。

预算管理流程

设定预算管理是构建系统完备、科学规范、运行有效的预算体系，建立全面规范透明、标准科学、约束有力的预算制度，全面实施绩效管理。预算管理组织架构可分为董事会常委会、党委常委会、全面预算管理委员会、预算分管领导、全面预算管理机构，负责审议、日常管理、执行监督等工作。

预算管理流程包括预算编制与分解，预算执行与控制、预算分析与预警、预算调整、预算考核。

通过建立覆盖全部业务的全面预算管理信息系统，可实现：

专项预算与全面预算有机衔接，提高预算管理工作的效率和标准化程度，为决策层提供有力支持。

将预算与战略规划、年度考核和财务报表信息进行整合。

定期进行预算执行分析，出具预算执行情况报告，及时发现预算差异和风险信息，增强预算工作分析判断能力和快速反应能力，推进公司战略规划落地。

生产履约业务线

进度管理流程

通过对生产进度的管理，建立各方协调机制，统筹规划所有项目参建方确保有效协调各阶段作业需求；建立进度监控和报告体系，有效地控制项目整体进度；根据业主或企业的要求编制应急预案，执行进度纠偏，识别和评估会导致进度严重滞后的风险，及时进行进度延误分析，形成风险延误图形。进度管理流程包括：

【制定进度管理方案】

在项目启动阶段编制《进度管理方案》，描述将如何规划和执行项目进度管理，该方案应识别专业分包过程产品交付顺序，建立专业分包进度管理标准、并为项目经理提供用以识别进度风险和化解风险的机制，为整个项目进度管理提供指引和方向。进度管理方案一般应包括下列内容：

[项目进度管理的目标] 包括项目范围、项目节点控制计划。

[制定进度管理方案] 包括建立进度模型、确定进度编制规则及制定各级进度等管理方案。

[进度监控管理计划] 包括项目进度核查、进度偏差分析、工期预警与纠偏以及进度调整等管理计划。

[进度考核管理计划] 包括对总承包项目部、专业分包进度考核的管理计划。

【进度计划制定】

进度计划制定需要综合考虑多方面因素，包括工程量、工期、资源需求、风险等。在制定计划过程中要遵循科学、合理、可操作的原则，并建立有效的监督和反馈机制，以确保项目顺利实施。在进度管理方案中应明确进度计划编制规则，内容包括统一作业编码体系、计划细度、计量单位、进度软件、格式等；进度计划编制规则同时适用于专业分包进度计划编制，可将进度计划编制规则写入分供方招标文件和合同中，并在专业分包进场后进行再次的交底和发放。确保各个部门、专业分包采用一个通用的进度计划编制方法，便于进度计划的集成和管理。进度计划包括《项目节点管控计划》《项目总进度计划》，项目部根据总进度计划编制年/月/周进度计划。

【进度计划监控与预警】

根据项目重要性，可将项目细分为战略项目、重要项目、一般项目进行分类分级管理，集团总部负责监控和考核战略项目和重要项目的一级节点和战略

第六篇
企业业务流逻辑构建

项目的二级节点；公司负责一般项目的一级节点和重要项目、一般项目的二级节点及战略项目的三级节点；项目部一般项目的三级节点。

项目管控层级表

项目类型	重要节点（一级）	控制节点（二级）	关键节点（三级）
战略项目	集团	集团	公司
重要项目	集团	公司	公司
一般项目	公司	公司	项目部

进度预警可借助信息化手段建立进度计划关键绩效指标，通过进度看板模型，使用红、黄、蓝色来展示项目进度的履约程度，以便对进度预警监控。公司负责战略项目黄色预警、重要项目的红色预警进行现场督导，集团总部依据严重程度确定是否现场督导，公司对重要项目的黄色预警和一般项目的红、黄色预警进行履约督导。项目部应定期进行进度延误分析，出具风险延误报告，详细说明产生延误的原因及延误时长，合同外因素可作为后续索赔的证据。

项目进度预警阈值设计表（参考值）

工期节点名称	蓝色预警	黄色预警	红色预警
重要节点（一级）	延误10日	延误10~30日	延误30日以上
控制节点（二级）	延误10日	延误10~30日	延误30日以上
关键节点（三级）	延误10日	延误10~30日	延误30日以上

【进度计划调整】

项目部发现已批准的《项目节点控制计划》中关键节点发生延误且无法补救时，应在取得公司管理层和业主同意后调整《项目节点控制计划》，除工期延误，也可能因业主要求、企业需求等原因而进行进度计划的调整，进度计划的调整应综合分析工期延误责任和费用增加情况。任何对《项目节点控制计划》的关键节点修订，都需要通过《变更建议书》流程。

【总结和持续改进】

企业要建立公司级各类工程进度计划管理知识库，包括已完工和在建项目的实际进度数据，帮助项目部分析并提高项目进度计划的编制质量。

风险管理流程

风险管理使项目管理团队了解关键风险管理过程，确保项目风险及时、准确辨识，并提出有效控制措施并落实，风险管理流程包括：

【项目全过程风险管理】

风险管理是项目过程管理不可分割的一部分，项目经理应在项目启动与策划阶段开始规划风险管理，并在项目早期完成。在项目执行阶段，可能因为特殊原因需要重新调整风险等级，比如发生重大工程变更，项目范围发生显著变化，或者后续对风险管理有效性进行审查且确定需要调整项目风险等级。

项目部成员、参建分供方应参与项目相关的风险识别与控制。这些风险包括项目交付风险、运营风险、可建造性设计风险与企业风险、员工风险等。

[项目交付风险] 影响项目交付或来自项目交付的风险（例如滞后的设计变更导致额外费用以及计划延迟）。

[运营风险] 对项目竣工后的建筑或既有建筑的安全或服务性能产生潜在影响的风险。这既包括项目竣工后自身的营运潜在影响的风险，也包括项目施工活动中及项目竣工后对其他既有建筑的运营所产生潜在影响的风险。

[可建造性设计的风险] 因设计导致的施工安全类风险与不可建造性风险。

[企业风险] 对企业业务可能产生重大影响的风险（例如导致多人死亡的施工事故；工程质量事故；工程计划的重大延误；社会舆论对企业的压力；施工造成既有建筑运营受严重的影响等）。

[员工风险] 对员工自身产生潜在影响的风险（例如火灾与紧急事件；移动中的重型施工车辆；高空坠落、落物，有限空间等）。

第六篇
企业业务流逻辑构建

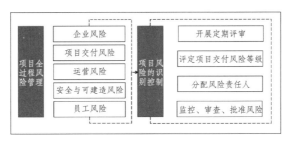

风险管理流程图

【项目风险识别与控制】

项目风险与减缓措施应通过一系列研讨与评审进行确定,该工作在项目前期阶段进行。应由具备相应专业技术的相关方参加,必要时专业分包和专家顾问也可参加。识别内容包括但不限于:合同风险、招标投标风险、报价风险、设计风险、概算风险、变更风险、工期风险、结算风险、税务风险、合作风险等并按企业风险/项目交付风险/安全和服务风险分类分级。

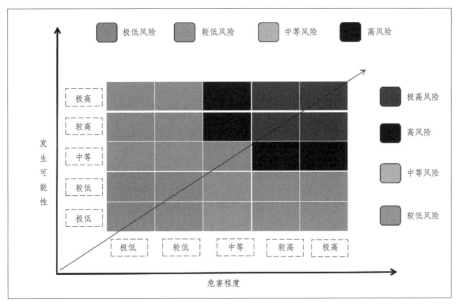

风险坐标图

建筑企业数字化系统建设方法论
Construction Methodology of Digital System in Construction Enterprises

风险因素识别出来后，对风险发生可能性的高低和风险对目标影响程度进行定性或定量评估后，依据评估结果绘制风险图谱界定风险等级。如：对九项风险进行定性评估，风险①发生的可能性为"低"，风险发生后对目标的影响程度为"极低"；风险⑨发生的可能性为"极低"，对目标的影响程度为"高"，则绘制风险坐标图，采用不同等级预警方式呈现提前告知预判风险，也可基于历史数据做未来预测分析。

建立风险信息管控平台是企业稳健发展的重要保证之一，可从海量数据中获取关键信息替代人工管理经验提前预判、识别、评估、化解风险，实现有效规避降低企业运营风险。但是建设企业风险信息系统不能简单地用计算机代替手工应用，需要从全局维度梳理整个业务流程，其范围覆盖风险管理的全过程，面向企业内、外部的所有风险，通过数据整合与企业智慧项目综合管理平台互联互通，依托各业务模块，采集数据、定义数据，建立数据分析与监测中心，设定风险阈值，一旦企业风险监控指标达到预警临界值，信息管控平台主动提醒管理工作者进行风险识别，帮助企业实时发现运营风险，采取合理的应对策略，包括经营策略调整、内部控制、监控预警和风险对冲等方式，最终把风险控制在企业风险承受度的范围之内，激发生产经营活力构建体制机制运行，为企业可持续发展保驾护航。

质量管理流程

【质量策划】

落实质量管理策划，在过程中依据实际情况及时调整，并保证至少半年调整一次。

集团根据年度工程质量管理目标，确定所属公司及项目质量管理目标，并以技术质量责任状的形式，下达至各公司及项目部。项目部根据公司对项目明确的质量管理目标，结合本项目实际特点，编制《项目质量管理策划书》。

【质量创优】

公司制订《年度创优计划》。创国家级奖项工程，由公司组织编写《工程创

第六篇
企业业务流逻辑构建

优策划书》并组织项目部实施,由集团或公司组织对外申报工作,项目部要根据集团及公司《年度质量创优计划》的要求,结合项目特点和申报要求编制《工程创优策划书》,并报集团及公司审批。

质量创优明细表

所属等级	奖项名称	组织	实施
国家级	鲁班奖、国优、詹天佑奖	集团	公司、项目
省部级	省优、QC成果	公司	项目
专业级	优质结构、市政金杯	公司	项目

【质量事故处理】

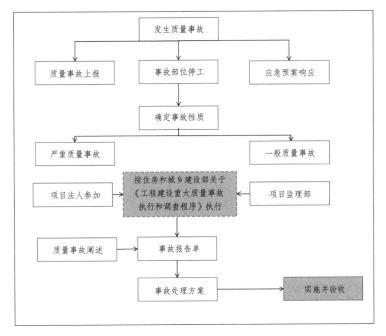

质量事故处理流程图

[事故上报] 质量事故应在事故发生 4 小时内向公司报告,造成人员伤亡的应向业主和政府主管部门报告。

建筑企业数字化系统建设方法论
Construction Methodology of Digital System in Construction Enterprises

[事故调查]一般及以上质量事故,由行业主管部门组织进行事故调查和处理。公司级质量事故成立由公司质量分管领导为组长的事故调查组,各层级按要求进行质量事故调查,形成质量事故调查报告。项目级质量缺陷成立由项目经理为组长的质量缺陷调查小组。

[处理方案]公司级质量事故,由公司质量主管部门制定处理方案,项目级质量事故,由项目部制定质量处理方案。

[事故处理]事故处理完毕后报公司进行验收,以确定处理结果是否满足处理方案的要求。质量事故处理完毕经验收合格后,项目部应组织事故相应部位的复工。

【质量检查】

质量检查分为日常检查、例行检查、专项检查。

[日常检查]项目日常检查应每天进行,对发现的质量隐患进行现场督促整改或发出隐患整改通知单,责成施工班组进行整改,由现场工程师对整改结果进行回复,质量工程师对整改情况进行复查。

[例行检查]例行检查主要是指集团公司重点工程检查、公司季度综合考评、项目质量周检、月检等。集团重点工程检查或公司综合考评完成后,检查组对受检单位进行讲评,并对存在的质量隐患发出整改通知单,并根据对各公司和重点工程项目的检查情况,形成集团公司重点工程检查综合报告或综合考评总结,对质量管理现状进行描述,并对质量管理提出改进意见。质量检查属于检查和考评的一部分,项目应每月进行一次包括质量检查在内的综合考评。

[专项检查]专项检查是针对政府主管部门、上级公司要求进行的、针对某一个突出的质量管理问题或工程实体质量问题进行的检查。

【质量改进】

公司及项目部应进行质量数据的收集,并对收集的数据进行统计分析,找出影响质量的主要因素,分别定期制订和实施各层级的质量改进措施;质量改进工作开展的主要形式是进行QC活动,通过QC活动的有效开展,实现项目质量的科学提升。质量改进措施实施过程中或实施完成后按照上述程序循环进行，促进质量管理的持续改进。质量改进流程如下：

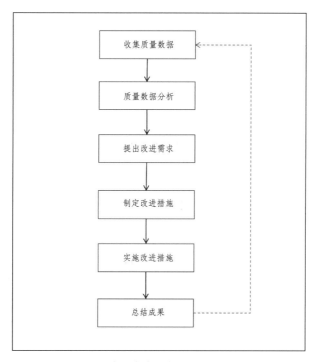

质量改进业务流程图

安全管理流程

企业安全管理是健全安全生产管理体系，落实各级安全生产主体责任，规范安全生产管理行为，实现安全生产管理的同质化和标准化，防止和减少生产安全事故，逐步改善企业员工安全、职业健康环境。安全管理流程包括：

【安全生产策划】

企业在进行项目策划时，其安全管理部门要承担相应的项目策划任务，组织进行项目安全生产策划，编制《项目安全生产策划书》，主要内容要涵盖：

确定项目安全目标、指标，包括事故控制目标、事故损失控制目标；安全生产考核目标；安全创优目标；安全生产市场行为的控制目标。

确定项目安全生产组织体系，确定项目安全管理人员的配备数量。

确定项目安全生产费用的投入金额或比例。

确定项目危大工程。

分析市场和承包合同存在的安全风险，以及应对措施。

项目经理要根据《项目策划书》《项目部责任书》《项目安全生产责任书》和施工合同、相关的法律法规、上级安全生产管理制度、施工组织设计，以及危险源辨识、风险评价和风险控制策划的结果，结合项目的实际组织进行项目安全管理策划，编制《项目安全生产策划书》。

【安全生产技术】

项目部要根据安全策划辨识危大工程一般风险和低风险，制定相应的安全技术措施，并将安全技术措施编入施工组织设计、技术方案等有关文件中。另根据安全策划辨识的危大工程（含高风险工点）结合工程项目施工的施工难度、复杂程度和项目部安全生产需要，在《项目安全生产策划书》中编制《安全专项方案控制计划》，其中危大工程必须单独编制专项安全技术措施及方案，方案必须有设计、有计算、有详图、有文字说明、有组织专家会。

安全技术方案表

安全技术措施及方案	编制	核审	审批
一般工程安全技术措施及方案	项目部技术部门	项目技术负责人	项目技术负责人
危大工程安全技术措施及方案	项目技术负责人或单位技术管理部门	单位技术、安全、工程管理部门	总工程师
超过一定规模的危大工程安全技术措施及方案	项目技术负责人或单位技术管理部门	召开专家论证会	总工程师
临时用电施工组织设计	电气工程技术人员	单位技术、安全、工程管理部门	总工程师
建筑起重机械安装、拆卸专项施工方案	安装拆卸单位	安装拆卸单位技术负责人	项目技术负责人

第六篇
企业业务流逻辑构建

【安全教育培训】

　　各级单位和项目部应建立安全教育培训制度，明确教育培训的类型、对象、时间和内容。对安全教育培训的计划编制、组织实施和记录、证书的管理要求、职责权限和工作程序等作出具体规定。

　　开展安全教育培训应做好记录，并建立安全教育培训档案，对培训效果进行评估和改进，各单位应确保用于开展安全培训和安全活动的有关费用支出，并建立相应台账，未经安全培训合格的人员不得上岗作业。

安全培训内容表

级别		培训人员	培训内容
一级	企业级	企业安全总监	本单位安全生产情况及安全生产基本知识； 本单位安全生产规章制度和劳动纪律； 从业人员安全生产权利和义务； 有关事故案例等
二级	项目级	项目安全总监 安全管理人员	本项目的安全生产状况及规章制度； 本项目工作环境、工程特点及危险因素； 所从事工种可能遭受的职业伤害和伤亡事故； 所从事工种安全职责、技能及强制性标准； 自救互救、急救方法、疏散和现场紧急情况的处理； 发生安全生产事故的应急处理措施； 安全设备设施、个人防护用品的使用和维护； 预防事故和职业危害的措施及注意安全事项； 有关事故案例
三级	班组级	项目班组长	岗位安全操作规程； 岗位之间工作衔接配合安全与职业卫生事项； 本工种有关事故案例； 其他需要培训的内容

【安全生产费用】

企业根据年初制订的全年产值计划编制《安全生产支出预算表》，按预算审批后纳入单位财务预算，安全生产费用投入应满足项目的安全生产需要。安全生产费用支出优先用于满足安全事故隐患整改支出或达到安全生产标准所需支出，安全生产费用必须专款专用，若安全生产费用计划不能满足安全生产实际投入需要的部分，应据实计入生产成本。

企业和项目部与分包单位签订合同时，要明确安全防护、文明施工措施费用的管理要求。安全防护、文明施工措施由分包单位实施的，总包单位应当将安全费用按规定支付分包单位并监督使用。

【职业健康管理】

企业应每年对职业病危害因素进行识别和评估，并建立职业病危害因素清单。项目部在项目策划时根据施工工艺、现场的自然条件对不同施工阶段存在的职业病危害因素进行识别，列出职业病危害因素清单。清单中列出产生职业病危害因素地点、浓（强）度和所采取的控制措施。当施工设备、材料、工艺或操作规程发生改变，并可能引起职业病危害因素的种类、性质、浓度或强度发生变化时，项目部要重新组织职业病危害因素的辨识。

环境监测管理流程

按照环境管理节能减排管理体系要求。企业要建立环境管理节能减排管理体系，明确环境管理方针，制定科学、规范的近期目标和中远期环境管理节能减排管理规划，对项目环境因素进行识别，确定重要环境因素.并对重要环境因素的控制情况进行监测及预警，对发现的问题及时纠正、整改。环境监测流程包括：

【绿色施工】

绿色施工基本指标：施工管理、环境保护、节材与材料利用、节水与水资源利用、节能与能源利用、节地与施工用地保护六个方面，应对项目施工组织

第六篇
企业业务流逻辑构建

设计、环境管理、节能减排策划、材料采购、现场管理、工程验收等各阶段进行控制。同时结合工程项目特点，按照国家和地方法律法规，有针对性地做好绿色施工的宣传工作，营造良好的绿色施工氛围。

施工总承包方要对施工现场的环境管理节能减排进行总体的规划和管理。在施工组织设计及各专项方案中明确环境管理节能减排的相关要求和措施。按照相关条文对分包方采购的材料、设备进行绿色节能验证。

【节能减排】

项目施工前要制定绿色施工方案，明确施工过程中环境管理节能减排的有关技术措施，重点突出节能减排技术在施工中的应用。企业及项目部要注重环境管理节能减排新方法的推广和应用，有意识收集、整理环境管理节能减排技术成果，建立环境管理节能减排技术信息库。

企业加大科研投入，大力扶持环境管理节能减排科研工作，强化自主知识产权管理，开展新材料、新技术、新能源研发与推广工作，促进环境管理节能减排技术推广和资源共享。鼓励开展环境管理节能减排学术交流，积极参加绿色项目认证和申报国家绿色建筑创新奖等创优争先工作。

人力资源业务线

机构管理流程

人力资源组织机构管理流程是指为了实现企业整体战略，合理划分和组织人员的工作职责、权责关系，确立明确的管理层级和沟通渠道，以及规范组织运作和决策流程的一套制度和规定。其主要流程是根据企业发展战略和经营计划，进行组织机构的设置，包括职能部门、岗位设置、职责划分等。同时对企业组织机构进行调整和分析，以满足企业发展的需求，确保组织机构与企业战略目标一致。

建筑企业数字化系统建设方法论
Construction Methodology of Digital System in Construction Enterprises

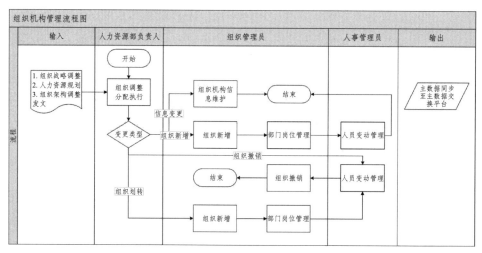

组织机构管理流程图

岗位管理流程

部门岗位管理流程主要包括确定人力资源岗位的职责和要求，根据企业发展战略要求确定人力资源岗位的职责和要求。包括人员招聘、培训、绩效管理、薪酬福利、员工关系等方面的职责和要求；根据确定的职责和要求，制定人力资源岗位说明书，明确各岗位的职责、权限、工作要求等；根据岗位说明书的内容，对各个人力资源岗位进行评估和分析，明确各岗位的优劣势、工作量、工作内容。

编制管理流程

根据企业发展需要，有效掌控和控制人力资源配置状态，企业人力资源按计划做好人力资源合理配置，过程应遵守"因战略设岗、以岗定人、精干高效、兼顾储备"的原则，编制管理在年初进行部门预算和人力资源预算的编制，明确企业的整体人力需求，并经过相关流程的批准。

招聘管理流程

招聘可分为校园招聘、社会招聘和内部招聘。企业在招聘开始前需要做好对招聘经理的培训和交底，组织模拟宣讲会，让招聘团队熟知企业自身的业务

第六篇
企业业务流逻辑构建

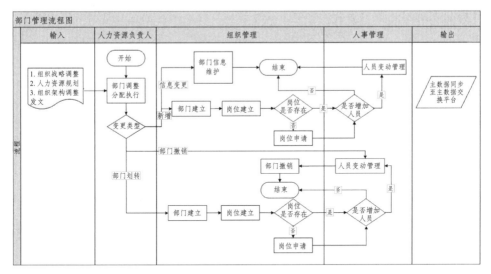

部门岗位管理流程图

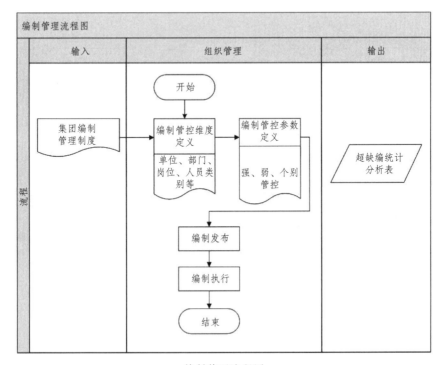

编制管理流程图

发展、招聘岗位需求薪酬水平等，确保统一口径。招聘原则应遵循"定岗定编、业务需要、公开公平"原则，杜绝任人唯亲，考评合格者方予试用，试用合格者才能聘用。

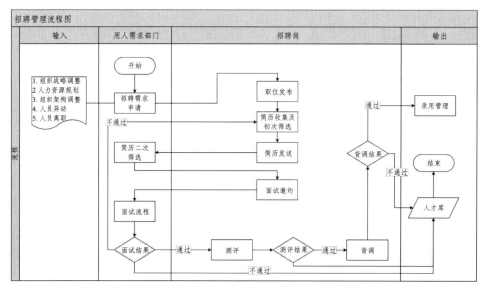

招聘管理流程图

入职管理流程

企业人力资源部通知新员工报到事宜及准备需要提交的材料和其他事项。社招员工凭企业开出的《入职通知单》办理入职相关手续；校招员工凭报到证报到。新进员工提前准备如下材料：

提交电子照片、毕业证书、学位证书、职称证书、身份证原件及复印件、档案及原工作单位出具的解除/终止劳动关系证明。

指定医院入职体检，并存入档案。

办理社保关系、执业资格注册等转移手续。

双方党建工作部门办理党组织关系转移。

签订员工告知书，并存入档案。

第六篇
企业业务流逻辑构建

入职管理流程见下图：

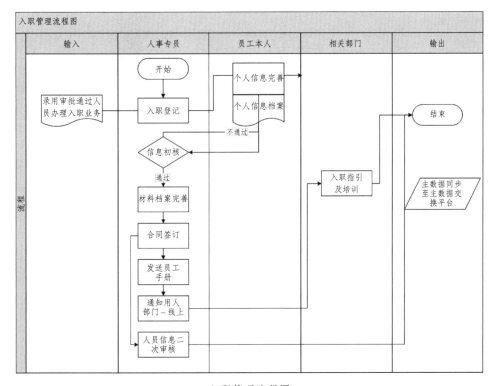

入职管理流程图

转正管理流程

转正管理流程是指企业对员工试用期满后，对其工作表现进行评估，如果符合企业要求，给予转正。具体流程因企业而异，但一般包括以下步骤：

新员工试用期满转正时，需向企业人力资源部门递交转正申请、工作总结、填写《试用期员工转正审批表》。

谈话。

答辩及意见征集。

部门、公司审批。

试用期满前十天，通知员工办理转正审批手续。

转正管理流程见下图:

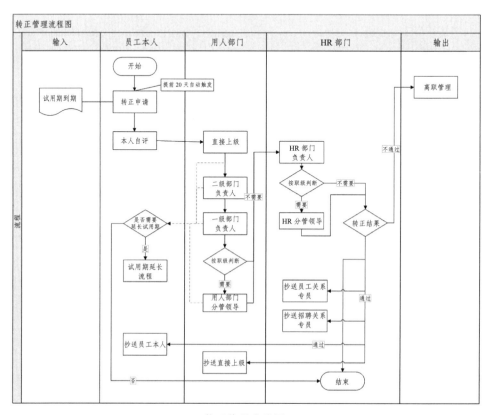

转正管理流程图

退休管理流程

企业应提前通知员工退休事宜,一般是提前一个月至半年不等,通知员工按照规定办理退休手续。

[申请退休]员工需要向企业提交退休申请,并提供相关的材料,如身份证、工作证明、人事档案等。

[医疗社保转移]员工需要办理医疗和社会保险的转移手续,以确保其在退休后能够继续享受这些待遇。根据相关规定,员工可以选择将医疗保险和社会保险转移至居住地或者户籍所在地。

第六篇
企业业务流逻辑构建

[离职手续]员工需要与企业办理离职手续，包括办理离职手续单、结算工资及福利待遇。

企业退休后如有返聘行为，需再次提交审批流程，重新按照相应规定办理相关手续，具体退休管理流程见下图：

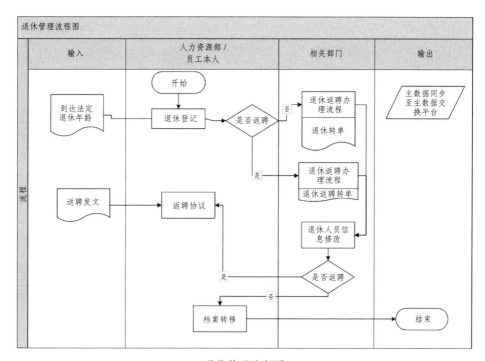

退休管理流程图

离职管理流程

企业在接到员工辞职申请后，应与辞职员工进行离职面谈，及时掌握员工离职的真实原因，并将面谈结果详细填入《离职面谈记录表》，人力资源主管部门需开具《离职通知书》，办理好工作移交、财务移交等离职手续。离职人员只有按规定办理完所有离职手续后方可签收离职文件并离岗。

[工作移交]将本人经办的各项工作（含已完成、未完成及部分完成的工作）情况及各项文件、物品等移交至直接上级所指定的人员，并与接交人双方在工作、资

料及办公用品交接单上签字认可。

[财务移交]离开岗位前,员工必须做好财务移交工作。财务上所借备用金应全部归还或报账,本人以单位名义所发生的各种债权债务应列出明细交财务部门备案。财务移交妥当后,所在单位财务负责人方可在离职通知书上签字。具体离职管理流程见下图:

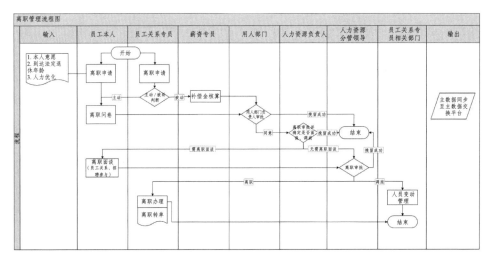

离职管理流程图

薪酬管理流程

薪酬分配与企业效益紧密挂钩。企业领导可执行年薪制,年薪与企业经营业绩挂钩;普通员工实行岗位工资制;对企业发展需要特别引进的高端、稀缺人才以及市场化人才可实行协议工资制。

薪酬管理构成表

薪酬类别	薪酬构成			
年薪制	基本年薪	绩效年薪	津补贴	福利
岗位工资制	岗位工资	效益工资		
协议工资制	根据实际情况协议确定薪酬待遇			

第六篇
企业业务流逻辑构建

企业工资总额预算方案实行核准制。通过事前预算、事中调控、事后清算，实现全过程监控，调控职工工资总额与职工平均工资水平。工资总额预算坚持效益导向，职工工资水平与企业竞争力相适应。在企业经济效益提高的基础上，参考企业战略规划和社会经济发展等因素，建立健全工资总额决定机制和职工工资正常增长机制，企业要合理调节收入分配关系。在发挥市场对企业收入分配基础调节性作用的基础上，逐步实现企业职工工资水平与劳动力市场价位相衔接，合理调节各企业间和企业内部各类人员收入分配关系。

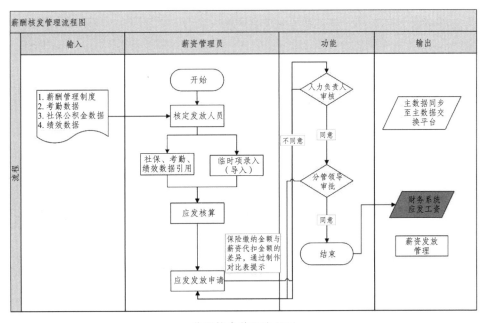

薪酬核发管理流程图

行政管理业务线

公文管理流程

公文管理指在公文从形成、运转、办理、传递、存贮到转换为档案或销毁的一个完整流程中，以特定的方法和原则对公文进行创制加工、保管、整理，使其完善并获得功效的行为或过程。

【公文管理总则】

坚持办公室统一归口管理公文原则，办公室是公文处理的管理机构，主管本机关并指导下级机关的公文处理工作。

办公室应配备专职人员负责公文处理工作。专职人员在公文管理中起桥梁作用，应随时关注和督办公文流转过程，确保公文办理的时效性和安全性。

【公文管理流程】

[发文流程] 国家密级文件不得在企业信息平台处理。内部涉及工作秘密和商业秘密的文件资料，需严格控制发放范围。

[收文流程]

收文流程类型可分为外部来文、内部来文。外部来文是指中央和省市文件、业主往来函件、信访件、外出开会带回会议资料等；内部来文是指企业内部系统内的文件。收文应注意以下事项：

除部分无电子版的外部来文外，收文处理应使用企业信息平台，提升工作效率和工作质量。

需转发或办理的文件，应及时交责任部门转发或办理，不得因逐一传阅影响办文效率。

秘书/文书对公文流转过程负有督办职责，应随时关注公文流转节点，及时督办并应保证公文处理结果在公文处理单上清晰完整展现。

[公文审核]

审核公文，应主要在以下方面把关：

一是政策审核。应审核公文提出的措施是否符合道理、法理、情理和事理。

二是程序审核。应审核公文流程选择是否恰当，节点是否完成，是否需要会签等。

三是发文形式审核。应审核发文主体是否恰当，是采用正式发文还是便函形式，行文是否确有必要，套红是否无误等。

第六篇
企业业务流逻辑构建

四是文字内容审核。应审核公文语法、用词是否准确，篇章结构是否合适等。

印章管理流程

企业印章是企业合法存在的标志，是企业权力的象征，保证企业印章的合法性、可靠性和严肃性，有效地维护企业利益，杜绝违法违规行为的发生。

【印章管理总则】

企业应建立健全责任制，上下级单位之间、公司与项目之间应逐级签订印章保管责任书和交底书。

印章管理员应强化责任意识和风险意识，特别是电子签章，严格管理用印，确保不出现违规用印现象。

加强过程管控和考核，完善管理痕迹，确保责任可溯。

【印章管理流程】

印章必须指定专人保管。

无相应权限的批准，印章保管人不得委托他人代盖印章，不得随意将印章带出办公室或交他人使用；电子签章授权与管理执行审批规定。

印章保管人须与企业签订责任书按照印章使用的审批规定，对印章的使用负责。

印章保管人应保持相对稳定。

接待管理流程

【接待管理总则】

归口管理与对口接待。办公室是接待服务工作的统筹管理部门。

[形象窗口] 接待服务涉及的责任领导、责任部门、责任岗位、责任人员，都要时刻坚守"人人都是企业窗口、事事都是企业形象"的基本原则。

[热情周到] 接待服务要注重礼节和细节，充分考虑来宾的年龄、性别、生活习惯，尽量安排熟悉的人参与接待，竭力营造融洽、温馨、热情、隆重而不事铺张的氛围。

【接待管理流程】

[接待准备] 需进行接待前的策划。

[接站]接站人员在接站前应主动与对方联系人确认交通及人员等相关信息，提前15分钟到达接站地点。

[入住]提前为来宾预订宾馆住宿。

[就餐]安排适合的餐厅。

[会晤]提前确定会晤地点，确定双方出席人员姓名和职务，摆放座位牌、信笺纸、笔和相关资料。

[参观考察]如有，原则上需安排参观解说。

[礼品赠送]以突出企业特色或地域特色的纪念品为主。

[送站]提前安排送站人及车辆。

档案管理流程

[收集]编制本单位文件材料归档范围和保管期限表；年初制定归档计划，按计划实施。根据文件材料归档范围表，筛选出具有保存和利用价值的文件材料。

[整理]整理内容包括分类（执行企业档案分类管理办法）、按件整理与组卷、排列、装订、编号、编码、编目、盖归档章（电子文件可以由系统生成归档章样式）、文档著录、打印目录、装盒、检索工具。

[移交]完善相关手续。

[保管]保管分为实体保管与库房管理。实体保管可遵循相关措施实现档案保管；库房管理通过温湿度控制或专人管理、库房管理记录来实现。

[鉴定与销毁]

永久保存：反映本单位主要职能活动和历史面貌，对本单位、国家和社会有长远利用价值的文件。

定期保管（30年/10年）：凡是反映本单位一般工作活动，在一定时间内对本单位各项工作有参考利用价值的文件。

由法人代表审核，两人及以上的人员监销，并在销毁清册上签字，永久保存。

[统计]年报直接登录全国档案事业统计年报系统进行录入，导出后，按要求报送。

第六篇
企业业务流逻辑构建

[开发与利用]

档案开发利用形式包括查阅服务、外借服务、展览与陈列服务、复制服务、证明服务、咨询服务、网络推送服务、编研服务、目录信息服务、档案信息专题开发服务等。

借用档案原件如到期不能归还，须办理续借手续；对超过期限无故不还者，应及时追还；借阅重要档案原件时可适当收取押金，归还核查无误后退还押金。

督办管理流程

[督办方式]

电话督办。适用于一般事项，承办部门或单位负责人或其他人员给予答复。

约谈催办。一般适用于重大的、复杂的、久拖未结的事项。

会议督办。一般适用于比较复杂的，需要多部门、多层级协同办理的事项。

[督办时限] 重大事项、紧急事项随时跟踪。

[督办反馈]

定期反馈：对于重大的、复杂的、久拖未结的事项，主办部门定期向相关领导反馈。

专题反馈：对于领导亲自交办的重要事项、重要指示等落实情况或办理结果，以专题形式报告。

[督办记录]

责任部门要建立督办事项登记记录，催办情况要有文字记录，事项完结后销办。

对于完成时间较长的重大事项，督办责任人应与有关部门保持密切联系，随时掌握进展情况，必要时写出催办报告。

会议管理流程

会议类型包括综合性会议、决策类会议及专业性会议，需实行会议计划管理，严格依照计划实施会议组织，企业年度内组织召开的会议都应为计划内会议。企业办公室是会议的归口管理部门，负责企业年度会议计划的组织编制、会议申请的审核、会议计划执行监督工作。

会议管理流程分为以下三类：筹备组织大型会议流程；部门例会流程；决策类会议流程。会议安排专人作文字记录，会后根据管理要求对文字记录作整理。及时完成会议纪要撰写与发布。

机要管理流程

机要保密是指对机要工作和部门采取的各种安全防范措施。机要保密管理流程主要包括：

【国家秘密处理】

收到涉密载体后仔细检查、核对、签收、登记，填写涉密等级表。

外出参加会议人员收到外单位允许带回的涉密载体，必须在回企业的第一时间将涉密载体交本单位统一登记管理。

涉密载体必须存放在密码文件柜中，由专人管理。领取或清退涉密载体应有专车接送，严防丢失。

涉密文件不得横传、拍照、复印、摘抄、上传互联网等，因工作需要确需复印的，应由使用部门提出申请，报上级发文机关或保密委负责人审批。

涉密人员离岗、离职前由人事部门组织履行离岗、离职手续，保密办督促其及时清退个人持有和使用的国家秘密载体及涉密信息设备，签订离岗、离职承诺书，并根据有关规定进行脱密期管理。

【商业秘密处理】

产生商密事项的部门，应在商密事项产生的初期，由承办人根据商业秘密管理规定有关要求，提出密级和保密期限的拟定意见。密级和保密期限确定后，按照商业秘密管理规定的要求，在载体上做出明显规范标志并控制知悉范围。

建立商密台账，定期对商业秘密文件进行汇总，加强管理。

需要销毁的企业内部文件资料，应对文件资料的重要性进行区分，重要的文件资料应填写"文件销毁单"，并在包装上注明"优先销毁"，所有资料必须进行包装。

第六篇
企业业务流逻辑构建

信访管理流程

信访是指员工、客户和其他组织采用书信、电话、走访等形式，向企业反映情况，提出意见、建议和要求。信访管理遵循属地管理、分级负责、谁主管谁负责的基本原则。主要流程及要求如下：

[收信] 填写信息登记，在15日内办理回复，信访事项自受理之日起60日内办结。情况复杂的可适当延长办理期限，但延长期限不得超过30日。

[转办] 涉及其人员的，按流程做好转交办理工作。

[办理] 企业出具信访事项处理意见。

[教育] 对有闹访、缠访行为的老上访户要加强说服教育，采取适当的稳控方式，并积极与地方相关部门联系，尽力避免发生更大冲突。

应急管理流程

应急管理是指政府及其他公共机构在突发事件的事前预防、事发应对、事中处置和善后恢复过程中，通过建立必要的应对机制，采取一系列必要措施，应用科学、技术、规划与管理等手段，保障公众生命、健康和财产安全，促进社会和谐健康发展的有关活动，遵循"五大"原则，包括规范管理原则、结合融合原则、分层推进原则、全面覆盖原则以及社会责任原则。

应急管理流程包括：

【预警阶段】

做好影响性评估和风险监测，及时、充分、全面地掌握必要信息，做好预测工作。

根据突发事件情况，明确和发布预警级别。

【处置阶段】

[前期处置] 突发事件发生后应当做好前期处置工作，及时采取妥善措施控制局面，将不利影响控制在最小范围内。

[信息报送] 突发事件发生后，事发单位第一时间逐级向上电话报告，随后按要求报送书面报告，同时按有关规定向当地政府有关部门或行业主管部门报告。

[应急响应] 根据预警级别，启动相应级别的应急响应措施。

[信息发布] 根据突发事件的发展变化、处置情况和社会影响，有必要对政府、媒体或公众发布事件处置信息的，经启动应急响应的决策单位申请同意，可以予以发布。

[应急终止] 经采取必要措施及充分研究论证，当事态已得到有效控制，各种应急处置行动已无继续的必要，事件次生、衍生隐患已消除，可能引起的中长期影响趋于合理且较低的水平时，可以申请终止应急工作。

【后期处理阶段】

[善后处置] 应急终止后，事发单位认真制定并执行生产经营的恢复计划，积极稳妥、深入细致地做好善后工作。

[调查追责] 事发单位全面调查事件原因，依法查处有关责任人员。

[总结完善] 事发单位协同应急处置现场指挥部，编写应急工作报告，总结经验和教训，及时改进、完善应急预案，防止类似事件再次发生。

后勤管理流程

后勤管理流程包括：

[办公用品采购管理] 根据耐用程度和耗用性质，办公用品可分为个人消耗品、管理消耗品、耐用品。

[办公资产管理] 办公资产的购置与入库应由不同岗位负责。资产购置后，办公室及相关部门设立台账进行领用登记，办公资产按照定人保管、定人使用、定期维护检查的原则进行管理。

[办公场所管理] 树立和保持企业良好形象，做好员工形象要求、工作行为规范、办公资源使用、用电安全提醒等工作。

[展厅管理] 如有，应有专人负责解说及事务管理。

[前台管理] 做好办公室来访接待工作，热情接待每位来宾，礼貌核实身份信息并不对外透露领导日程安排。

[车辆管理] 规范用车管理，定期保养维修，常态开展安全意识教育，确保无重大安全事故。

第六篇
企业业务流逻辑构建

党群工作业务线

党员教育业务流程

【发展党员】

入党申请流程表

入党申请人的确定	（1）年满十八岁具有中国国籍的员工及在工作满一年的产业工人，承认党的纲领和章程，愿意参加党的一个组织并在其中积极工作、执行党的决议和按期缴纳党费的，可以申请加入中国共产党； （2）递交《入党申请书》(党组织收到申请书时间为确定递交申请书时间)； （3）党支部收到入党申请书后，一个月内派人（书记、副书记或组织委员）同入党申请人谈话，了解基本情况、介绍人入党条件和程序，并加强教育引导
	（1）一般情况下，对经过六个月以上培养考察，基本具备入党积极分子条件的入党申请人； （2）采取党员推荐和群团组织推优等方式产生人选并形成《党员推荐和群团组织推优材料》； （3）支部委员会(不设支部委员会的由支部大会，下同)研究决定(召开支委会时间为确定入党积极分子时间)； 经党总支审议后，报基层党委备案登记
	（1）党支部指定1-2名正式党员作培养联系人，培养联系人的任务包括向入党积极分子介绍党的基本知识；了解入党积极分子的政治觉悟、道德品质、现实表现和家庭情况等，做好培养教育工作。引导入党积极分子端正入党动机；及时向党支部汇报入党积极分子情况；向党支部提出能否将入党积极分子列为发展对象的意见； （2）采取吸收上党课、参加党内有关活动、分配一定社会工作以及集中培训等方法进行培养教育； （3）入党积极分子每季度向党组织汇报一次思想工作情况，每半年提交一份《思想汇报》； （4）支部每半年对入党积极分子进行一次考察，将考察情况登记在《入党积极分子考察登记表》中；入党积极分子工作单位发生变动，原党支部1个月内将培养教育等有关材料转交现所在党支部，并对有关材料进行认真审查，接续做好培养教育工作。培养教育时间可连续计算
发展对象的确定和考察	（1）对经过至少一年培养考察，基本具备党员条件的入党积极分子(准备年内发展的)； （2）支部广泛听取党小组、培养联系人、党员和群众的意见； （3）支部委员会讨论同意，经公司党委会研究审核，并将结果以书面形式通知党支部； （4）确定2名正式党员作入党介绍人，入党介绍人一般由培养联系人担任，也可由党支部指定； （5）党组织对发展对象进行政治审查，审查情况形成《政审综合材料》，政治审查的主要内容包括对党的理论和路线、方针、政策的态度；政治历史和在重大政治斗争中的表现；遵纪守法和遵守社会公德情况；直系亲属以及与本人关系密切的主要社会关系的政治情况； （6）参加"发展对象"短期集中培训并考试，考试合格者颁发结业证书，合格证书有效期为2年

续表

预备党员的接收	（1）支部征求党员和群众对发展对象入党意见并形成《关于征求党员和群众入党意见材料》； （2）支部委员会对发展对象进行审查，经集体讨论认为合格后，报具有审批权限的基层党委预审； （3）基层党委进行审查并书面通知审查结果，审查合格的发放《入党志愿书》； （4）支部对新发展党员对象进行 5~7 天公示； （5）指导发展对象填写《入党志愿书》(一个月内提交支部大会讨论)； （6）召开支部大会进行充分讨论后，采取无记名投票方式表决，形成决议，有表决权的到会人数须超过应到会有表决权人数的半数； 支部填写《发展新党员审查表》，并将入党相关材料整理后报基层党委审批； （7）基层党委指派党委委员或组织员同发展对象谈话，将情况如实地写在《入党志愿书》上； （8）基层党委对上报的接收预备党员决议，在党委会上集体讨论和表决，两个以上发展对象应当逐个审议和表决，应当在三个月内进行审批，不能跨年； （9）基层党委审批同意后，将入党全套材料在一个月内报局党建工作部审查备案登记； （10）局党建工作部审查备案后，支部书记同本人谈话并在党员大会上宣布
预备党员的教育和考察	（1）及时将预备党员编入党支部和党小组，并组织预备党员及时进行入党宣誓； （2）支部通过党的组织生活、听取本人汇报、个别谈心、集中培训、实践锻炼等方式对预备党员进行教育和考察； （3）支部每半年对预备党员进行一次考察，将考察情况登记在《预备党员考察登记表》中； （4）预备党员每半年向党组织提交一份《思想汇报》
预备党员转正	（1）认真履行党员义务、具备党员条件的，应当按期转为正式党员；需要继续考察和教育的，可以延长一次预备期，延长时间不能少于半年，最长不超过一年；不履行党员义务、不具备党员条件的，应当取消其预备党员资格； （2）预备党员的预备期为 1 年，预备期从支部大会通过其为预备党员之日算起预备期满一年，预备党员提出书面转正申请 (预备期满前一周前向支部提出转正申请)； （3）支部征求党员和群众对预备党员转正意见并形成《关于征求党员和群众转正意见材料》； （4）支部委员会审查； （5）支部对预备党员转正进行 5~7 天公示并形成《预备党员转正情况公示报告》； （6）支部大会应在 1 个月内讨论其能否转为正式党员； （7）基层党委对支部上报的预备党员转正决议，应当在三个月内进行审批同时不能跨年度； （8）基层党委将审批结果及时通知支部，支部书记同本人谈话并在党员大会上宣布； （9）预备党员转正后，2 个月内由党建工作部 (党群工作部) 与干部人事部 (人力资源部) 办理转正党员的入党档案材料移交手续，并做好书面移交记录。入党档案材料由干部人事部 (人力资源部) 归入人事档案合并管理

第六篇
企业业务流逻辑构建

【党员教育】

组织党员认真学习马克思列宁主义、毛泽东思想、邓小平理论、"三个代表"重要思想、科学发展观、习近平新时代中国特色社会主义思想，学习党的路线、方针、政策和决议，学习党的基本知识，学习科学、文化、法律和业务知识。重点做好党员的思想理论教育、党性教育、党的路线方针政策教育，使党员不断增强党性，提高素质。

加强爱国主义教育、国情教育、历史教育，特别是党史、国史、改革开放史、社会主义发展史，以及国有企业改革发展历史教育，深化形势任务教育，注重释疑解惑、互动交流，引领职工群众听党话、跟党走，增强对国家、对民族、对企业的认同感、归属感、荣誉感。

加强企业文化教育，组织学习企业文化内涵。

加强对企业面临的形势任务的教育，组织学习上级单位和本单位年度工作安排部署、重要会议精神等。

结合企业改革发展中遇到的突出问题开展研讨，为解决问题提供参考与意见建议。

【工作方法】

定期上党课、民主评议党员、严格党的组织生活、加强典型宣传、开展主题活动等传统形式加强党员教育。

集中培训、学习研讨、上党课、听报告会、看教育片、参加实践锻炼和支部组织生活等方式。

利用手机、互联网等大众传媒组织党员网上学习、在线培训。

编印形势任务教育手册、口袋书等。

党建政研业务流程

政研工作流程包括课题立项、课题管理、课题检查、课题结题、课题验收五个环节。

【课题立项】

企业政研课题主要是在调查研究、广泛征集,并经论证的基础上,提出每年的研究课题指南。

研究课题可按类型分为重大课题、重点课题和一般课题,研究课题以应用性、对策性研究为主。

【课题管理】

为保证研究课题按时高质量完成,研究课题可实行协议立项制。通过评审立项的课题组成,具有指令性效力。申报课题一经批准,申报者即成为课题负责人,由课题组下达通知书通知课题负责人。

【课题检查】

课题组对课题进行定期检查。检查内容为:课题组是否按立项课题申请书中的计划开展研究;是否取得阶段性研究成果;项目研究进度和经费使用情况。

【课题结题验收】

企业聘请有关专家组成评审验收小组,对研究成果进行评审验收。评审验收的一般程序和要求课题负责人应在规定的时间内向课题组报送评审所需材料,以确保专家有足够时间阅读、研究、准备意见;鉴定结论填入课题结题表,在鉴定结束后通知课题负责人。若课题未被通过,允许课题负责人在一定的期限内对成果进行修改、加工,并在规定期限内重新申请验收;鉴定仍不合格者,按课题未完成处理,撤销其项目。

宣传思想业务流程

【意识形态工作】

企业要坚持党管意识形态原则,认真贯彻落实党中央和上级党组织关于意识形态工作的决策部署及指示精神,牢牢把握正确的政治方向,坚决维护党中央权威。各级班子成员要把意识形态工作作为民主生活会和述职报告的重要内容,接受监督和评议。加强本单位各类意识形态舆论阵地的管理,主要包括网站、

第六篇
企业业务流逻辑构建

宣传片、微信公众号以及举办的各类报告会、研讨会、讲座、论坛等。加强对信息、言论、新闻发布的审核管理，确保符合国家大政方针及有关法律法规。

【新闻舆论管理】

[做好策划与选题] 企业定期制定新闻宣传与舆论引导工作安排，组织开展主题宣传、形式宣传、典型宣传。

[内容编审与发布] 新闻稿件内容要求准确无误，确保报道的时效性。同时要进行保密审查，公开发布的稿件不得涉及国家和企业秘密以及不适宜公开的信息。涉及经济类敏感信息，需由本单位企划管理部审定后发布；涉及领导人员信息，企业员工人数及福利待遇等信息，需由人力资源部审定后发布；涉及市场开拓类数据，需由市场部审定后发布。

[社交平台管控与维护] 企业与社会媒体（含境外）定期沟通，建立、维护良好的合作关系。企业部门或个人接受媒体采访需提前与企业党建部备案。

[舆情应对与处置] 首要条件是预防舆情，企业建立和完善突发事件的管理机制，建立舆情监测平台，保持与媒体良好的沟通关系；其次是预警，根据舆情监测平台分析结果，对可能发生的事件及时预警，最后舆情发生后要及时报送，报送事件不晚于2小时。

【企业文化建设】

企业通过一系列策略与发展活动来塑造和强化企业的价值观、行为准则和品牌形象的过程。良好的企业文化建设可以提高员工的归属感和敬业精神，促进企业可持续发展和提升市场竞争力，建设内容大致包括：

[明确企业愿景和核心价值观] 企业愿景应该是宏大的、鼓舞人心的，而核心价值观应该是独特的、符合企业战略定位的。

[提高员工参与度和认同感] 员工是企业文化的执行者和传承者，通过定期的员工满意度调查、内部沟通和培训等活动，加强员工对企业文化的认知和理解。

[制定具体行为规范和制度] 企业文化不仅是一种理念，更是一种实践。这些规范可以包括员工的行为准则、客户服务标准、团队协作等。

[树立良好企业形象]有助于提高企业的市场竞争力,还能够吸引更多的优秀人才。

共青团工作业务流程

【组织生活制度】

组织生活包括支部大会、支部委员会、团小组会、团员教育评议制度、团员年度团籍注册制度和团课,是团的组织生活的基本制度。

【团员教育管理】

团员教育的基本目标是增强团员意识,即增强团员坚持党的基本路线的政治意识,正确参与团内与社会管理监督的民主意识,团员权利与义务平等一致的意识,遵守社会经济、政治和社会生活行为规范的法制意识,高于一般青年的模范意识。其中特别是要注重增强团员的政治意识和模范意识。

纪检监督业务流程

执纪办理业务流程

[线索收集]纪检监督机构通过接受、举报投诉、信访、综合监督、巡视巡察、审计、业务检查、舆情等各种形式靠前收集线索。

[线索报送]纪检监督部对反映同级党委委员、纪委委员,以及所属单位、部门主要负责人的问题线索和线索处置情况,应当及时向上级纪检机关报告。

[线索处置]处置意见应当在收到问题线索之日起30日内提出,制定处置方案,履行审批手续。纪检工作人员应当结合问题总体情况进行综合分析,按照谈话函询、初步核实、暂存待查、予以了结方式进行处置,报纪委书记批准实施。

[拟立案]对于经过初步核实,确有违纪事实需要立案调查,追究党纪政纪责任的一类线索转立案程序。

[暂存待查]对反映的问题具有一定的可查性,但由于各项原因目前不具备

第六篇
企业业务流逻辑构建

核查条件而暂时存放备查的一类线索进行暂存，留待新线索再予以调查。

[线索了结]对反映的问题失实或无可能开展核查工作的一类线索予以了结。

问责工作业务流程

【党内问责】

主要追究在党的建设、党的事业中失职失责党组织和党员领导干部的主体责任、监督责任、领导责任。问责对象是各级党组织、党的工作部门及其主要负责人和委员，各级纪检监督组织、纪检工作部门及其主要负责人和成员，重点是主要负责人。

问责方式有检查、通报、诫勉、组织调整或者组织处理、纪律处分。

【行政问责】

主要追究职能部门管理、监督不力，在其职责范围发生重大事故，造成了重大损失或者恶劣影响的，或者工作不作为引发群体性事件的；违反干部选拔任用工作有关规定的，导致用人失察、失误，造成恶劣影响等行为。

问责方式有责令作出书面检查、通报批评、诫勉谈话、调整工作岗位、停职检查、行政处分。

反腐斗争业务流程

【廉洁风险排查识别与防控】

[确定廉洁风险等级]根据每个廉洁风险点的风险发生概率及危害程度，结合权力的重要程度、自由裁量权的大小等因素，按照"高""中""低"三个等级评定廉洁风险等级。

[制定廉洁风险防控措施]根据廉洁风险点所在的不同业务步骤、岗位和廉洁风险等级，依据党章党规党纪和政策法规的廉洁要求，从建立防控意识、加强制度建设、强化监督和动态管理等方面，有针对性地制定各个岗位的风险防控措施。

[落实廉洁风险防控职责]企业各业务部门和岗位落实各自承担的廉洁风险防控职责。境外机构负责人是本机构廉洁风险防控的第一责任人，需定期向上

级汇报本机构廉洁风险防控工作情况。

【党风廉政意见】

[事前沟通] 在征求意见工作中应事前沟通。

[正式来函] 对征求意见的事项、人员是否属于受理范围，来函中是否列明征求意见的依据、人员信息是否准确、使用意向是否明确等进行确认。

[意见回复] 纪检监督机构认真检索干部问题线索情况及监督检查过程中是否存在廉洁自律方面及其他违纪违规问题的情况，研究提出意见，报批后进行回复。

巡察工作业务流程

【巡察准备】

巡察组应当根据了解的情况，研究确定巡察重点，制订巡察工作方案，通过巡察办报送巡察工作领导小组。必要时，应制订突发事件应急预案。

【巡察了解】

巡察组进驻被巡察单位后，应当向被巡察党组织主要负责人通报情况，研究确定召开巡察工作动员会等有关事宜，向领导班子通报开展巡察工作的安排和要求，说明巡察目的和任务。

督促被巡察单位及时通过文件、网站等公布巡察时间、巡察范围、主要任务、工作方式和联系方式等信息。巡察组应当对公布内容进行审核。

巡察组按照规定的工作方式和权限，开展巡察了解工作。对反映被巡察党组织及其领导班子成员的重要问题和线索，报经巡察工作领导小组同意后，可以成立专题小组，制订具体方案，进行深入了解。

【巡察报告】

巡察组应当形成巡察报告，如实报告了解的重要情况和问题，并提出处理建议。通过巡察办报送巡察工作领导小组。巡察工作领导小组应当在规定时间内听取巡察组的巡察情况汇报，研究提出处理意见，报上级机构决定。巡察报告应包含以下内容：巡察发现的主要问题、反映重点人的问题线索、有关意见及建议。

第六篇
企业业务流逻辑构建

【巡察反馈】

巡察组应当及时向被巡察党组织领导班子和主要负责人分别反馈巡察情况，指出问题，有针对性地提出整改意见。

【巡察整改】

被巡察党组织应当落实巡察整改主体责任，按照全面整改的要求对巡察组反馈的问题和意见，召开会议进行专题研究，分析查找存在的问题的原因，研究制定整改方案，建立问题清单、任务清单、责任清单，明确责任部门（单位）、责任人和整改时限，认真进行整改落实，确保巡察反馈的问题和意见逐条逐项得到落实。被巡察党组织主要负责人为落实整改工作的第一责任人。

被巡察党组织收到巡察组反馈意见后，应当认真整改落实，并于规定期内将整改情况报告和主要负责人组织落实情况报告，报送巡察办。巡察组应当认真审核被巡察党组织及其主要负责人报送的整改情况报告，并提出明确意见。

第七篇　企业数据流逻辑构建

数据是企业数字化转型的基础，设定标准从海量无序状态中挖掘数据，定义传输规则建立数据模型，将数据模型转化为可操作的任务和目标，企业管理者利用数据模型、可视化看板制定提升企业一体化、专业化、精益化、智慧化的管理策略，并持续推进，支撑赋能企业创新，实现企业高质量发展。

数据定义 /184
定义标准语言
参考数据和主数据
元数据
指标数据
数据清理
数据建模 /186
数据集成 /187
数据挖掘 /190
数据可视化 /193

数据定义

通常情况下，数据管理是指通过规划、控制与提供数据和信息资产的职能，包括开发、执行和监督有关数据的计划、策略、方案、流程和方法，目的是可以获取、控制、提高数据的应用价值。

定义数据需要对数据进行结构和属性的描述，可以明确数据的意义和用途。数据可以是连续的，如声音、图像，称为模拟数据，也可以是离散的，如符号、文字，称为数字数据。在计算机系统中，数据以二进制信息单元0和1的形式表示。数据包括业务术语、参考数据和主数据、元数据与指标数据四个维度。

定义标准语言

将标准的语言描述为业务术语，即在同一环境下讲相同的，每个人都能听懂的语言。业务术语是组织中业务概念的描述，数据管理就是制定统一的管理制度和流程，对业务术语的创建、维护和发布进行统一管理，进而推动业务术语的共享和组织内部的应用。业务术语是组织内部理解数据、应用数据的基础，通过对业务术语的管理能够保证组织内部对具体技术名词理解的一致性，主要内容有制定话语标准、编制术语字典、发布术语和应用术语。

参考数据和主数据

参考数据和主数据是用于将其他数据进行分类的数据。参考数据是对定义的数据值域进行管理，包括标准化术语、代码值和其他唯一标识符，每个取值的业务定义，是数据值域列表内部和跨不同列表之间的业务关系的控制，并对相关参考数据的一致、共享使用。主数据是组织中需要跨系统、跨部门共享的核心业务实体数据。主数据管理是对主数据标准和内容进行管理，实现主数据跨系统的一致、共享使用。参考数据和主数据主要活动和工作要点包括定义编码规则、定义数据模型、识别数据值域、集成共享。

第七篇
企业数据流逻辑构建

元数据

在企业中信息化体系中，无论哪里有数据，都有相应的元数据。只有存在完整而准确的元数据，我们才能更好地理解数据并充分利用数据的价值。元数据主要活动和工作要点包括：

[建立元数据分类和命名规则] 根据业务特征建立元数据的分类规则，制定元数据的命名、描述与表示规范。

[建立元数据管理规范] 建立元数据管理的流程和岗位，明确管理岗位职责。

[元数据创建] 建立元数据的创建方法，进行元数据的识别和创建。

[元数据管理] 提供对元数据以及元数据目录的日常管理

指标数据

通俗来讲，指标数据是指需要加工的数据。一般由指标名称、时间和数值等组成，指标数据管理对内部经营分析所需要的指标数据进行统一规范化定义、采集和应用，用于提升统计分析的数据质量。指标数据主要活动和工作要点包括根组织业务管理需求，制定组织内指标数据分类管理框架，保证指标分类框架的全面性和各分类之间的独立性；定义指标数据标准化格式，梳理组织内部的指标数据，形成统一的指标字典；根据指标数据定义，由相关部门或应用系统定期进行数据的采集、生成。

对指标数据采集、应用过程中的数据进行监控，保证指标数据的准确性、及时性。

数据清理

数据清理也称数据清洗。是将数据库精简以除去重复记录，并使剩余部分转换成符合标准的过程。在企业管理过程中数据清理是特指在构建数据仓库和实现数据挖掘前对数据源进行处理，使数据实现准确性、完整性、一致性、唯一性、适时性、有效性以适应后续操作的过程。从提高数据质量的角度出发，凡是有助于提高数据质量的处理过程，都可以认为是数据清理。

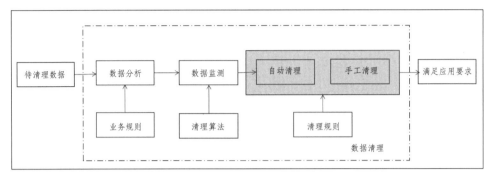

数据清理流程图

数据建模

数据建模是一套方法论，主要是对数据的整合和存储做一些指导，强调从各个角度合理地存储数据。把企业各类信息系统中数据从零散的世界抽象到信息世界和计算机世界。数据建模主要研究如何运用关系数据库设计理论，利用数据建模工具，建立既能正确反映企业运营情况，又便于计算机处理的数据模型。根据模型应用目的的不同，可以将数据模型划分为三类：概念模型、逻辑模型和物理模型。概念模型与逻辑模型属于研发人员后端为正确地实现数据分类和建立关系而应用到的一些具体的技术，物理模型，需要考虑具体的技术实现因素，进行数据库体系结构设计，真正实现数据在数据库中的存放，从而以图形方式提供给用户使用。

数据需求分析是建模的起点，分析用户对数据的需求和要求，数据需求掌握的准确程度将直接影响后续阶段数据模型的质量。

数据建模原则：

[高内聚和低耦合]将业务相近或者相关、粒度相同的数据设计为一个逻辑或者物理模型：将高概率同时访问的数据放在一起，将低概率同时访问的数据分开存储。

第七篇
企业数据流逻辑构建

[核心模型与扩展模型分离] 建立核心模型与扩展模型体系，核心模型包括的字段支持常用的核心业务，扩展模型包括的字段支持个性化或少量应用的需要，不能让扩展模型的字段过度侵入核心模型，以免破坏核心模型的架构简洁性与可维护性。

[成本与性能平衡] 适当的数据冗余可换取查询和刷新性能，不宜过度冗余与数据复制一致性，且字段命名及定义必须一致。

[命名清晰、可理解] 表命名需要清晰、一致，表名需易于使用方理解。

通过数据建模为企业提供信息化与数字化建设。一是全面的业务梳理，改进业务流程。在业务模型设计阶段，能够帮助企业对本单位的业务进行全面的梳理。通过业务模型建设，可全面了解该单位业务架构图和整个业务的运行情况，将业务按照特定的规律进行分门别类和程序化，同时，帮助进一步改进业务流程，提高业务效率；二是建立全方位的数据视角，消灭信息"孤岛"和数据差异。通过数据仓库的模型建设，为企业提供一个整体的数据视角，不再是各个部门只关注自己的数据，而是通过模型建设，勾勒出部门之间内在联系，帮助消灭各个部门之间的信息"孤岛"问题，更为重要的是，通过数据模型建设，能够保证整个企业数据的一致性，各个部门之间数据的差异将会得到有效解决；三是帮助数据仓库系统建设。通过数据仓库的模型建设，开发人员和业务人员能够很容易地达成系统建设范围界定，以及长期目标规划，从而能够使整个项目组明确当前的任务，加快整个系统建设的速度，同时还可以支撑数据查询使用性能提升、用户工作效率提升、数据质量提升和降低企业成本。

数据集成

由于周期性系统建设导致数据存在阶段性和分布性的特点，容易造成数据形成信息"孤岛"，影响数据的整体性与一致性，从而导致数据的协同性和利用率降低，影响数据作用的发挥。数据集成将不同系统、不同数据源中的数据进

建筑企业数字化系统建设方法论
Construction Methodology of Digital System in Construction Enterprises

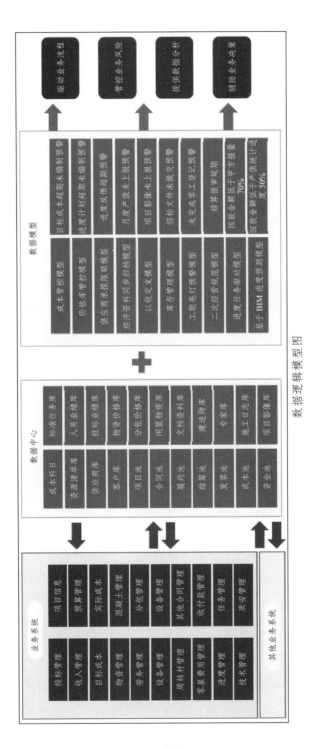

数据逻辑模型图

第七篇
企业数据流逻辑构建

行整合，向用户提供统一的数据视图，使得用户能以透明的方式访问数据。数据源可以是结构化、半结构化和非结构化数据。这些数据源存储位置分散，数据类型异构，数据库产品多样。

数据集成目标就是充分利用已有数据，在尽量保持其自治性的前提下，维护数据源整体上的一致性，提高数据共享利用效率。实现数据集成的系统称为数据集成系统，它为用户提供统一的数据源访问接口，用于执行用户对数据源的访问请求，主要有以下几种集成层次：

[基本数据集成] 由于同一业务实体存在于多个系统源中，在没有明确的办法确认这些实体是同一个实体时，就会产生问题，这类问题的处理办法有第一是隔离，确保实体的每次出现都指派一个唯一的识别ID；第二是调和，将相同的实体合并。当某个源数据有多个来源时，数据丢失问题是最常见问题之一，通常解决办法是数据治理找寻指定数据唯一入口。

[多级视图集成] 多级视图机制有助于对数据源之间的关系进行集成。底层数据表示方式为局部模型的局部格式，如关系和文件；中间数据表示为公共模式格式。视图集成化过程为两级映射，第一数据经过翻译、转换并集成为符合公共模型的中间视图；第二进行语义冲突消除，将中间视频集成为综合视图。

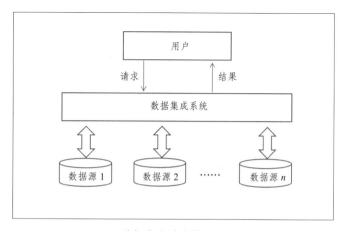

数据集成系统模型图

数据挖掘

数据挖掘是指从大量数据中提取或"挖掘"知识，即从大量的、不完全的、模糊的、随机的实际数据中，提取隐含在其中且企业管理者、用户想知道也没办法知道的数据价值。它把用户对数据从低层次的简单查询，提升到从数据库挖掘知识，提供给决策支持层面。

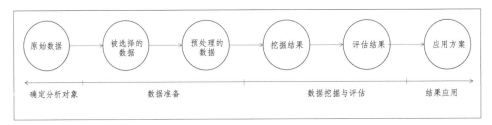

数据挖掘流程图

数据挖掘与传统数据分析：

两者分析对象的数据量有差异，数据挖掘所需的数据量比传统数据分析所需的数据量大，数据量越大，数据挖掘的效果越好。

两者运用的分析方法有差异，传统数据分析主要运用统计学方法和手段对数据进行分析，而数据挖掘综合运用数据统计、人工智能、可视化等技术对数据进行分析。

两者分析侧重有差异，传统数据分析通常分析已经发生了什么，而数据挖掘通常是预测型和发现型，预测未来的情况。

数据挖掘的目标是发现隐藏于数据之后的规律或数据间的关系，从而服务于决策。数据挖掘常见的主要任务和方法包括：

[分类] 找出数据库中一组数据对象的共同特点，并按照分类模式将其划分为不同的类别，其目的是通过分类模型，将数据库中的数据项映射到某个给定

第七篇
企业数据流逻辑构建

的类别，它可以应用到用户的分类、用户的属性和特征分析、用户满意度分析、用户购买趋势预测等。

[关联规则] 描述数据库中数据项之间所存在的关系的规则，即根据一个事务中某些项的出现，可导出另一些项在同一事务中也出现，即隐藏在数据间的关联或相互关系。在客户关系管理中，通过对企业客户数据库里的大量数据进行挖掘，可以从大量的记录中发现关联关系，找出影响市场营销效果的关键因素，为营销风险评估和市场预测等决策支持提供参考依据。

[特征] 从数据库中的一组数据中提取出关于这些数据的特征式，这些特征式表达了该数据集的总体特征。

[变化和偏差分析] 其目的是寻找观察结果与参照量之间有意义的差别。在企业危机管理及其预警中，管理者更感兴趣的是那些意外规则。意外规则的挖掘可以应用到各种异常信息的发现、分析、识别、评价和预警等方面。

[数据挖掘库] 大部分情况下，数据挖掘都要先把数据从数据仓库中拿到数据挖掘库或数据集市中，从数据仓库中直接得到进行数据挖掘的数据有许多好处。数据仓库的数据清理和数据挖掘的数据清理差不多，如果数据在导入数据仓库时已经清理过，那很可能在做数据挖掘时就没必要再清理一次了，而且所有数据不一致的问题都已经被您解决了。数据挖掘库可能是您的数据仓库的一个逻辑上的子集，而不一定非得是物理上单独的数据库。但如果您的数据仓库的计算资源已经很紧张，那您最好还是建立一个单独的数据挖掘库。

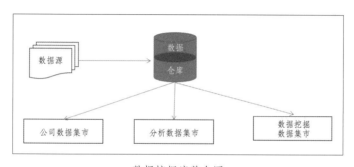

数据挖掘库数仓图

为了数据挖掘也不必非得建立一个数据仓库，数据仓库不是必需的。建立一个巨大数据仓库，要把各个不同源的数据统一在一起，解决所有的数据冲突问题，然后把所有的数据导到一个数据仓库内是一项巨大的工程，可能要花大量时间、较高代价才能完成。如只是为了数据挖掘，可以把一个或几个事务数据库导到一个只读的数据库中，就把它当作数据集市，然后在它上面进行数据挖掘。

数据挖掘库数源图

应用实例案例展示：

静态数据展示表

序号	指标	应用频次	数据接入	源数据	源数据字段
1	合同额	一次性填报	系统接入	建筑项目档案	ncontmny
2	业主名称	一次性填报	系统接入	建筑项目档案	pk_developer
3	开工时间	一次性填报	系统接入	建筑项目档案	dstart
4	竣工时间	一次性填报	系统接入	建筑项目档案	dfinish
5	开工日期	一次性填报	系统接入	建筑项目档案	drealstart
6	总工期	一次性填报	公式计算	建筑项目档案	dfinish-dstart
7	竣工日期	一次性填报	系统接入	建筑项目档案	drealfinish
8	实际总工期	一次性填报	公式计算	建筑项目档案	drealfinish-drealstart
9	项目状态	随业务变化	系统接入	建筑项目档案	pk_projstatus
10	商务状态	随业务变化	系统接入	建筑项目档案	vdef8
11	是否房地产商	一次性填报	系统接入	客商主数据	C_TYPE
12	项目类别	一次性填报	系统接入	项目主数据	F_TYPE
13	业主性质	一次性填报	系统接入	客商主数据	C_TYPE
14	业主集团	一次性填报	系统接入	客商主数据	C_GROUP_CODE
15	业主类别	一次性填报	系统接入	客商主数据	F_TYPE

第七篇
企业数据流逻辑构建

动态数据展示表

序号	指标	填报频次	源数据	数仓数据表	数仓	指标类型
1	合同额	随业务变化	xqhte	mk_dws_bidders_org	f_amount	原子指标
2	确保合同额	每年填报指标	ndqbhtezb	mk_dwd_year_aim	ndqbhtezb	原子指标
3	奋斗合同额	每年填报指标	ndfdhtezb	mk_dwd_year_aim	ndfdhtezb	原子指标
4	中标未签金额	随业务变化	xqhte	mk_dws_unsign_org	f_amount	复合指标
5	新签合同额	随业务变化	xqhte	mk_dws_sign_org	f_amount	原子指标
6	新签合同	每年填报指标	mbxqhte	mk_dwd_year_aim	mbxqhte	原子指标
7	投资合同	随业务变化	xqhte	mk_dws_investment_org	f_amount	复合指标
8	投资合同占比	随业务变化		mk_dws_investment_org		复合指标
9	战略客户合同额	随业务变化	xqhte	mk_dws_strategic_custom_org	f_amount	复合指标

数据可视化

数据可视化是使用图表、图形或地图等可视元素来表示数据的过程。该过程将大量复杂的数值数据转化为更易于处理的可视化表示。实现数据可视化，第一，可以辅助分析，提高分析效率，通过可视化能更快得出数据结论；第二，突出重点，提高分析说服力，能将分析重点呈现给用户，让用户能快速获取信息，并验证分析结论；第三，信息表达更形象，在枯燥无聊的分析论证过程中，能够让用户视觉效果更好；第四，突显专业性。

数据可视化工具可自动提高视觉交流过程的准确性并提供详细信息。

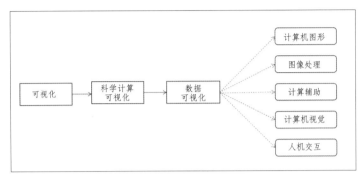

数据可视化图

由于要展现数据的内容和角度不同,可视化的表现方式也多样:

常见数据可视化表现方式统计表

表现方式	说明
一维数据	一维数据就是简单的线性数据,如文本或数字表格、程序源代码都基于一维数据。一维数据可视化取决于数据大小和用户想用数据来处理任务
二维数据	在数据可视化中,二维数据是指由两种主要描述属性构成的数据,如一个物体的宽度和高度、一个城市的平面地图、建筑物的楼层平面图等都是二维数据可视化的实例
三维数据	三维数据比二维数据更进一层,它可以描述立体信息。三维数据可以表示实际的三维物体,因此可视化的许多应用是三维可视化。物体通过三维可视化构成计算机模型,供操作及试验,以此预测真实物体的实际行为
多维数据	在可视化环境中,多维数据所描述事物的属性超过三维,为了实现可视化,往往需要降维

利用数据可视化功能可以对生产过程的数据进行展示、监控以及过程的引导。

[展示看板]根据企业管理层级,管理角色建立不同的信息看板,例如企业管理驾驶舱、财务资金看板、经营效益看板、人力资源看板、项目看板等。

[监控看板]将生产过程产生的各类数据与企业制定的相应指标进行对比,达到对生产活动的监控、预警等,将管理经营风险化解在过程中。

第七篇
企业数据流逻辑构建

[引导看板]作为智能化系统设计的方法，利用看板将所有的生产过程串联起来，在看板上显示实时信息。

案例展示：

（1）项目综合运营看板

项目看板示意图

数据分析最常见的要求是"我要结论，而不是单纯的数据"，企业管理者并不是为看数据去要求建设数据看板或者管理驾驶舱，寄希望通过数据反映业务问题并精准识别，同时分析指标背后的原因、关联性等，为业务提供参考，所以看板数据要设置"穿透"功能，看见数据的构成。

数据穿透表

序号	指标	穿透维度
1	开累产值	产值月度明细分析
2	实际成本	目标、实际成本月度对比分析
3	分包劳务款综合支付比例	劳务分包合同结算支付情况分析

续表

序号	指标	穿透维度
4	材料、设备租赁支付比例	材料和设备租赁的支付明细分析
5	创效立项率、创效实现率	创效管理分析台账
6	重要工期节点完成率	工期节点完成情况预警分析
7	项目基本情况	项目基本信息的查询
8	项目管理人员	项目人员的岗位人员情况
9	零星用工、零星机械	零星用工和零星机械的情况明细

（2）业务驾驶舱

为企业各业务线建立的数据看板，集中展示反映单一线条的管理特性，专业化程度高，数据指标维度更丰富，覆盖商务、物资、财务资金、人力资源等各个线条、部门。

人力驾驶舱示意图

（3）商务驾驶舱

商务驾驶舱涉及创效情况、项目预警、结算、采购情况、项目成本情况等核心管理指标。

第七篇
企业数据流逻辑构建

商务驾驶舱示意图

（4）工程驾驶舱

通过看板及线条管理看板的建立和常态化运用，提升企业数据分析、治理能力，实现线上检查、线上考核、预警监控，如工期进度是否延误、支付比例是否超额、产值确权是否合理等。

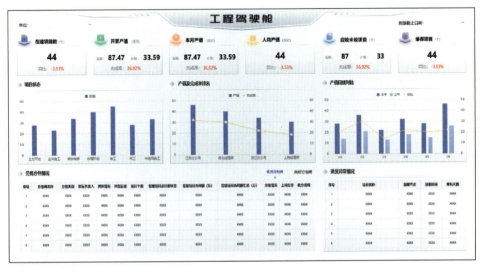

工程驾驶舱示意图

(5) 风险管控驾驶舱

建立风险分析指标和分析模型，进行层级管控并设置阈值标准，对各类风险用图、表来呈现，实现风险自动预警，用红黄绿进行预警呈现。右边展示经营风险的各二级单位的流动资产周转率的一个对比图，为领导者提供一个可视的风险预警。

企业管理风险预警图

第八篇　建筑企业数字化系统建设

建筑企业数字化系统不是服务于单一业务场景的信息系统，而是在建筑管理活动各个阶段，运用现代信息技术手段，将传统的建筑业管理的投资、设计、建造、采购、监控等各项工作过程数字化、自动化、智能化，以提高企业运行效率，降低管理运营成本，提升综合服务质量为目的的一套综合性解决方案。

数字化基础技术平台底座建设 /200

企业数据治理系统建设 /202

供应链系统建设 /203

风险预控系统建设 /204

综合智慧工地管理系统建设 /205

财务业务与管理系统建设 /207

成本数据归集线上系统建设 /208

生产与经济数据融通系统建设 /209

企业报表自动生成系统建设 /211

网络安全管理系统建设 /212

行政业务文档管理系统建设 /213

建筑企业数字化系统建设方法论
Construction Methodology of Digital System in Construction Enterprises

建筑企业数字化系统不是服务于单一业务场景的信息系统,而是在建筑管理活动各个阶段,运用现代信息技术手段,将传统的建筑管理、设计、施工、监控等各项工作过程数字化、自动化、智能化,以提高企业运行效率,降低管理运营成本,提升综合服务质量为目的的一套综合性解决方案。

建筑企业数字化系统建设是一个庞大的系统工程,要立足于企业管理实际,按照数字化管理战略规划分阶段、分步骤实施,一般分为标准化、信息化、数字化、智能化四个阶段。在实施过程中必须认真评估各层级需求,结合企业自身特点,协同管理层、各线条业务骨干、外部单位共同组建实施团队。通过打破以往传统的管理思维,遵循"数出一源、一源多用"的原则,实现源数据的纵向互通、横向互联、集成共享,以应用场景业务替代实现基层减负,以智能报表的数据可视化分析统筹资源调配,提升内控运行管控能力,从而推动企业生产经营效率的提升。

数字化基础技术平台底座建设

数字化基础技术平台底座系统建设包含云计算平台、大数据平台、物联网平台、人工智能平台、应用集成平台等多个方面的内容,它们是数字化转型的基础,为企业提供了更好的数字化服务和决策支持。

数字化基础技术平台是以公有云和私有云为基础,利用云计算、物联网、大数据、人工智能、移动互联网等技术手段搭建的开放性服务平台。

[云计算平台]云计算平台是数字化基础技术平台底座系统的基础,它包括云服务器、云存储、云数据库等基础设施,用于存储和处理企业的数据。通过使用云计算平台,企业可以节省IT基础设施的成本,并且获得更好的可扩展性和灵活性。

[大数据平台]大数据平台是用于收集、存储和分析大量数据的技术平台。它包括数据采集、数据存储、数据处理、数据分析等组成部分,用于处理海量数据。

第八篇
建筑企业数字化系统建设

通过使用大数据平台，企业可以更好地理解和分析数据，为企业决策提供有力支持。

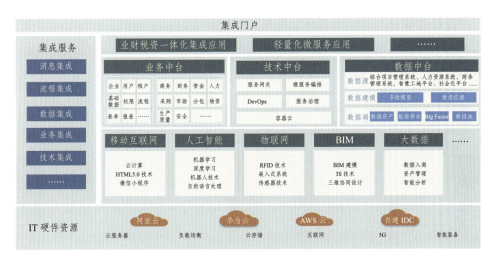

数字化基础技术平台架构图

[物联网平台] 物联网平台是用于连接和管理设备的技术平台，通过使用传感器和物联网技术，可以收集和分析设备的数据。通过使用物联网平台，企业可以实现设备远程监控和管理，提高设备的效率和可靠性。

[人工智能平台] 人工智能平台是用于开发和运行人工智能算法的技术平台，包括机器学习、深度学习、自然语言处理等技术。通过使用人工智能平台，企业可以实现自动化决策和智能化服务，提高效率和准确性。

[应用集成平台] 应用集成平台是用于连接和集成不同应用程序的技术平台，通过使用应用集成平台，企业可以实现应用程序之间的数据共享和交互，提高应用程序的效率和一致性。

企业数据治理系统建设

数据治理系统是一个综合性的数据管理框架，旨在确保企业数据的质量、完整性、可靠性和安全性，同时支持数据资产的利用和价值实现。包括数据质量管理、数据安全管理、数据元数据管理、数据分类和归档管理、数据治理流程管理、数据治理组织架构和数据治理工具和平台等多个方面的内容。

企业数据治理系统架构图

[数据安全管理] 包括数据访问控制、数据加密、数据备份和恢复等，以保护数据的机密性、完整性和可用性。

[数据元数据管理] 包括数据词汇表、数据模型、数据字典等，以定义和管理数据的业务含义和关系，促进数据共享和复用。

[数据分类和归档管理] 将数据按照不同的分类标准进行划分和管理，包括数据存储策略、数据备份策略等，以提高数据存储的效率和可管理性。

[数据治理流程管理] 包括数据管理工作流、数据治理流程规范等，以管理

数据治理的整个流程，确保数据管理的一致性和可追溯性。

[数据治理组织架构] 包括数据治理委员会、数据治理负责人、数据治理人员等，以建立数据治理的组织和团队，实现数据治理的有效管理和实施。

[数据治理工具和平台] 包括数据治理工具、数据仓库、数据挖掘工具等，以支持数据治理的各种任务和流程。

供应链系统建设

供应链系统建设需要从战略层面进行规划和实施，充分考虑企业的战略定位、业务模式、信息系统和技术基础，结合供应链的特点和需求，有序推进数字化供应链系统建设。

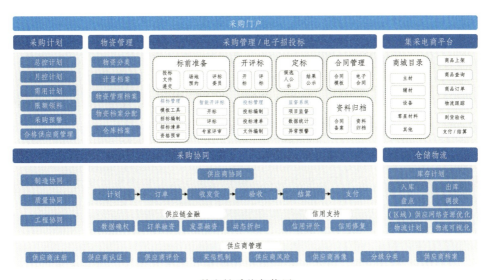

供应链系统架构图

[数据化处理] 将供应链各环节的信息、数据进行数字化处理，实现数据的规范化、统一化和可视化，确保供应链的高效运转。

[自动化技术]应用物联网、自动化技术等先进技术，提高物流和供应链各个环节的自动化程度，降低人为干预的风险和成本。

[供应链可视化]利用数据分析技术、仪表盘等工具，将供应链中的各项数据进行可视化展示，方便企业管理人员进行实时监控和管理。

[供应链金融服务]通过数字化技术，将供应链金融服务与供应链管理系统进行融合，实现供应链金融的快速融资和风险管理，提高企业资金周转效率。

[智能化物流]应用人工智能、大数据、云计算等技术，对供应链中的物流环节进行优化，提高物流效率，降低物流成本。

[生态合作共赢]利用数字化供应链系统打通产业上下游、构建生态共享平台，实现资源优化配置，降低供应链成本，提高企业整体竞争力。

风险预控系统建设

风险预控系统建设需要综合考虑企业的业务特点、风险管理需求和信息技术基础，确立系统建设的目标和实施路径，建立适合企业的风险管理框架和流程，采用符合企业实际情况的技术手段，确保数字化风险自动预控系统能够为企业提供科学、高效的风险管理服务。

[风险监测与预警]建立企业风险监测机制，通过对内部和外部环境的实时监测和数据分析，及时预警企业风险，提供快速反应和应对的决策支持。

[风险评估与识别]对企业可能面临的风险进行评估和识别，建立风险库，将风险分类、归档，便于后续的风险管控和应对。

[风险控制与管理]建立完善的风险控制机制和管理流程，通过制度和技术手段对风险进行管控，确保风险控制在企业的可承受范围内。

[风险应对与处理]建立应对和处理机制，对风险进行分类处理，及时采取对策，有效避免和化解风险。

第八篇
建筑企业数字化系统建设

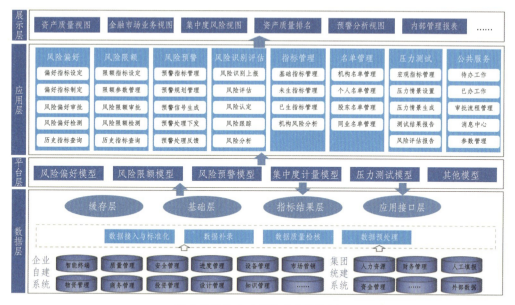

数字化风险自动预控系统架构图

[数据挖掘与分析]利用大数据、人工智能等技术手段，对海量数据进行挖掘和分析，发现隐含的风险因素和预警信号，提高风险预测和应对的准确性和效率。

[系统安全与稳定]保障数字化风险自动预控系统的安全和稳定性，采取防范措施，确保数据的完整性、保密性和可用性。

综合智慧工地管理系统建设

综合智慧工地管理系统是利用信息化技术和物联网技术对建筑工地进行全面的数据采集、处理、监控、预测和决策的系统。需要综合考虑建筑工地的特点、管理需求和信息技术基础，建立适合工地的管理框架和流程，采用符合工地实际情况的技术手段，确保工地集成管理系统能够为工地提供科学、高效的管理和服务。

建筑企业数字化系统建设方法论
Construction Methodology of Digital System in Construction Enterprises

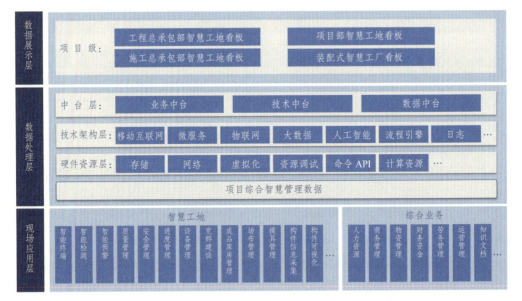

综合智慧工地管理系统架构图

[建筑工地实时监控] 通过安装传感器、摄像头等设备对工地进行实时监控，包括人员进出、设备使用、材料消耗、环境状况等，提高工地安全性、效率和环境卫生。

[施工进度管理] 通过工地实时监控和数据分析，建立施工进度管理模块，对施工进度进行监测、控制和调整，确保施工节点进度及优质履约。

[人员管理] 建立人员管理模块，包括人员考勤、工资管理、安全培训和健康管理等，确保工地人员的合法权益和工作安全。

[设备管理] 建立设备管理模块，包括设备运行监测、维护管理、保养计划和更新规划等，确保设备的安全和稳定运行。

[材料管理] 建立材料管理模块，包括材料采购、库存管理、消耗监控和采购计划等，确保材料的合理使用和管理。

[质量管理] 建立质量管理模块，包括质量监控、验收、问题整改和质量分析等，确保工程质量符合相关标准和闭环管理要求。

第八篇
建筑企业数字化系统建设

[安全管理]建立安全管理模块,包括安全检查、事故预警、应急响应和安全培训等,确保工地安全管理闭环和人员健康。

[数据分析与报告]建立业务数据分析和报告模块,对工地数据进行分析和报告生成,提供全面的数据支持和决策参考。

财务业务与管理系统建设

财务业务与管理系统是企业财务管理的重要组成部分,需要考虑企业财务管理的实际需求和情况,建立符合企业特点和管理模式的系统模型和流程,同时需要考虑与现有系统的兼容性和数据互通性,确保系统的稳定性和可靠性。

财务业务与管理系统架构图

[会计核算模块]建立企业财务会计核算模块,包括会计科目、会计凭证、会计账簿、固定资产、成本核算等,实现企业财务核算工作的自动化和标准化。

[财务报表模块]建立财务报表模块,包括资产负债表、利润表、现金流量表等,自动生成标准化的财务报表,便于管理人员对财务状况进行监控和决策。

[预算管理模块] 建立预算管理模块，包括预算编制、执行、调整等，实现预算与实际的比较和分析，为企业管理提供预算控制和风险预警。

[资金管理模块] 建立资金管理模块，包括资金收支、资金预测、银行对账、贷款管理等，实现企业资金的规范化管理和风险控制。

[税务管理模块] 建立税务管理模块，包括纳税申报、纳税缴款、税务查询等，确保企业合规纳税和税务管理规范化。

[成本管理模块] 建立成本管理模块，包括成本核算、成本分析、成本控制等，实现成本管理的自动化和分析。

[经营分析模块] 建立经营分析模块，包括财务分析、经营分析、风险预警等，为企业管理人员提供经营决策和风险管理的支持。

[电子票据管理模块] 建立电子票据管理模块，包括电子发票、电子凭证、电子对账单等，实现企业票据管理的数字化和便捷化。

[外部接口模块] 建立与银行、税务、工商等外部接口模块，实现企业与外部机构的信息交互和数据共享。

成本数据归集线上系统建设

成本数据归集线上系统建设的基本内容，需要根据具体的企业需求和情况，定制化系统的功能和流程，以实现企业的项目过程成本管理的数字化和标准化，提高企业的管理效率和决策能力。

[项目信息管理模块] 建立项目信息管理模块，包括项目名称、项目编号、项目类型、项目负责人、项目状态等信息，实现项目基本信息的管理和维护。

[成本预算管理模块] 建立成本预算管理模块，包括预算编制、预算审核、预算审批等环节，实现项目成本预算的规范化管理和控制。

[成本支出管理模块] 建立成本支出管理模块，包括支出申请、支出审批、支出支付等环节，实现项目成本支出的审批和支付流程的自动化。

第八篇
建筑企业数字化系统建设

成本数据归集线上系统架构图

[成本数据归集模块] 建立成本数据归集模块，包括成本数据采集、成本数据分类、成本数据汇总等环节，实现项目成本数据的全面一键归集和分析。

[数据分析与报表模块] 建立数据分析与报表模块，包括成本分析、成本效益分析、成本控制分析等，实现项目成本数据的分析和决策支持。

[信息共享与协同模块] 建立信息共享与协同模块，包括信息发布、协同工作、沟通交流等，实现项目成本数据共享和团队协同工作。

[系统安全与权限管理模块] 建立系统安全与权限管理模块，包括用户身份验证、数据加密、数据备份等，确保项目成本数据的安全性和机密性。

生产与经济数据融通系统建设

生产与经济数据融通系统建设的基本内容，需要根据具体的企业需求和情况，定制化系统的功能和流程，以实现企业的生产线数字化和标准化，提高企业的项目管理效率、过程成本分析和决策能力，提升企业内控管理的数字化能力。

建筑企业数字化系统建设方法论
Construction Methodology of Digital System in Construction Enterprises

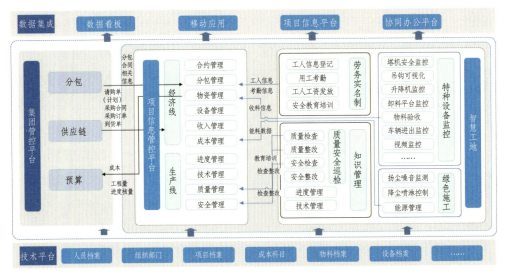

生产与经济数据融通系统架构图

[数据采集与传输]建立数据采集与传输模块,将生产线实时数据采集到系统中,并通过数据传输技术将生产线数据与企业经济数据进行融通,实现数据的无缝对接。

[施工工序管理]建立施工工序管理模块,制定企业施工工序标准,根据项目范围和目标,将工作分解成具体的工序,包含明确的工作描述,各工序的工程量,所需的资源和人力投入量和工期。

[成本计划管理]建立成本计划管理模块,根据资源需求和成本估算制定施工成本计划,按照时间顺序明确每个工序的成本预算和成本分配,实现工序之间的关联关系。

[项目进度管理]建立项目进度管理模块,按照项目策划编制工期计划,明确每个工序的开始时间、结束时间和关键节点工期,通过工序实现与成本之间的关联关系。

[数据分析与决策支持]建立数据分析与决策支持模块,对生产线实时数据和企业经济数据进行分析和挖掘,提供实时决策支持,帮助企业快速响应市场

第八篇
建筑企业数字化系统建设

变化和调整生产策略,实现精细化的精准管理。

[信息共享与协同] 建立信息共享与协同模块,包括数据共享、协同工作、沟通交流等,实现生产线和企业各部门之间的信息共享和协同工作,提高企业的生产效率和协同能力。

企业报表自动生成系统建设

企业报表自动生成系统的建设,可以提高企业的数据处理效率和准确性,降低数据处理的成本和风险,同时提高了数据可视化和分析能力,有助于企业实现数字化转型,提升企业管理效率、降低运营成本和决策能力。

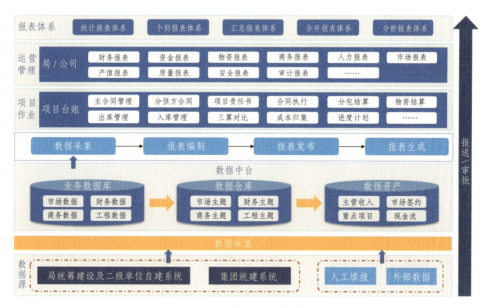

企业报表自动生成系统架构图

[数据源接入] 建立数据源接入模块,包括数据采集、清洗和预处理等功能,将企业各部门的数据集成到系统中,实现数据的一站式集成。

[报表模板设计] 建立报表模板设计模块，通过可视化界面设计各种类型的报表模板，包括财务报表、销售报表、生产报表等，满足企业不同层次和部门的报表需求。

[报表生成和分发] 建立报表生成和分发模块，通过系统自动化生成各级报表，并将生成的报表按照规定流程和权限进行分发，实现报表的自动化生成和分发。

[数据分析和可视化] 建立数据分析和可视化模块，通过数据分析和可视化技术，将各部门的数据转化为易于理解的图表和报表，帮助企业快速发现问题、分析趋势和作出决策。

[系统安全和权限管理] 建立系统安全和权限管理模块，包括用户身份验证、数据加密、数据备份等，确保系统数据的安全性和机密性。

网络安全管理系统建设

网络安全管理系统的建设，可以全面保护企业的网络安全，降低网络风险，提高网络安全能力。同时，可以加强员工的安全意识和培训，提高员工的网络安全素养，为企业发展提供安全保障。

[漏洞扫描和风险评估] 建立漏洞扫描和风险评估模块，对企业网络进行全面的漏洞扫描和安全风险评估，及时发现和修补安全漏洞，降低网络风险。

[安全事件监控和响应] 建立安全事件监控和响应模块，对企业网络进行实时监控和攻击检测，及时响应安全事件，保护企业网络安全。

[安全访问和认证控制] 建立安全访问和认证控制模块，通过身份验证、访问控制和数据加密等技术，保障网络安全，防止非法访问和数据泄露。

[安全策略和管理] 建立安全策略和管理模块，制定和执行企业安全策略和管理流程，包括安全审计、风险评估、应急预案等。

第八篇
建筑企业数字化系统建设

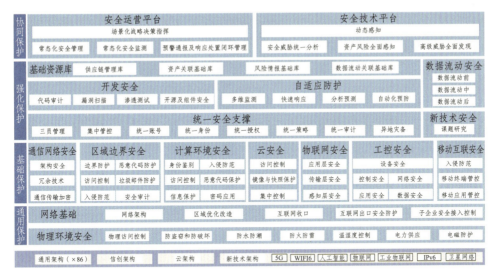

网络安全管理系统架构图

[安全培训和意识提升]建立安全培训和意识提升模块,加强员工的网络安全意识和培训,提高员工对网络安全的认识和理解。

行政业务文档管理系统建设

行政业务文档管理系统建设是指通过信息技术手段对行政文件进行处理、存储和管理的系统。利用数据库、互联网等技术,对行政文件进行数字化处理、分类存储和查询检索,并提供文件流转、审批、版本管理,实现行政文件全流程管理。

[文件处理]对文件进行数字化处理,实现文件的扫描、识别、拆分和合并等功能,提高文件处理的效率和准确性。

[文件存储]通过建立统一的文件数据库,将电子化的行政文件进行分类、整理和归档,有效防止文件丢失和损毁,提高文件存储的安全性和可靠性。

[文件查询]提供快速的文件查询功能,用户可以通过关键词、时间、文件类型等进行检索,快速找到所需文件,节省了大量的时间和精力。

行政业务文档管理系统架构图

[文件流转]实现行政文件的电子流转,可以在不同部门或个人之间实现文件的传递和共享,提高了沟通和协作效率。

[审批批示]支持行政文件的电子化审批和批示,提高办公效率和文件处理的规范性。

[版本管理]实现文件版本的管理,记录文件修改的时间和内容,确保文件的完整性和追溯性。

第九篇 数字化业务场景应用

数字化场景应用旨在通过先进的数字化技术，改变传统施工现场管理的交互方式、工作方式和管理模式，实现建筑工程建设数字化、智能化，极大提高管理效率和施工安全度。同时，这些应用也为企业提供了更高效、更精准的管理手段和决策依据，有助于提高企业的综合竞争力。

物资管理一体化应用 /216
应用价值与意义
建设路径
典型应用场景
商务与成本管理一体化应用 /221
应用价值与意义
建设路径
典型应用场景
工程履约管理一体化应用 /223
应用价值与意义
建设路径
典型应用场景
科技创新管理一体化应用 /227
应用价值与意义
建设路径
典型应用场景
党建管理一体化应用 /235
应用价值与意义

建设路径
典型应用场景
机械设备管理一体化应用 /237
应用价值与意义
建设路径
典型应用场景
工厂建造管理一体化应用 /241
应用价值与意义
建设路径
典型应用场景
安全质量一体化应用 /247
应用价值与意义
建设路径
典型应用场景
社会生态协同管理一体化应用 /253
应用价值与意义
建设路径
典型应用场景

物资管理一体化应用

应用价值与意义

据统计,数字化变革使制造业企业成本降低 17.6%、使物流服务业成本降低 34.2%、大型建筑企业实施供应链数字化后,采购成本降低约 1%～3%。数字化物资管理的价值与意义在于通过数字化手段,企业可以更高效地进行物资采购、存储和使用等环节的管理,减少人力和时间的浪费,降低运营成本。可以增加管理的透明度,使企业管理者和员工都能够更清晰地了解物资的状况和流向,避免暗箱操作和浪费现象的发生。通过数字化手段记录物资的流动和使用情况,可以实现物资的可追溯性,帮助企业更好地掌握物资的来源和去处,有效避免产品质量问题和风险的发生。数字化物资管理可以提供更准确、更全面的数据支持,帮助企业做出更科学、更合理的决策,提高企业的竞争力和盈利能力。数字化物资管理可以帮助企业更好地管理供应链风险,及时发现和解决潜在的问题,保障企业的生产和运营安全。数字化物资管理可以促进企业的可持续发展,通过智能化手段实现资源的优化配置和节约使用,降低环境影响和资源消耗,符合当今社会对可持续发展的要求。

建设路径

首先,要明确建筑企业物资管理的具体需求,例如物资种类、数量、存储方式、使用方式等。根据需求选择合适的数字化工具,可以是专门的物资管理软件,也可以是包含物资管理功能的项目管理软件。在选择了适合的软件之后,需要建立物料库存系统。物料库存系统包括物料的名称、规格、数量、单位、价格等信息。在数据输入时需要注意数据的准确性,以免影响后续的物料采购和管理工作。然后需要建立采购流程,采购流程包括需求确认、采购计划编制、询价和比价、合同签订、发票处理等步骤。在建立采购流程时需要考虑到内部流程和外部流程的衔接,以及各个环节的时间控制。可以通过软件实现采购流

第九篇
数字化业务场景应用

程的自动化管理。建筑企业与供应商是密切相关的。因此，建立供应商管理系统非常必要。供应商管理系统包括供应商信息、供应商评价、供应商对账等内容。通过对供应商的管理，可以更好地保障物资的质量和供应的稳定性。通过数字化进度管控平台，可以实现对项目进度的实时监控和预警。这样可以避免项目部恶意抽走项目资金的情况，保证项目的顺利进行。要建设数字化物料管理平台，实现施工现场入库材料与财务关联，用料数据与 WBS 结构对接，真正做到领料限额，用料定位，清单用量，超额预警，避免材料使用环节出现亏损，避免供应商合同纠纷，避免诉讼时公司缺乏现场物料证据，使公司在诉讼过程处于被动。并要实现财务数据与业务数据自动关联。合同超支付预警,合同未付、已付情况一目了然，避免出现多付、错付引起供应商纠纷。在实现数字化物资管理的过程中，需要根据实际情况和反馈进行相应的调整和改进。

总之，建筑企业实现物资管理数字化需要从多个方面入手，包括明确需求、选择合适的数字化工具、建立物料库存系统、建立采购流程、建立供应商管理系统、建立数字化进度管控平台、建立数字化物料管控平台、建立数字化财务管控平台以及持续优化和改进等步骤。这样才能真正发挥数字化物资管理的优势和价值，提高建筑企业的竞争力和盈利能力。

典型应用场景

为有效解决项目物资管理过程中的痛难点，某企业创新研发物资全生命周期数字化管理系统，实现采购合同线上管理、采购计划线上提报、供方协同实时共享、物资验收现场移动验收、物资周转流程高效和云出门证，内外高效协同，优化了工作流程，提高了工作效率，助推物资全过程透明化管理。通过物资全过程数字化创新应用，合同评审、签署平均用时由应用前 30 天缩短至 7 天，整体效率提升 77%；采购计划提报和审批平均用时由应用前 3~5 天缩短至 2~4 小时，效率提升 83%；闲置物资周转率由应用前不足 50% 提升至 97.5%，周转效率提升 47.5%；废旧物资处置由应用前"随意处置、不当处置"的现状，应用之后形成了"过程透明、实时监管"的管理模式，处理废旧物资金额增长 68%。

建筑企业数字化系统建设方法论
Construction Methodology of Digital System in Construction Enterprises

【资产盘活应用实例】

为了提高物资管理水平，提升闲置物资利用率，节约成本、减少损耗，某企业自主研发资产盘活系统，作为企业内部资产市场，项目物资管理的"阿里巴巴"，物资管理人员可以通过移动端、电脑端发布交易信息，实现闲置物资在线交易，盘活项目资产，减少资金占用。

整个业务流程是由"卖方"将闲置物资上架共享，通过维护我的货架、订单管理、调拨记录，将数据分析引入系统，实现闲置物资信息共享。由"买方"根据物资需用计划，搜索闲置物资信息，确认质量及价格，在线下单，完成闲置物资在线交易。

[智能推荐，提高闲置物资周转率]

借助互联网思维，搭建线上物资集市，改变了传统管理模式下依靠打电话、QQ、微信发消息的低效沟通方式，实现了供需信息透明，沟通渠道畅通，进一步盘活项目闲置资产。遵循"先调拨后采购"的原则，根据需求智能推荐上架闲置物资，优先内部周转，促进了闲置物资最大化利用，有效提高闲置物资周转率。

[降本增效，减少项目资产流失]

通过资产盘活系统能够最大程度保证项目闲置物资进行内部流转，确保公司资金合理利用，同时给"卖方"项目以最合适的价格找到最合适的"买家"，减少项目资产流失。"买方"能够以最低的价格采购到最合适的物资，降低项目管理成本。

[重构调拨流程，推动企业转型升级]

资产盘活系统实现了供需信息的对称，加快了现场闲置物资流转，买卖双方交易完成后自动生成调拨单及明细，供财务人员入账，自动推送至项目管理系统，减少业务人员手动录入，同时实现数据在线分析，支撑项目运营管理。重构调拨流程，让项目人员能够及时快速地购买所需物资，保证交易的即时性。

第九篇
数字化业务场景应用

【废旧物资应用实例】

为了实现废旧物资处置更精细、更有效、更廉洁、更规范的管理目标，某企业积极推动创新应用，以信息化手段形成了一整套废旧物资管理的解决方案，补齐了物资全流程管理的最后一块拼图。废旧物资处理全业务流程极大地提升了内部管理系统与分供方的交互性，对外通过管理人员发起处置申请，实现询价通知实时推送至分供方，在线接收分供方在线报价，确定中标单位，实现与分供方的全流程的在线协同与信息共享；对内实现废旧物资处理全业务流程的线上替代、让业务人员做一不二，对过程数据线上留痕，处置记录规范管理，主动提供处置率偏移预警，台账报表自动生成。

[挂钩处置损耗率，成本管控更精细]

以往，废旧物资处理从协同平台以表单形式发起招标议标申请流程，处理的数据由项目材料员在线下进行统计，但材料出入库业务已上线项目管理系统，实现了数据信息化。项目部统计材料损耗率难度较大，往往不能实现统计快速且准确的要求，无法有效助力项目的成本管控，甚至产生阻力。如今，在平台上线废旧物资处理流程，从物资损耗监督入手，项目首次处置时配置损耗率，根据项目策划计算的要求确定项目各品类废旧物资的损耗率，旨在从源头对各主材的损耗情况进行稽核，以废旧物资处理量反查材料下单量，形成预警作用，缓解了项目"不敢处置、随意处置、被动处置"的情况。

[新增处置申请，材料处置更有效]

过去，废旧物资处理需由协同发起废旧物资处置招标议标流程，后经分公司物资部到分公司领导批准，再到公司物资部审批。流程未包含废旧物资处置申请内容。项目实施过程中，不可避免会出现残值材料，但残值材料仍分为可周转的有效材料与无用的废旧物资，缺少对残值材料的辨别步骤，将可能导致有效材料的随意处置。公司基于平台打造废旧物资处理流程，实行"一处置，一流程"，通过完整填写本次申请处置的废旧物资数量、项目情况等信息，上传待处理废料照片，将情况上报公司职能部门，利于职能部门掌握项目基层废旧

建筑企业数字化系统建设方法论
Construction Methodology of Digital System in Construction Enterprises

物资处置情况，分辨无用废旧材料与可调拨材料，对残值材料统筹管理，提升管理效率，保证国有资产循环利用，确保材料处置更有效。

[强抓询价立项，过程管控更廉洁]

以前，项目部处理废旧物资需在协同发起废旧物资招标议标流程，再发起废旧物资处置定标流程方可处理。整个过程在线下进行，由于各项目部情况不统一，分公司难以对各项目进行全过程监督，增加了招标议标过程出现纰漏的概率，甚至还伴随着腐败现象。

随着平台废旧物资处理措施上线，对废旧物资的询价过程进行立项监督，实现处理过程"公开化，透明化"。项目部选定待处理废料，邀请废旧物资处理单位进行招标定标，基本实现多家竞价对比，选择价格最高的收购方。单次处理量较少且意向收购方少的项目，符合条件可采用废旧物资集采收购方议标，处于偏远地区且意向收购方少的项目可采用议标方式。此步骤确保废旧物资处置过程的合规性，保证废旧物资价值最大化，规避"随意处置、不当处置"的国有资产流失情况。

[紧盯过程监管，废料处置更规范]

过去，协同平台废旧物资处置流程未针对过程资料及资金上缴专门设置流程，各项目部往往在处置过程疏于对过程影像资料及关键证据的保存，导致废旧物资处置出现不满足规范性、上缴资金不及时等现象，使得事后对处理全过程的情况回溯缺乏有效证据。如某些项目处置废旧物资，竟缺失过磅单、转账截图等重要资料，处理资金始终未上缴。如今，废旧物资出厂单流程于废旧物资处置完后发起，流程中需上传过程资料及转账截图，知会财务，证明处理金额转入公司账户，使各项目重视对处置过程的严谨，对国有资产的保护更守规矩意识。此步骤也能反馈废旧物资处置的全过程监督，在云端保存资料也利于后期督查，确保处置资金分毫不差归于公司。通过平台，公司、分公司管理人员可查询项目处置记录、废旧物资处置分析等数据，将处理情况实时生成横向对比图表，便于直观查看及深入分析。使过程更透明、智能，处理流程更符合项目实际，减少项目废旧物资管理无序、监管不力等现象，提高了废旧物资处置的合规性，且流程精简，缩短了管理链条。各关键节点形成闭环，如"损耗率、处理定标、出厂单"等督促废旧物资处理回归本源，有效规范了项目基层的实施动作，为其他管理提供了借鉴。

商务与成本管理一体化应用

应用价值与意义

通过数字化手段，建筑企业可以更加高效地进行商务活动和成本管理，减少人力和时间的浪费，降低运营成本。同时，数字化手段也可以提高数据的准确性和可靠性，为企业决策提供更加准确的数据支持。数字化商务和成本管理可以提供更全面、更精细的数据支持，帮助企业做出更科学、更合理的决策。例如通过对市场和竞争对手的分析，企业可以制定更加精准的市场营销策略；通过对成本的精细化管理，企业可以找出成本控制的瓶颈，采取有针对性的措施降低成本。数字化商务和成本管理可以帮助建筑企业更好地了解市场和客户需求，提高产品和服务的质量和竞争力。例如通过对客户数据的分析，企业可以更好地了解客户需求和偏好，为客户提供更加个性化的产品和服务。数字化商务和成本管理可以帮助建筑企业更好地管理风险，及时发现和解决潜在的问题。例如通过对市场趋势的分析，企业可以及时发现潜在的市场风险并采取相应的措施进行规避；通过对成本的精细化管理，企业可以发现成本控制的漏洞并采取有针对性的措施进行弥补。数字化商务和成本管理可以促进建筑企业的可持续发展，通过智能化手段实现资源的优化配置和节约使用，降低环境影响和资源消耗，符合当今社会对可持续发展的要求。

建设路径

首先，需要建立统一的企业数据库，将各类成本数据、项目数据、供应商数据等进行集中存储和管理。这样可以方便企业进行数据的调用和分析，提高数据的使用效率。根据不同的项目类型、费用类型建立不同的预算体系，并将费用管控体系与过程执行体系融合。通过成本预算模块，将项目预算分析后的结果自动形成材料、人工、措施、分包所需的量和价及总成本。在成本实施过程中将合同签订、预算分析成果、企业库信息紧紧相连形成多维度的预警判断。根据不同的费用类型和组织结构，建立不同的费用管控方案及审批流程。不同的业务和应用场景设有不同的审批流程，根据人员职责自行创建，提高对业务的真实性、合理性审核和效率。同时，审批内容全面展示与资金、合同、发票、异常项等相关数据，让审批人对业务有全面的了解，防止审核误差。建立多维度的成本分析体系，通过对成本数据的多维度分析，可以帮助企业更好地了解成本的构成和变化情况。例如可以对不同项目、不同时间段的成本进行对比分析，找出成本控制的瓶颈和潜力；可以对不同费用类型的成本进行分析，找出可控成本和不可控成本；可以对不同供应商的成本进行分析，找出合作潜力和风险。通过建立风险预警机制，对成本数据监控和分析，可以及时发现潜在的成本风险和问题。例如可以通过对成本的实时监控和预警，及时发现成本超支的情况并采取相应的措施进行弥补；可以通过对供应商数据的分析，及时发现供应商合作的风险并采取相应的措施进行规避。通过数字化手段，建立数字化决策支持系统，为企业决策提供更加准确、全面的数据支持。例如可以通过对成本数据的分析，为企业制定更加精准的成本控制策略；可以通过对市场数据的分析，为企业制定更加精准的市场营销策略。

　　总的来讲，建筑企业实现成本管理数字化需要从多个方面入手，包括建立企业数据库、建立成本预算体系、建立费用管控方案、建立多维度的成本分析体系、建立风险预警机制以及建立数字化决策支持系统。这样才能真正发挥数字化成本管理的优势和价值，提高建筑企业的竞争力和盈利能力。

典型应用场景

【分包管理应用实例】

　　在建筑工程项目中，要想解决分包管理中存在的问题，首先要不断健全和

第九篇
数字化业务场景应用

完善招标的运行、操作机制,制定比较规范的分包工程招标投标方法和具体的操作流程,防止选择的分包单位出现漏洞和受人干扰的情况。其次,借助信息技术手段,建立分包全过程数字化管理应用场景,管控好合同内与合同外分包管理,从而有效防止分包结算中出现的漏洞,包括零工管理、形象进度上报、零工与形象进度确认、结算自动管理等,实现分包过程线上管理与协同。

某企业利用公开招标平台规范分包工程招标投标过程管理,定标后运用电子签章平台实现合同在线签订,并将合同信息推送至业务系统,通过进度计量、零星用工系统实现合同内与合同外用工在线管控。在进度计量方面,按照形象进度要求,主要包括分包队伍上报、工程进度确认、报量商务复核等,建立企业内部合同内进度过程管理,通过形象进度上报、现场拍照确认,达到业务替代的目的。相较传统 ERP 的业务管控模式,实现了管理和运用分离,减少业务系统数据重复输入问题,提升系统易用性和工作效率。在零星用工方面,使用手机移动端做到业务即发生即办理,实现现场发生、现场记录、审批,解决合同外用工管理不规范,结算不及时的问题。通过零星用工数字化管理大幅度提升办事效率,节约人工成本,也避免出现纸质文件丢失等意外情况,提高项目合同外费用的"日结月清"完成度,从而加快项目内部成本锁定速度。

工程履约管理一体化应用

应用价值与意义

通过数字化手段,企业可以更加高效地进行工程管理,减少人力和时间的浪费,降低管理成本。同时,数字化手段也可以提高数据的准确性和可靠性,为企业决策提供更加准确的数据支持。数字化工程履约管理可以提供更全面、更精细的数据支持,帮助企业做出更科学、更合理的决策。例如通过对工程进度的实时监控和预警,企业可以及时发现潜在的问题并采取相应的措施进行解决,避免问题扩大化。数字化工程履约管理可以通过自动化、智能化手段来提

建筑企业数字化系统建设方法论
Construction Methodology of Digital System in Construction Enterprises

高工作效率和质量，减少人力和时间的浪费，降低管理成本。这样可以帮助企业更快地完成工程项目，提高交付速度和质量，满足客户需求。数字化工程履约管理可以通过对资源的实时监控和调度来优化资源配置，实现资源的最大化利用。这样可以帮助企业更好地掌握资源情况，避免资源浪费和短缺，提高资源利用率和效益。数字化工程履约管理可以通过对工程项目的精细管理和优质服务来提高企业的品牌形象和声誉。这样可以帮助企业赢得客户的信任和好感，增强企业的市场竞争力和影响力。数字化工程履约管理可以通过对风险的实时监控和预警来增强企业的风险管理能力，及时发现和解决潜在的问题。这样可以帮助企业更好地应对市场变化和风险挑战，提高企业的稳定性和韧性。例如通过对工程安全的实时监控和预警，企业可以及时发现潜在的安全风险并采取相应的措施进行规避，避免安全事故的发生。

建设路径

要建立统一的数字化管理系统，将各类工程管理数据进行集中存储和管理。系统应支持多种数据录入方式，包括手动录入和自动导入，方便企业快速、准确地录入和管理工程数据。引入智能化技术手段，如人工智能、物联网、大数据等，对工程管理进行自动化、智能化处理。例如可以通过无人机巡检、智能传感器监测等方式对工程现场进行实时监控和预警，提高管理效率和准确性。根据企业的实际情况，建立适合的数据分析模型。模型应支持多种分析方式，包括对比分析、结构分析、趋势分析等，方便企业从多个角度了解工程的履约情况和管理效果。通过对工程管理数据的监控和分析，建立风险管理机制，及时发现潜在的风险和问题。风险管理机制应支持多种预警方式，包括短信预警、邮件预警、APP推送等，方便企业及时采取措施解决问题。通过数字化手段，建立协同管理机制，实现各部门、各环节之间的信息共享和协同作业。例如可以通过数字化管理系统实现工程计划、进度、质量、安全等各方面的协同管理和作业，提高管理效率和协同性。通过数字化手段，建立决策支持系统，为企业决策提供更加准确、全面的数据支持。系统应支持多种决策支持方式，包括

第九篇
数字化业务场景应用

数据分析、预测分析、可行性分析等,方便企业制定更加精准的工程管理策略和市场营销策略。

典型应用场景

【工期节点管理应用实例】

某企业对项目工期节点计划是否执行、执行效果不能线上跟踪,预警信息不能自动反馈,无法实现有效施工工期节点管理。且工期节点管理运维多为人工运维,项目节点进度到期不能自动识别、提醒,导致项目进度维护超期现象严重。工期节点管理维护、台账查询、预警、考核未实现一体化管理,信息化价值没有完全发挥。

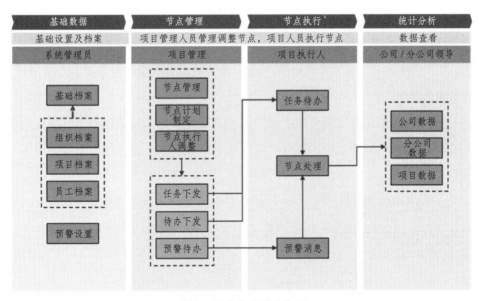

项目工期节点管理系统图

鉴于业务系统管理痛点,通过建设工程施工工期节点管理系统,在项目管理的方面实现促进"大履约体系"的信息化发展,提高项目工期履约意识及工期履约管控能力,助力项目层级协同商务结算、资金回收,提升项目履约品质;

建筑企业数字化系统建设方法论
Construction Methodology of Digital System in Construction Enterprises

在企业管理的方面实现以进度管理系统中节点工期管理为基础，逐步辐射或融合项目商务管理、资金管理，做到全方位、全要素履约，保障业主满意度进而促进市场开拓。

系统使用人员为公司、分公司、项目、执行人四个层级。不同管理层级和不同角色可见功能和数据不同，以此保障信息数据管理的合理性和安全性。公司层级的功能包含公司看板、公司节点情况；分公司层级的功能包含预警模板管理、分公司节点情况；项目层级的功能包含项目看板工作台、项目计划台账、项目节点计划调整、项目节点情况；执行人层级的功能包含负责的节点。

[公司看板] 可查看到组织管辖范围内的所有项目节点情况统计，并且可根据不同状态下的节点任务统计进行节点任务情况查看。

[公司节点情况] 查看并统计公司下各单位的节点任务的完成情况。

[分公司节点情况] 查看并统计分公司下各二级单位的项目节点任务完成情况。

[预警模板管理] 配置预警模板，系统根据配置的预警条件触发预警任务，将预警信发送至相关人员。

[项目看板工作台] 项目上对于节点管理业务操作的统一入口，可直接通过工作台对项目进行节点任务新增、节点任务执行、节点调整等操作，并且进行项目节点情况数据的查看。

[项目计划台账] 项目进行项目节点计划的新增（一个项目只允许存在一个节点计划），新增的节点计划需要由项目管理人员进行审核；系统在计划审核通过后进行任务下发。

[项目节点计划调整] 项目根据实际情况，进行节点计划完成时间与负责人的调整，调整需要填写调整原因并上传附件，系统会记录每次的调整情况并通知负责人进行审批。

【EPC计划管理应用实例】

某企业为提高EPC项目管理能力，建设EPC计划管理系统，贯穿于设计、报批报建、预采购及建造等各个关键环节，对整个项目起到指导、监测、预警和纠偏作用。主要功能包括项目计划台账管理、项目设计任务执行、基础设置。依托企业数字化工作平台搭建，不脱离企业整体生态。

[项目计划台账管理] 项目组根据企业提供的标准项目阶段 Project 模板，经线下编辑后，上传至平台，经过审核，确定为项目设计任务执行计划。项目设计任务计划支持变更，以上传时间为节点进行不同版本的任务融合管理，不同版本文件可供下载查看比对。提供项目级合同信息、进度节点统计信息、执行情况等信息，供子公司、公司各级管理人员查看。

[项目设计任务执行] 与企业门户、任务管理系统结合，系统能根据进度计划的时间要求，执行人/监督人/告知人，预警配置等信息，触发任务的执行、任务预警等信息，推进进度计划执行的便捷性和时效性，实现"让事按计划找人"。

[基础设置] 提供进度计划管理所需的公共属性配置功能，主要包括进度计划标准 Project 模板管理、合同类型档案管理、预警模板设置等。

科技创新管理一体化应用

应用价值与意义

数字化技术可以促进科技创新能力的提升。通过大数据、人工智能等数字化技术的应用，可以对海量数据进行快速处理和分析，加速科研进程，提高科研效率。同时，数字化技术也可以促进科研范式的变革，推动科技创新向更高层次、更广领域发展，促进科技成果的转化和应用。

数字化科技创新平台能够将各类科技创新资源进行集中存储和管理，方便科研人员快速、准确地录入和管理科技创新数据。这可以减少科研人员在数据管理和处理方面的工作量，提高科技创新的效率。实现各部门、各环节之间的信息共享和协同作业，促进科研项目、人员、经费等各方面的协同管理和作业，加强不同部门之间的合作与交流，提高科技创新的协同性和整体效果。可以对科技项目进行全过程管理，实现科技资源的精细化管理和优化配置。可以提高

建筑企业数字化系统建设方法论
Construction Methodology of Digital System in Construction Enterprises

科技管理的水平和效率，促进科技管理的规范化和科学化。可以提高企业的科技创新能力、管理水平和市场竞争力。可以更加高效地进行科技创新和管理，提高产品的质量和性能，满足市场需求，增强企业的竞争力和盈利能力。

建设路径

在建设数字化科技创新平台之前，需要明确建设目标，确定平台的建设方向和功能定位，并进行充分的需求调研和分析。这包括对企业现有科技创新资源的梳理和分析，了解企业科技创新的现状和存在的问题，以及企业对数字化科技创新平台的需求和期望。根据需求调研和分析结果，设计数字化科技创新平台的架构和功能模块。这需要充分考虑平台的可扩展性、可维护性和安全性，确保平台能够满足企业长期发展的需求。根据平台的设计要求，选择合适的技术方案进行平台开发。这包括选择合适的编程语言、数据库、云计算平台等，确保平台的技术先进性和稳定性。根据设计方案进行数字化科技创新平台的开发。这需要充分考虑平台的易用性、稳定性和安全性，确保平台能够满足企业的实际需求。在平台开发完成后，需要进行测试和优化，确保平台的稳定性和可靠性。这需要进行功能测试、性能测试、安全测试等，确保平台能够满足企业的实际需求。在测试和优化完成后，将数字化科技创新平台上线并进行运营。这需要对平台进行持续的维护和升级，确保平台的稳定性和可靠性，并为企业提供优质的科技创新服务。

数字化科技创新平台需要具备良好的易用性和用户体验，才能吸引科研人员使用并提供优质的服务。因此，在设计和开发过程中，需要充分考虑平台的交互设计、界面设计等方面，提高平台的易用性和用户体验。因此，在设计和开发过程中，需要充分考虑平台的扩展性和灵活性，确保平台能够满足企业长期发展的需求。

典型应用场景

【方案管理应用实例】

某企业搭建一个企业级方案管理业务数据可视化分析与展示平台，提供集

第九篇
数字化业务场景应用

数据采集、数据处理、数据分析、数据可视化于一体的完整解决方案。实现三方面功能，一是实施方案计划整体生命周期可追溯；二是实施方案计划实时预警，到达预警节点，提前提醒对应人员；三是实施方案计划需线上完成完整审批流，特殊计划对应特殊审批。总体有七个方面：

[以项目看板作为工作台，支持一站式业务入口] 可以从工作台直观看到各阶段方案数量，通过编制总数、内部论证总数等按钮可以进入各阶段的单据详情，查看单据当前审批状态。

[方案全过程进展列表详情] 台账数据自由地进行多维数据排序、条件筛选，并将一定基础的数据分析功能交给用户自定义。一条方案单据各阶段的节点信息可通过点击直接响应到各阶段详情页。

[超期方案统计，超期原因记录] 以方案维度记录此方案是否超期，点击超期原因进入超期原因编辑页面。方案存在同时编制超期，论证超期，复核超期等情况，如出现超期，则需对超期做出超期原因注明。

[实施方案滞后统计] 以项目统计项目有方案施工及无方案施工的数量汇总，点击查看数据可查看到该项目的实施方案滞后情况。项目的实施方案滞后情况支持导出，筛选。提供直观的数据指标分析，实现拖拽式交互，让业务人员可以直接参与业务数据分析过程。

[支持看板数据穿透] 支持大屏触屏互动，实现指标看板穿透查看统计报表和台账，并支持台账穿透查看记录详细数据。

[支持定制审批流] 支持个性化审批流，各企业可根据本单位自身情况定义审批流。实现审批时长监控，系统自动计算各层级审批时间，为数据分析提供信息支撑。

[方案与智库打通] 所有方案附件汇总到知识空间，实现附件在线预览功能，同时可以通过检索功能快速定位需要查找的附件。同时所有方案数据通过智库汇总，通过智库存储、管理、共享，便于用户检索资料，参考历史方案。

核心价值有如下四点：

建筑企业数字化系统建设方法论
Construction Methodology of Digital System in Construction Enterprises

[方案全流程管理，提升项目方案管控力]

项目方案从总计划出发，分方案计划、方案编制、方案论证、方案交底、方案复核、方案验收、实施监测，并由方案管理详情页统一管理，通过方案管理详情页，可查看方案全生命周期中所有记录，有助于进度监控和管理留痕，为管理层和项目人员提供决策依据。方案总计划可以收集好项目实施过程中所有的方案，并结合预计的现场施工时间系统规划方案实施时间，协调资源需求，提升项目的执行效率。项目管理人员可在项目开始施工之前通过方案总计划进行规划，明确项目方案的目标、范围、时间、成本和质量要求等，为项目提供明确的指引和计划，确保施工按计划高质量完成，最大程度地实现项目目标和节约成本，同时可以通过方案总计划的监控和调整机制，及时发现和解决施工中的问题，确保项目总体进展顺利。

[方案多层级看板，项目方案管理可视化]

方案管理分为项目管理工作台和企业管理工作台，使项目管理人员和企业管理人员可以清晰地了解项目方案进展和相关状态。项目管理工作台为项目管理人员提供了方案实时信息和数据支持，用于监控项目方案中各个方案实施情况，有助于项目管理人员制定全面且合理的方案，并跟踪方案的执行进度，确保每个方案得到有效执行，有助于项目施工的顺利进行，提高项目方案管理水平。企业管理工作台通过组织权限隔离分成分公司层级、公司层级、集团（局）层级，通过方案看板的可视化，能够帮助管理层与项目层高效地协作，及时发现方案问题并采取措施，优化资源调配，包括人力资源、物资设备等，保障项目方案的按时完成和质量达标，从而提高工作效率并降低管理风险。

[风险预警与分析，降低项目方案管理风险]

系统将根据项目制定的方案管理计划，提前三天预警项目人员及时编制施工方案。企业管理工作台提供方案超期预警与方案超期统计，方案超期预警为管理层提供即将超期的项目方案数据，可提早帮助管理层及时发现项目施工可能出现超期的问题，识别项目进展中的潜在风险，包括方案进度延迟可能导致

第九篇
数字化业务场景应用

的质量问题、资源不足等，管理层可以及时调整资源分配和施工计划，合理分配人力、物力和财力，以确保项目按时完成，提高管理效率，为项目的成功实施和客户满意度提供保障。方案超期统计对项目方案的执行进度进行实时统计和分析，通过超期统计，可以加强对无方案施工的监督，提高方案实施效率，并预测项目施工的完成时间，帮助管理层分析项目施工过程中可能存在的问题和风险，并为重点项目管控提供相关数据，更好地管理资源和项目优先级，确保关键项目施工的及时完成。方案超期统计还可为绩效评估提供客观的数据依据，帮助评估管理人员的执行效果和个人绩效。

[建立系统方案库，提升企业综合竞争力]

方案管理系统中所有方案数据通过智库汇总，通过智库按工程类别存储、管理、共享。便于用户检索资料，参考历史方案。新项目可以参考以前类似项目的方案，快速获取相关施工方案，避免重复劳动，提高工作效率，降低时间成本，从而提升项目管理效益。管理人员可以通过查阅历史方案来做出决策和制订计划，并识别潜在的风险，制定好相应的风险对应措施，智库也为管理人员提供学习和借鉴的机会，有助于提升专业水平和专业技能。此外，智库还为项目验收和审计提供依据。通过有效的管理和利用智库，可以提升企业的综合竞争力并为企业带来更好的经济效益。

【科技智库应用实例】

某企业长久以来积累了大量的科技成果资源，各种类型的工程文件与资料、各个层级的科研课题研究成果、针对生产及企业管理需求而形成的各类管理制度、体系等，是极其宝贵的科技成果资源。据了解，但目前大部分的工作成果文件都以电子文档方式进行存储与保存，各类科技成果资源储存较分散，无统一整合、统一搜索和有序利用，应用现状如下：

[成果管理方面] 由于成果分散存储在各个部门以及各个员工手中，多种成果资源相互孤立，各自为政，成果资源集中程度不高，没有形成统一管理，导致单位员工使用不太方便。

建筑企业数字化系统建设方法论
Construction Methodology of Digital System in Construction Enterprises

[成果资源整合深度方面] 机构各种研究报告与成果、专利文档、图纸、工程文档、研究成果、标准规范等有价值信息，没有进行过全面的整合入库，使用时需要分散查找、翻阅历史文档等，严重浪费了工作时间，降低了工作效率。

[部门沟通方面] 部门之间缺乏共同的科技成果共享与交流的平台。工程项目往往涉及多部门多专业合作，需要进行资料互提，经常出现不知道向谁获取，或者在向别的部门提需求时被曲解或执行时遇到协调难的问题。导致很多工程项目遇到的相同问题无法做到部门之间资源共享，互通有无，相互交流。

[科技成果留存方面] 大量工作成果掌握在员工个人手中，没有统一的渠道对员工的科技成果进行收割管理，如对企业最有价值的工程建设方案、成果、和方法等，随着员工工作变动，造成大量科技成果的湮没和科技成果资源的流失。

基于以上现状，企业计划围绕发展需要，以自有科技成果数据库作为科技成果管理与服务平台的核心和科技成果深化、交流、共享的基础，同时兼顾与其他系统的兼容与对接，建立科技智库平台，设置科技成果门户、科技成果仓库、科技成果搜索、科技成果专题、科技成果导航、个人科技成果提交与管理等功能，提供强大搜索工具，方便快速检索、查阅相关科技成果，融入业务工作全过程，实现企业内部科技成果保存与使用。同时在整个科技智库的基础上，完善科技成果共享机制，鼓励员工将个人科技成果分享与提交到科技成果管理与服务平台中，实现企业科技成果的有效沉淀和安全控制。结合科技成果管理周期的特性与企业内部的实际情况，项目整体目标从短期和长期可分两个层次进行建设。

[项目短期目标] 初步建成科技智库平台的基础模块。将内部各种来源的科技成果，包括研究报告与成果、专利文档、图纸、工程文档、研究成果、标准规范等加工成符合规范格式的数据，整合内外部各类科技成果资源及业务系统资源，并全部导入系统底层科技成果库，提供科技成果检索、科技成果浏览、科技成果导航等基础科技成果管理服务，构建内部初步的科技智库平台。

[项目长期目标] 建成完整的科技智库平台。在构建完成的初步的科技智库平台的基础上，构建匹配内部需求的科技成果地图、专家库、科技成果社区、

第九篇
数字化业务场景应用

业务培训等支撑系统,将科技成果管理融入业务全过程,充分发掘科技成果的价值,实现科技成果资源池的再沉淀和循环更新。

科技智库平台既是企业内信息化建设的基础支撑平台,同时又是为创新提供服务的创新中心和科技成果基础设施,平台建设以后方便与其他平台的集成统一以及在业务需求发生变化的情况下能够动态扩展,在设计架构和理念上是与企业整体信息化建设紧密结合。平台建成上线后,除了满足机构内部的科技成果管理与应用需求外,还要实现科技成果的外部转化与成果增值服务,为其子企业、分支机构提供成果应用与服务。因此整个系统按层设计,每层之间通过松散耦合的方式相互通信,自下而上分别由资源层、资源整合层、资源库层、服务层、应用层以及展示层组成,同时为了系统的标准化有相应的数据标准,为保障系统的安全需要有安全访问控制层,其详细的系统架构如下:

[资源层] 主要包括各种不同来源的科技成果资源,包括已有研究报告与成果、专利文档、图纸、工程文档、研究成果、标准规范资料;内部已有的OA系统等不同来源的异构资源;需要从互联网采集的市场新闻和行业动态或已购买的商业数据资源。

[资源整合层] 资源整合层主要是起到分散的各类资源与科技成果库应用之间的桥梁作用,包括资源批量入库、资源加工、数据挖掘分析、资源标引、全文索引、科技成果挖掘、关联分析等各类智能挖掘功能,从而更好地为上层应用服务。

[科技成果库层] 这一层是整个系统的核心基础层,它为上层的应用系统提供数据服务。内部所有的科技成果资源通过标引、入库都汇聚到这里进行存储和管理,包括内部整合的施工或设计图纸、施工规范与标准、成果文档、档案资料以及各系统、各部门收集整理的部门科技成果、员工个人提交的科技成果文档等内容。

[服务层] 服务层连接了最核心的科技成果库层与上层的应用层,为了保护底层数据和应用的安全,服务层提供用户管理、权限管理、安全管理等内容。

建筑企业数字化系统建设方法论
Construction Methodology of Digital System in Construction Enterprises

[业务应用层]这一层主要是为用户提供服务的功能，围绕科技成果门户和科技成果库两大核心应用提供科技成果检索、科技成果导航、科技成果专题、个人科技成果提交等一系列功能和应用子系统，各个业务应用之间相互集成统一。

[访问层]访问层是整个系统的总入口，以门户的形式为用户提供服务，集成了科技成果库、最新科技成果、单点登录，用户可以通过 Web 浏览器以及手机 H5 页面进行访问与使用。

通过系统的总体框架和企业需求，将整个系统分为五个主要的核心子系统：企业科技成果库建设子系统、资源加工子系统、资源整合子系统、资源发布服务系统、后台管理子系统。各个子系统根据各自的功能特点又划分出很多功能点。

科技智库平台建设打通了科技成果的数字化生产-加工-管理与服务的全流程、全生命周期，融合了成果管理的数字化加工技术、知识管理技术与知识服务技术等相关核心技术，助力科技成果的高效管理与智能应用、服务，提升企业创新能力，主要核心技术有：

[版权保护技术]基于数字水印、访问权限控制、防火墙等版权保护手段和措施，对企业的科技成果资源进行版权保护，确保内部成果的安全传播与共享。

[全文检索技术]多粒度、多级索引，支持对科技成果的全文进行检索，单击全文检索速度快，并支持跨库、跨成果类型的全文检索。

[大数据分析、存储技术]平台应用大数据分析挖掘技术、大数据语言处理技术、大数据存储技术。

[精准传播及智能知识服务]多维度导航、智能检索、工程知识包、碎片化阅读。

[分层多样成果库分类]成果数据挖掘与知识关联，构建多维成果导航，形成多层成果分类等级，将海量数据进行条理化、层级化梳理。

[精准定位检索]对成果数据的细粒度加工，支持按照题名、作者、单位以及全文碎片化文段进行成果检索，检索更精准、更高效。

第九篇
数字化业务场景应用

[碎片化透视浏览]对成果数据深度结构化加工和成果文献元数据自动解析,支持透视阅读、版式阅读和碎片化浏览。

科技智库平台的建设,打通了科技成果生产、传播、转化与应用各环节,实现了成果数据的自动汇聚、知识资源碎片化处理及精准检索与智能服务,为企业决策、科研、业务、生产等工作场景,提供了智力支撑,提升了企业动态战略管理、科学决策、科研创新、业务提效等核心能力。

党建管理一体化应用

应用价值与意义

数字化党建管理可以通过建立数字化平台,实现党务管理的自动化、信息化和智能化,提高管理效率。例如通过数字化平台可以实现信息的快速传递、数据的实时更新和工作在线管理,大大提高党务管理的工作效率。数字化平台可以减少纸质文件的打印和传递,降低文件管理的成本,同时,可以实现信息共享和数据分析,为决策提供更加科学的依据。这不仅降低了党建管理的成本,也为党建工作提供了更加全面、准确、及时的信息支持。数字化平台可以实现信息的实时共享、数据的实时分析、工作实时监控,为党建工作提供更加全面、准确、及时的信息支持,推动智慧党建工作创新。这有助于实现党建工作的精细化、科学化,提高党建工作的质量和效果。数字化党建管理可以通过在线学习、远程会议、虚拟互动等形式,促进党员与组织之间的有效互动,实现信息的双向流动。这有助于加强党员的教育和管理,提高党员的政治素质和综合能力。数字化党建管理可以加强党员之间的联系和沟通,促进组织内部的团结和协作。这有助于提升组织的凝聚力和向心力,增强组织的战斗力。随着数字时代的不断发展,党建工作也需要适应时代发展趋势,加强数字化管理和创新。数字化党建管理可以通过引入数字化技术手段,实现党建工作的智能化、信息化和网络化,适应数字时代的发展趋势。

建筑企业数字化系统建设方法论
Construction Methodology of Digital System in Construction Enterprises

建设路径

在建设数字化党建管理平台时，需要整合企业现有的党建资源，包括党员信息、党组织结构、党建活动等，确保平台的完整性和准确性。根据企业的实际情况和党建工作的需求，设计合理的功能模块，包括党员管理、组织管理、活动管理、学习教育等模块，满足企业的实际需求。由于党建工作涉及敏感信息，因此在设计和开发过程中需要充分考虑平台的安全性措施，包括数据加密、权限控制、访问控制等方面，确保平台的安全性。为了提高平台的易用性和用户体验，可以采用简洁明了的界面设计、易于操作的交互设计等方式，提高平台的易用性和用户体验。由于企业的党建工作是不断发展的，因此在设计和开发过程中需要考虑平台的可扩展性和灵活性，以便在未来能够满足企业不断发展的需求。

典型应用场景

【智慧党建应用实例】

某企业以现代化信息技术为支撑，将传统党建工作与互联网理念相结合，打造"互联网+党建"的新模式，建设集宣传、管理、学习、服务、互动、监督等功能于一体的智慧化平台。通过分析党员数量、年龄构成、学历构成、党员发展情况等，加强基层党组织建设。通过分析党员教育、三会一课开展情况，帮助党员在碎片时间利用手机随时随地学习。并能记录基层党组织开展的党建活动及日常领导关怀情况，展示基层党组织的党建工作主要思路及特色党建品牌形象说明，展示基层党组织中的优秀共产党员及先锋模范，引领广大党员干部群众以榜样"为镜"，形成比学赶超的浓厚氛围，凝聚奋发进取的磅礴力量。

智慧党建将传统党建工作与互联网理念相结合，打造"互联网+党建"的新模式，集宣传、管理、学习、服务、互动、监督等功能于一体，深度践行央国企党建最后一公里，党员同志亮身份、受监督、守承诺，实现智慧党建作为服务生产、服务党员、服务员工的主阵地，促进党建和生产经营活动向纵深融合。

第九篇
数字化业务场景应用

机械设备管理一体化应用

应用价值与意义

数字化技术可以使建筑企业机械设备的管理更加精准和高效。通过物联网+人工智能技术，将机械设备的进场、施工、调度、结算等全流程进行智能化管理，能够实时监控机械各项状态，使管理人员可以及时督查现场情况和进行远程指导管理。这种方式能够大量节约人力和物力，提高管理效率。数字化技术可以实现建筑企业机械设备的实时监管，搜集并处理大量数据，为施工成本管理决策提供更准确的依据。此外，数字化平台能够使结算流程更加明晰，避免现场施工人工统计数据发生的误差和管理失控，进一步提高决策的准确性。数字化技术可以对建筑企业机械设备进行实时监控，了解设备的运行状态、位置和使用情况等信息。这有助于优化机械设备的资源配置，提高设备的利用率和效率，减少资源的浪费。数字化技术可以搜集并分析大量数据，为建筑企业的决策提供数据支持。通过数字化平台，企业可以更好地了解设备的性能、使用情况以及维修保养需求等信息，实现数据驱动决策，提高企业的决策效率和准确性。数字化技术可以通过精准管理和优化资源配置等方式，降低建筑企业在机械设备方面的成本。同时，数字化技术还可以通过减少人力和物力的浪费，降低企业的运营成本。

建设路径

要实现建筑企业机械设备数字化管理，首先需要明确数字化管理的目标，例如提高管理效率、降低成本、增强施工安全性等。然后，需要确定数字化管理的范围，包括机械设备的种类、数量、位置等信息。建立数字化管理平台是实现机械设备数字化管理的关键。数字化管理平台应该基于云计算、大数据、物联网等技术，具备设备数据采集、存储、分析、可视化等功能。数字化管理系统可以实现机械设备全生命周期管理，包括设备的采购、租赁、使用、维修、报废等环节的数字化管理。通过数字化管理系统，可以实时监控设备的状态,搜集和分析设备的使用数据,为设备的维护和维修提供数据支持。通过应用物联网技术,可以实现建筑企业机械设备的实时监控和远程管理。在机械设备上安装物联网传感器,可以实时监测设备的状态和位置信息,并将数据传输到数字化管理系统中。这可以帮助管理人员及时了解设备的运行情况和位置信息,实现设备的精准调度和远程管理。数字化管理系统应该实现数据共享和开放。企业内部的不同部门和不同层级可以共享数字化管理系统的数据,实现数据的统一管理和协同办公。同时,数字化管理系统应该开放数据接口,与第三方应用系统进行集成,实现数据的共享和开放。数字化管理系统应该加强数据分析功能,通过数据挖掘和分析,为企业的决策提供更准确的依据。例如通过分析设备的使用数据,可以预测设备的维修周期和更换周期,为企业节省成本。同时,数据分析还可以帮助企业了解市场需求和客户需求,为企业创新和升级提供支持。建筑企业应该逐步提高机械设备的智能化水平,应用先进的传感器和智能控制技术,实现设备的自主控制和智能调度。为了保障数字化管理的有效实施,需要制定相应的管理制度和流程。包括设备的采购、租赁、使用、维修、报废等环节的管理制度,以及数据采集、存储、分析、可视化等流程。

典型应用场景

【大型设备安全管理应用实例】

某企业随着经营规模的持续增长,大型机械设备数量剧增,传统的管理手段已经无法满足大型机械设备安全管理的需要,亟待运用现代化信息技术改变监管方式。

设备管理方面存在以下问题:一是项目管理人员业务能力不足,检查验收流于资料;二是基础性工作重复进行,一线人员工作任务繁重;三是各岗位人员责任心不够,岗位履职不到位;四是对设备分供方履约考核无资料支撑。

设备全流程管理是借用信息化手段解决管理难点问题。设备管理信息化工作主要包括以下几个方面:项目库、项目地图、危大工程、设备库、管理人员花名册、文件库、供应商资源库、设备需求计划、超前验收、进场验收、设备

第九篇
数字化业务场景应用

检查、维护保养、设备作业、特种作业人员库、租赁公司库、优秀做法推荐库等的建立，实现各种基础性资源的共享，减轻一线作业人员负担；APP内置标准验收做法、验收示例视频，验收人员活学活用，进行设备超前验收、进场验收、基础验收、安装验收、附墙顶升验收、设备拆除全生命周期的规范化、标准化管理；借助360摄像头、执法记录仪等监控手段，监督各岗位人员切实履职到位；检查复查、维修保养、排名与应用等功能对租赁公司的管理履约情况进行记录统计，为租赁公司的考核提供可追溯的依据。

[项目库] 项目立项后自动生成项目库，项目库中包括项目名称、建筑面积、形象进度、当月产值、累计产值、管理人员数目、劳务名称、现阶段危大工程、设备，根据状态变化由项目相关管理人员进行维护。系统自动同步企业主数据中项目基本信息。打开项目详情，可以查看项目基本信息、产值信息、管理人员、劳务队伍、危大工程、在场设备等，部分数据可以通过项目管理系统自动同步，无数据源数据由项目管理人员进行维护。

[项目地图] 在系统地图控件中自动加载项目库中项目，点击项目可以查看项目详情，方便管理人员掌握项目情况。

[危大工程] 项目开工后，根据项目情况，整理项目危大工程清单，对危险因素、危险等级进行评定。对危大工程的施工方案、施工、验收、监测进行过程管理。在系统内新增危大工程清单，在危大工程施工前系统内编制方案并完成方案评审；在实施过程中在系统内登记实施过程，施工完成后在系统内发起验收，如存在不合格项则下发整改，整改完成后复查。在系统内登记危大工程进行监测记录。

[设备库] 设备进场后，项目设备管理员登记设备在场台账，设备异动时，及时更新台账。定期上报企业汇总，形成企业在场设备台账。设备进退场后在系统内自动生成在场设备台账，并自动汇总生成企业设备台账。各级管理人员可以查看设备详细信息、设备履历、设备相关证照信息。

[管理人员花名册] 企业业务线有相关岗位人员需求时，业务线条领导根据

建筑企业数字化系统建设方法论
Construction Methodology of Digital System in Construction Enterprises

业务线人员花名册人员信息进行查询，合理进行人员调动。系统自动同步人员基本信息，员工本人与项目人力专员可以对人员信息进行维护。业务线领导可以查看本业务线相关人员信息，方便人员调配。

[文件库] 在系统内可以维护、审批相关制度、法律法规、发文、优秀案例等相关文件。在系统内支持对文件进行搜索、查看、下载。

[供应商资源库] 供应商可以在系统内维护设备资源库，填写设备信息，上传设备相关证照。可以维护设备状态。项目提出设备计划后，会自动推荐匹配各供应商设备资源。

[设备需求计划] 项目开工后，根据施工组织设计，设备配备方案及工程进展，提交设备需求计划，完成评审后启动设备调拨或租赁工作。在系统内编制设备需求计划，系统会自动根据设备供应商资源库中的资源进行计划匹配。线上发起计划评审。

[超前验收] 由项目设备管理人员开展，在设备进场前去租赁公司仓库或者工地对要进场的设备进行验收，按照验收表格要求，给出验收通过或不通过的验收意见，验收通过方可进行进场验收。系统内登记超前验收，在线上发起验收评审，评审通过后后续才可办理进场验收。

[进场验收] 项目设备主管根据企业要求.对照验收表格，对进场设备进行逐项验收，给出验收通过或不通过的验收意见，验收通过后方可进场。在系统内办理进场验收，根据预设项目逐项验收，如存在不合格项，在线发起整改，整改完成后进行复查。验收通过后，进场验收单中的起租日期、进场费用同步到项目管理系统，作为后续办理结算的依据。

[设备检查] 项目设备主管根据企业管理要求，对在场的高危设备或设备的高危作业进行检查，根据不同设备采用相应的检查标准。排除设备使用隐患，避免项目损失。设备管理员可以通过手机对在场的设备进行检查。选择检查设备后，设备相关信息自动带入，并根据设备的类别，自动加载相对应的检查标准。设备主管根据检查标准逐项检查。并拍摄记录检查部位及过程。完成检查系统

自动生成检查台账。

[维护保养] 为了确保设备的正常使用，设备使用过程中，需要根据设备使用情况，对设备进行维修保养，记录维保内容，维保单位、发生费用等。设备管理员可以在线登记设备维修保养情况。支持 PC、移动双终端应用。通过系统在线记录设备维修保养记录，选择维保设备，填写维保级别，保养日期，维修内容、并可拍照上传维保相关的附件。

[设备作业] 设备作业前，编制作业方案，办理作业申请，申请通过后，方可进行作业。作业过程中组织相关人员进行旁站。作业前在系统内办理作业申请，填写设备作业方案。对作业人员的信息及作业过程进行旁站记录登记；系统内通知相关人员办理验收工作并填写验收记录。

工厂建造管理一体化应用

应用价值与意义

建筑工业化装配式建筑智能工厂的建设有助于推动建筑行业的可持续发展，通过标准化设计、工厂化生产、装配化施工，减少人工操作和劳动强度，确保构件质量和施工质量，从而提高工程质量和施工效率，实现建筑行业的绿色和可持续发展。

智慧工厂采用数字化、智能化技术，可以实现生产过程的自动化和信息化，减少人工干预，使生产过程更加高效、准确，从而提高生产效率，可以在很大程度上降低生产成本，包括人力成本、物料成本、管理成本等。这是因为智能化生产可以减少人工干预，降低废品率，提高材料利用率，减少库存等。智慧工厂采用数字化、智能化技术，可以实现生产过程的精确控制，从而确保产品质量的稳定性。此外，通过智能化检测技术，可以实时检测产品的质量，及时发现并处理问题，从而提高产品质量。智慧工厂的建设是传统建筑业向现代化建筑业转型的重要手段，它可以推动建筑业的产业升级，提高建筑业的整体竞

建筑企业数字化系统建设方法论
Construction Methodology of Digital System in Construction Enterprises

争力。智慧工厂的建设可以减少对环境的污染，降低能源消耗，实现可持续发展。例如通过采用节能技术、绿色建材等，可以降低建筑的能耗和碳排放；通过工厂化生产，可以减少现场施工对环境的影响等。

建设路径

对于智慧工厂的建设，需要对工厂进行全面的规划，包括生产流程、设备选型、生产线布局、物料管理等方面。规划需要考虑智能化、自动化、绿色环保等方面，以提高生产效率、降低成本、减少对环境的影响。选择合适的智能化技术是建设装配式智慧工厂的关键，需要根据实际情况选择适合的智能化技术，包括机器人技术、自动化设备、数据采集分析系统等。建立完善的信息管理系统可以提高工厂的管理水平，实现生产过程的全面监控和数据采集，从而更好地掌握生产情况，提高生产效率。建立智能监控系统可以实现工厂的安全监控、设备监控、生产过程监控等，对异常情况进行及时处理和预警，提高工厂的可靠性和稳定性。另外智慧工厂需要注重质量控制，建立完善的质量管理体系，采用先进的检测设备和检测方法，确保产品质量的稳定性和可靠性，并优化物流管理，对工厂的物料、半成品、成品等进行科学的管理和规划，实现物料的快速周转和准确配送，提高工厂的效率，降低成本。

对于智慧工厂管理平台的建设，智慧工厂产生大量的实时数据，包括设备数据、生产数据、质量数据等，这些数据对于实现生产过程的监控和优化至关重要。因此，需要利用物联网技术和传感器网络，将设备与平台连接起来，实现数据的实时采集和传输。同时，还需要建立数据标准和规范，确保各类设备和系统能够进行数据交互和集成，形成全面的生产数据视图。建立企业级的生产、能源、物流、设备等主要业务的集中数字化运营管控平台，以三维数字化工厂地图为基础，作为企业级的管理看板为各级管理层提供企业重点的生产指标运营信息。该数字化平台将作为企业的全方位运营数据来源，整合提取经营、生产、能源、设备、物流等各业务数据，为构建企业的大数据管理和分析系统提供全方位的数据支撑。建立企业级的工业互联网平台，工业互联网平台是实现工厂

第九篇
数字化业务场景应用

智能化转型的关键,通过连接设备、人员和服务,实现生产过程的透明化和智能化。工业互联网平台可以提供各种服务,包括设备监控、生产管理、数据分析、智能优化等。通过智能化决策支持系统,可以对大量的数据进行分析和处理,提供更加精准的决策支持,包括生产优化、能源管理、质量管理、设备维护等。

典型应用场景

【建筑工业化智能建造管理平台应用实例】

某企业按照"统一规划、统一标准、统一建设、统一管理"的原则,依托新一代信息技术,打通装配式建筑项目设计、生产、运输、施工全过程,达到智能化生产和智慧化管理自动在线分析,在线检查、在线考核、风险线上预警,最终实现装配式建筑产业"标准化、产业化、集成化、智能化",助推装配式建筑产业高质量发展。计划建设建筑工业化智能建造管理平台,实现专业化协同,多层次呈现,面向装配式项目、构件工厂,针对装配式项目构件智慧施工全寿命期进行管理,从设计、生产、施工各环节实现互联、互通、共享、共创。

提高工厂生产效率,释放产能,加强管控。

实现工厂管理和项目管理的标准化、流程化和精细化。

实现设计、生产、物流、施工、装修、运维等多个阶段的信息共享和传递。

打通集团(局)、公司、区域公司、构件厂、装配式项目等多个层级。

逐步建立企业装配式知识积累和装配式指标库。

逐步搭建装配式建筑生态圈产业平台。

平台采用微服务技术架构体系,集成 BIM 和物联网等技术,实现基于 BIM 的装配式项目的构件生产和现场施工集成。在构件生产环节,建立预制装配式建筑构件编码体系,通过二维码实现构件从深化设计、订单、生产、运输、安装全生命周期管理。在现场施工环节,项目部可以直接通过 BIM 模型进行构件的全过程管理,根据项目现场安装计划,基于 BIM 模型分批次下订单给工厂,工厂完成生产运送到项目现场,实现构件签收、验收、堆场、安装、竣工交付等全流程管理。

建筑工业化智能建造管理平台包含智慧工厂和智慧施工两大业务管理系统。

建筑企业数字化系统建设方法论
Construction Methodology of Digital System in Construction Enterprises

智慧工厂管理平台模块包括项目管理、合同管理、BIM模型管理等；智慧施工管理包括项目管理、标准资料管理、构件管理、工程管理、经营管理等模块。

智慧工厂管理平台模块表

主要功能模块	功能描述
项目管理	指装配式项目信息管理包括项目信息、上传项目立项所需资料、参与方管理、构件信息维护、项目进度等，对已添加项目进行修改、保存、更改状态等，以列表、图例进行项目展示，鼠标悬停，显示相关列表或图例显示项目详情
合同管理	合同信息管理（如：合同名称、签订日期、供货厂家名称等，合同文件以附件形式进行导入，支持PDF格式、JPG格式及WORD格式），对合同的执行和结算等过程信息进行跟踪，对合同资金支付进行管理
BIM模型管理	针对不同项目导入相应的模型，支持模型轻量化显示，支持显示模型的参数，查看BIM构件模型信息
构件清单	从模型中导出构件清单信息台账，可查看构件明细、图纸、模型等资料
技术方案	技术方案的报批流程管理及存档，包括常规技术方案和专项技术方案
技术资料	技术资料审批流程管理及存档
施工过程资料	（1）各施工工序记录可通过手机采集，包括照片、视频、录音等； （2）各工序责任人或者验收人可通过手机操作确认； （3）相关记录自动生成标准表格； （4）后台授权编辑、增减表格编辑功能，以及工序流程的编辑
智能下单	根据项目现场安装计划，分批次下订单给工厂，工厂完成订单的确认、生产、交付等全过程管理。项目部根据楼层、构件类型等批量选择构件，生成采购清单，清单支持编辑（修改、删除、增加）。清单生成后，自动转入审批环节，审批流程结束后即可由系统直接推送至厂家移动端。相应的订单可导出，支持在线打印
订单确认	厂家登录移动端接收订单信息，显示项目合同订单及相应业主发来的订单明细，厂家确认接收业主下发订单
订单查询	所有已接订单，列表展示，支持排序，支持打印台账、支持导出。厂家已发货信息在订单管理中显示已发货，显示关键信息
订单发货	构件生产完成后，厂家根据订单选择对应构件，确定发货单信息，发货信息填报完成即可以推送到甲方。厂家可以根据发货单中的构件信息生成二维码，支持二维码打印
发货管理	对构件发货出厂的管理，包括发货单生成、发货单打印、运次管理、发货退回、发货明细查询，支持查询发货单对应的车辆物流信息，通过发货单可查询相应订单状态信息

第九篇
数字化业务场景应用

续表

主要功能模块	功能描述
进场验收	对工厂发运到项目现场的构件，项目工作人员要通过移动端和构件二维码，实现构件的签收、验收工作，待验收合格后，拍照上传，上传现场验收照片及验收单。验收不合格构件，填报理由、上传照片后，选择处理办法（返场、现场解决），后推送给厂家
堆场管理	项目现场实现对构件堆场的自定义设置，通过BIM模型实现堆场管理可视化，实现堆场构件的实时动态数据查询，并管理各堆场位置及名称。点选构件信息或构件模型，显示放置堆场位置信息（可视化展示）或点选堆场中的构件显示构件的名称。包括构件堆放时间、管理人员、预计安装时间等
安装管理	项目现场实现对构件的安装、验收、交付等全过程的管理，记录上传安装过程的照片、视频和相关责任人员信息、日期时间等
交付验收	对现场构件的交付验收进行管理，记录交付验收时的照片、视频和相关责任人员信息、日期时间等
构件数据可视化管控	以大屏形式展示项目大数据的对比统计分析，包括项目形象进度、构件全过程状态管理、项目完成率、项目数据统计、项目经营分析等 模型轻量化展示，通过不同颜色展示不同的状态。模型可进行筛选，选择某一状态的模型，进行统一展示。可导出构件统计数据。默认以单体楼栋展示每层构件安装情况。系统支持自定义构件状态对应的颜色
设备管理	设备布置计划→设备选型→采购/租赁申请审批→设备进场安装→设备使用及维护→设备退场。 设备管理包括设备类别维护、设备信息维护、保养内容模板、点检内容模板、设备年度检修计划、设备年度检修登记、设备保养登记、设备点检登记等
人员管理	实名制管理→与政府联网→上传合同→日常考勤→工资发放（发放工资银行流水）→允许与现有实名制管理系统链接
场布管理	平面布置图管理包括场地周边道路交通情况→工程分区及施工进度→主要施工阶段划分→各阶段机械设备运行情况、移动机械流线→各阶段施工道路、原材区、加工区、成品区、作业区细分
质量管理	（1）常规施工质量管理 分部分项工程工序拆分→工序工艺→编制作业指导书、技术交底卡→过程质量检查、技术复核→过程各方验收→进入下道工序。 （2）构件施工质量管理 构件厂检验合格→构件厂出厂及运输→构件运输到现场→资料检查→实体质量检查→构件卸车存放→结构位置、尺寸复核→构件安装→安装质量验收→构件塞缝、注浆→现浇层施工。 （3）施工质量相关信息查询

建筑企业数字化系统建设方法论
Construction Methodology of Digital System in Construction Enterprises

续表

主要功能模块	功能描述
安全管理	（1）常规施工安全管理 （2）构件施工安全管理 ①安全监控系统：现场监控＋设备监控＋吊钩可视化 ②教育培训：进场教育交底→安全培训记录→安全考核 ③检查整改：发现问题上传隐患→整改责任人确定→隐患消除 ④行为活动：班前会＋安全活动月 ⑤应急体系：应急方案＋人员名单及电话＋救援路线＋外部力量／人员和联系方式 （3）施工安全相关信息查询
竣工验收	（1）分部／分项验收管理 包括班组自检→项目质量管理部门过程检查→重要工序报公司质量管理部门验收（如验收不通过自动返回流程）→监理验收→分部工程报质量监督机构验收→进入下个分部／分项工程。 （2）竣工验收管理 包括基础验收→主体验收→节能验收→电梯验收→其他分部验收、环境监测→消防验收、人防验收、环保验收等→竣工预验收→联合验收
到场验收	施工方通过移动端扫描构件二维码进行进场验收
堆场查询	施工方可以在移动端查询构件和堆场关联信息
构件安装	施工方通过移动端记录上传构件安装过程资料
交付验收	施工方通过移动端记录上传构件交付验收资料
综合信息	平台其他相关功能，包含项目管理信息

整个平台可划分为三个层级：现场应用层、数据处理层、数据展示层。其中：现场应用层充分利用物联网、移动互联网技术提高施工现场管控能力。数据处理层通过数据接口抓取智慧工厂管理与智慧施工管理模块产生的业务数据，与现场应用层实现交互，实现数据流转与业务协同。数据展示层主要是将集成的各类应用数据，利用大数据分析能力，根据不同的管理要求，以图形化、表格化的方式呈现，形成企业级、项目级看板，实现现场管理可视化和智能化，优化项目资源配置，辅助智能决策与服务。

主要创新与特点：

对多工厂、多项目进行规范化、流程化、可复制化管理，按照工厂和项目分级授权。

对每个构件的生产过程、工序流程进行管理，采集每道关键工序，记录工序开工时间、完工时间、班组、操作工、设备加工等信息。

打印构件身份证，根据生产任务生成每个构件唯一编码，构件信息与BIM模型信息同步。

智能加工，设计信息通过生产系统与加工设备信息共享，实现设计-加工生产一体化，无需构件信息的重复录入。

通过BIM信息共享平台，实现设计、生产、装配施工、运维的信息交互和共享，未生产、在生产、待安装、已安装构件状态一目了然。

安全质量一体化应用

应用价值与意义

数字化手段可以使数据处理更加快捷、准确、全面，从而提高管理效率。这可以减少人工干预和错误，提高管理效率和准确性，为企业节省人力和时间成本。数字化手段可以使管理模式从传统的"纸质"管理向数字化、网络化、智能化方向发展，为企业提供更加灵活、高效的管理模式。数字化手段可以实现对生产过程全程的实时监控，发现问题及时纠正，保障生产安全。这可以减少事故和损失的发生，降低生产成本和风险，提高企业的安全性能和信誉度。数字化安全质量管理可以通过实时采集和处理海量的数据，进行数据分析和挖掘，发现一些潜在的安全风险和质量问题。为企业的决策和战略提供数据支持和分析，推动企业进行创新和精细管理。数字化安全质量管理可以实现资源的精准配置和共享，促进不同部门之间的协同合作和交流。这可以减少资源的浪费和重复投入，提高资源的利用率和效果，增强企业的整体竞争力和市场信誉度。数字化安全质量管理可以帮助企业建立全面的质量管理体系和安全管理体系，提高产品和服务的质量和安全性能。这可以增强企业的品牌形象和美誉，

建筑企业数字化系统建设方法论
Construction Methodology of Digital System in Construction Enterprises

为企业赢得更多的市场和客户信任和支持。随着法规要求和市场需求的不断提高，企业需要不断提高自身的质量和安全管理水平。数字化安全质量管理可以帮助企业更好地满足这些要求，应对市场和客户的挑战和竞争，提高企业的适应性和灵活性。

建设路径

首先需要明确数字化质量安全管理的建设目标，例如提升质量管理水平、提高施工现场安全管理水平等。然后根据建筑施工企业的实际情况，设计数字化管理平台的系统架构，包括数据采集、数据处理、数据分析、数据应用等模块。通过物联网技术，收集施工现场的各种数据，如施工设备的工作状态、施工质量信息、安全监控视频等。利用大数据技术，对采集的数据进行清洗、分类、整理等处理，确保数据的准确性和完整性。运用云计算技术，对处理后的数据进行深入分析，发现施工现场的质量问题和安全隐患，为决策提供数据支持。最后根据分析结果，制定相应的数字化管理策略，如智能预警、自动监控、实时纠偏等。

数字化手段可以有效提升建筑企业的质量安全管理水平，通过实时监控、数据分析和预测、数字化流程管理、人员培训和管理以及数字化检测和评估等手段，可以更好地掌握施工现场的安全和质量状况，及时发现和解决问题，从而保证施工过程的质量和安全。

[数字化监控]利用物联网技术，对施工现场进行数字化监控，实现施工现场安全和质量的实时监控和远程管理。通过安装传感器和摄像头等设备，对施工现场的环境、设备、人员等进行实时监测和数据采集，并将数据传输到数字化管理平台上，以便及时发现和解决潜在的安全隐患和质量问题。

[数据分析和预测]通过大数据和云计算技术，对采集的数据进行分析和预测，以便更好地掌握施工现场的安全和质量状况。通过对历史数据的分析，可以发现施工现场的安全和质量规律，预测未来的安全和质量趋势，从而及时采取相应的措施进行干预和预防。

第九篇
数字化业务场景应用

[数字化流程管理]建立数字化的施工流程管理体系，实现施工过程的全面数字化管理和监控。通过数字化管理平台，可以清晰地掌握每个施工环节的安全和质量信息，实现从原材料采购、施工过程到最终验收的全过程数字化管理。

[人员培训和管理]加强施工现场人员的数字化培训和管理，提高员工的安全和质量意识。通过数字化培训，可以更加直观地向员工展示施工过程中的安全注意事项和质量要求，同时也可以对员工的安全操作和规范进行实时监控和管理。

[数字化检测和评估]利用数字化技术，对施工过程和成果进行数字化检测和评估，提高质量安全管理的准确性和效率。通过数字化检测设备和技术，可以快速准确地检测出施工过程中的各种误差和质量问题，为后续的施工和质量安全评估提供更加准确的数据支持。

典型应用场景

【安全质量巡检应用实例】

实施数字化安全质量巡检管理，其业务逻辑是，首先需要明确巡检的目标和重点，确定需要关注的关键问题和指标，确保巡检的针对性和有效性，提高巡检的效果。根据巡检的目标和重点，制定详细的巡检计划，包括巡检的时间、范围、人员、方式等，按照巡检计划，使用数字化巡检工具和系统（移动终端、APP），对需要关注的关键问题和指标进行逐一检查和评估，并拍照、录音、填写电子表单等，将巡检过程中采集的数据进行汇总和分析，利用大数据、人工智能等技术手段，发现问题和隐患的规律和趋势，根据问题的分析和评估结果，制定具体的整改措施和计划，明确整改的责任人和时间要求，整改要求等内容通过数字化手段（移动终端、APP、智能监控设备等）进行跟踪和督促，对整改措施的执行情况进行跟踪和评估，确保整改措施的有效性和问题的及时解决。最后对整个巡检过程和结果进行总结和反馈，找出存在的问题和不足，提出改进的建议和措施。同时，可以将数字化巡检的经验和成果进行分享和推广，为其他企业和部门提供参考和借鉴。

建筑企业数字化系统建设方法论
Construction Methodology of Digital System in Construction Enterprises

某企业为解决所有在建项目施工现场质量安全管理，落实各级质量安全监管责任，健全质量安全管理体系，确保系统上的问题都能及时得到整改，提升质量安全水平，建设了质量安全巡检系统。

[系统主要功能]针对不同的工程项目，可以新建、编辑、删除相应功能，包括项目的基本信息、地理位置、施工阶段等。可以根据工程项目和施工阶段制定相应的巡检计划，包括巡检周期、巡检内容、巡检标准等。可以按照制定的巡检计划，系统可以自动生成巡检任务，巡检人员可以通过移动设备接收并执行任务。巡检人员可以在现场使用移动设备实时采集数据，包括照片、视频、文字描述等，并可以自动上传至系统。系统可以对采集的数据进行自动分析和处理，生成相应的质量安全报告，包括问题分类、问题统计、问题跟踪等。对于发现的问题，系统可以建立问题库进行跟踪和管理，每个问题都可以关联到相应的整改计划和责任人，确保问题得到及时整改。系统可以根据不同的角色和权限，设置不同的操作和访问范围，确保系统的安全性和可靠性。可以将系统的数据导出为标准的文件格式，方便其他系统的数据共享和应用。

[系统主要特点]系统内嵌了质量安全标准规范和企业内部规章制度，检查人通过对相关标准规范制度的学习、了解和熟悉，可以提高现场检查、发现问题的能力，统一检查标准，规范检查行为，避免因检查人不同、对检查标准尺度掌握得不同而导致检查结果出现的差异。从巡检计划到问题整改的全过程闭环管理，确保问题得到及时整改和跟踪。系统按照过程管理的方法（检查发现问题、解决问题、验证问题）设置，检查人拍照标注检查位置，文字说明检查问题；责任人现场整改问题，原位拍照回复；检查人对整改回复快速有效验证，形成管理闭环，保证现场问题百分之百得到解决，有效防范风险，切实"将隐患消灭在萌芽状态"，并通过移动设备实时上传现场数据，利用人工智能技术对数据进行分析和处理，提高效率和准确性，实现"检查有依据，整改有记录，过程能跟踪（不整改不销号），回复可追溯"的质量安全管理体系要求，定制各类报表和图表，方便管理层及时掌握项目的质量安全情况，有利于管理制度落

第九篇
数字化业务场景应用

实和质量安全管理的常态化。

【实测实量应用实例】

实测实量工作，是现场施工质量把控的核心环节，其重要作用不容忽视，但传统的实测实量存在以下三大难点：一是头痛管理难，主要体现在实测实量工作开展不及时，资料难整理、难查找、难保存；二是手痛效率低，主要体现在项目管理人员少，实测实量任务重，工作量大，如传统的回弹检测工作，需一人进行回弹检测、一人辅助照明、一人负责数据记录，极大地浪费人力；三是心痛风险高，主要体现在混凝土强度关系到结构安全，甚至一个企业的存亡，但是目前实测实量普遍存在数据造假、数据计算繁琐、分析过程复杂的情况，存在重大隐患。目前市场上的实测实量产品存在产品种类多、接口标准不统一、对应APP应用多、硬件公司开发的管理平台不成熟等缺陷，不适用于施工现场的实际情况，造成应用率低，无法大面积推广应用。

根据以上遇到的主要问题，某企业自主开发一个既能减少工作量、减少人为因素影响、减少数据损失，同时又能提高工作效率、规范管理行为、提升预警能力的产品，同时，该产品在数据采集时，能单人操作，提高效率，且不能人为修改，能自动计算数据，分析数据，生成图表，并根据规范，自动判定结果，最终根据结果触发预警。基于企业统一技术平台，建成了数字化实测实量管理系统，该系统现已集成混凝土回弹仪、楼板厚度检测仪、钢筋扫描仪、靠尺、测距仪、阴阳角尺等十三种智能设备。实测实量工作现场测量效率较传统工作模式提升5倍以上，检测及时完成率提升至100%，设备采购成本降低27%，基于数字化实测实量管理系统，既实现了数据的自动上传，避免数据修改，又提高实测效率和准确度。通过自动计算、实时统计和分析测量数据功能，形成可视化数据图表，及时为现场管理提供参考。具体价值主要体现在以下几点：

[聚焦管理要点，强化混凝土强度过程监控] 混凝土实体质量是工程质量的关键因素，为了提升混凝土质量监控数据的真实性、及时性和可溯源性，该系统实现了数据自动上传、计算和提醒功能，平台通过对监测的实时数据进行分析，

建筑企业数字化系统建设方法论
Construction Methodology of Digital System in Construction Enterprises

当达到设定的预警条件时,系统触发报警。

预警支持分级提醒功能,保证预警时效的同时,降低不必要信息骚扰,如企业对混凝土强度回弹推定值进行"红黄绿"三色分类管理。当出现绿色时,继续保持;当出现黄色预警时,系统自动触发短信至项目经理、项目总工及分公司技术负责人,要求直管项目机构技术部牵头组织项目约谈混凝土供应商,分析原因、加强养护、密切跟踪。当出现红色预警时,系统自动触发短信和企业消息至分(子)公司总经理、生产副总及总工,要求企业二级机构高度重视,牵头采取处置措施。

[便捷信息录入,提升实测实量工作效率] 目前市场大部分数显测量仪器和系统使用前,现场实测时需输入大量项目信息,影响工作效率。使用本系统,管理人员仅需在电脑端录入一次信息,即可实现现场操作信息"零录入"。如混凝土强度跟温度关系紧密,强度的计算需要收集大量的温度信息,该系统实现了本地气温数据自动抓取功能,系统根据手机日期,自动计算温度数据,极大提升现场工作效率。同时测量设备均实现了单人一键操作,测量一点仅需3秒,数据自动一键测量、传输、判断结果,无需人工记录数据,实现检测数据电子化归集、传输、管理,真正实现检测现场无纸化。系统可自动生成检测报告,告别冗杂耗时的计算过程,提升检测效率,达到降本增效的目的。以回弹仪为例,管理人员仅需按测区完成回弹工作,数据即可同步生成并实时上传,有效避免了人工记录可能出现的差错率,提高工作效率。

[智能语音播报,防范现场测量安全隐患] 施工现场环境复杂多变,传统的测量手段需实测实量操作人员在施工现场测量操作,还需同时进行手工录入数据,存在安全隐患。使用数字化实测实量现场检测时,无需手工填写信息或操作手机,人性化语音数值播报,面对复杂检测环境,了解检测数据更简便、更直观,可实现全程不看手机和屏幕完成操作,避免测量人员因查看手机或录入信息导致的意外伤害发生概率,一定程度提高现场测量安全性。

[自动生成报表,提高实测实量数据分析处理效率] 数字化实测实量通过设

备自动计算检测结果，原始数据及结果实时上传企业数据库，防止人为篡改，系统内置国家标准和地方标准，自动判别是否合格并计算合格率，如混凝土强度计算自动套用碳化深度数据，减轻回弹值计算工作量，解决繁琐的测量数据记录和计算问题，效率倍增。钢筋扫描仪可自动生成 3D 可视化分布效果图，结果呈现更直观。数据处理分析无需人工介入分析或处理数据，可按企业、分（子）公司、直管项目机构、项目部等多个维度汇总和分析数据，自动输出测量结果表格，不合格点自动统计、支持报表导出，实现精准度和效率双提升。各级管理层可以通过手机和电脑查看实时数据，远程监控工程质量，有效增强工程过程质量管理。

社会生态协同管理一体化应用

应用价值与意义

建筑业社会生态协同数字化管理，对于提高企业核心竞争力、推动建筑业可持续发展具有重要的意义。数字化技术可以实现对建筑企业全方位的全面管理，包括建筑设计、施工、质量检测、安全管理等多个环节，从而提高企业的管理效率。数字化技术可以实时监控建筑施工现场的各种资源，包括人力、物力、财力等，从而更好地进行资源优化配置，提高资源利用效率。数字化技术可以提供及时、准确的数据支持，帮助建筑企业做出更加科学、合理的决策，提高决策的准确性和效率。数字化技术可以实现建筑企业各个部门之间的信息共享和协同合作，打破信息"孤岛"，提高团队协作效率。数字化技术可以推动建筑业的产业升级和转型，促进绿色建筑、智能建筑等新兴领域的发展，从而更好地满足社会和人民的需求。

建设路径

政府可以出台相关政策，鼓励和支持建筑企业进行数字化转型，提供必要的资金和技术支持，降低数字化转型的成本和风险。建立数字化管理标准体系，

建筑企业数字化系统建设方法论
Construction Methodology of Digital System in Construction Enterprises

规范数字化管理的流程和方法，确保数字化管理的质量、安全和可靠性。加强数字化技术的应用，例如 BIM 技术、云计算、大数据、人工智能等，提高数字化管理的效率和精度。建立数字化协同平台，实现建筑企业各个部门之间的信息共享和协同作业，打破信息"孤岛"现象，提高团队协作效率。加强产业链整合，实现供应商、承包商、设计机构等各方资源的协同和共享，通过数字化技术提高建筑业整体效率和质量。通过数字化技术，推进绿色建筑和智能建筑的发展，实现建筑业的可持续发展和生态环境的改善。

建筑企业需要制定数字化战略规划，明确数字化转型的目标和路径，并制定数字化管理制度和流程，确保数字化转型的顺利实施，建立数字化管理平台，实现各个部门之间的信息共享和协同作业。加强数字化技术的应用，包括 CAD、BIM、RFID、云计算、大数据、人工智能等技术的应用，以提高管理效率、优化资源配置、提升决策能力、促进协同合作等。推进数字化人才培养，提高员工的数字化素养和意识，培养一批具备数字化技能和管理能力的人才队伍，为数字化转型提供人才保障。

典型应用场景

【数字化治理实践经验】

某地区建设主管部门，在建筑业社会生态协同数字化管理方面进行了积极探索和实践，取得了较好成效。

通过数字化技术，实现工程图纸的在线审查、审批和监管，提高审批效率和管理水平。同时，通过数字化技术，还可以实现工程图纸的数字化存储和查询，方便相关部门和企业对工程图纸进行管理和应用。通过数字化技术，实现工程质量的全过程监控和协同管理。通过实时的数据采集和分析，可以及时发现和解决工程质量问题，提高工程质量水平和管理效率。通过数字化技术，实现施工现场的安全监控和管理。通过安装在施工现场的智能监控设备，可以对施工现场的安全状况进行实时监控和预警，及时发现和解决安全隐患，确保施工现场的安全。通过数字化技术，实现建筑起重机械的全生命周期管理。从起重机

第九篇
数字化业务场景应用

械的设计、制造、使用、维修、报废等各个环节入手,通过数字化技术进行全面监控和管理,提高起重机械的安全性和可靠性,延长其使用寿命。通过数字化技术,实现建筑工人的在线管理和保障。通过建立数字化用工平台,可以实现建筑工人的技能认证、培训、招聘、管理等环节的数字化管理,提高用工效率和管理水平。同时,还可以为建筑工人提供在线权益保障和维权服务,保障建筑工人的合法权益。

这些数字化应用的实践,不仅可以改善地区建筑业的管理效率和管理水平,也提升了建筑业的社会形象和公信力,为该地区建筑业的可持续发展注入新的动力和活力。

【企业级数字化转型】

万科集团引入BIM技术,实现了建筑设计和施工的数字化管理,提高了工作效率和项目管理质量。同时,万科还通过数字化技术,开发了"万科云"平台,实现了供应链、施工、运维等环节的数字化协同管理。

碧桂园集团通过引入智能建筑管理系统(IBMS),实现了建筑全生命周期的数字化管理和监控。同时,碧桂园还通过数字化技术,实现了施工安全、质量控制等环节的数字化管理,提高了工作效率和项目管理质量。

第十篇　数字化建设需求与问题解码

战略规划是数字化转型的"先行棋",明确企业数字化建设目标、梳理顶层设计和业务蓝图,涉及思维、组织、方法、模式、范围等多方面,但"知易行难",从数字化理念,至方案策划,再到职能划分、深化转型等,如何做到转型的行之有效,又行稳致远?以"答"解疑,谋篇数字化战略规划,助力建筑业数字化战略布局共建,铸就数字经济时代企业数智化的"大国重器"。

数字化战略管理 /262
数字化建设内容 /273
数字化实施组织 /285
数字化技术路线 /293
数字化保障体系 /303

建筑企业数字化系统建设方法论
Construction Methodology of Digital System in Construction Enterprises

建筑企业在发展过程中,越来越重视数字化建设了,然而,在实际推进过程中,也会遇到一系列的问题,接下来从数字化战略管理、建设内容、实施组织、技术路线和保障体系五个方面,梳理了59个常见问题及解答。

数字化战略管理问题清单

序号	问题
问题1	什么是数字化、数字化转型、数字化企业?
问题2	为什么要数字化转型?能带来哪些利好?
问题3	数字化转型是顺应数字化社会与数字化经济必然的选择。那么,什么时候转型?有没有一个时机启动数字化转型最为恰当?
问题4	目前国家层面已经确定了数字化转型的战略方向,但是建筑施工企业在战略思想的转型意识仍存在一定的不足。如何提升企业对数字化转型的思维和认识?
问题5	近年来,受国际形势、疫情多发等影响,企业经营环境面临较多的不确定性,生存发展承受较大压力。面对复杂多变的市场环境,不少企业处于迷茫状态,难以确定未来竞争的着眼点与商业模式。如何看待企业数字化转型战略缺位,转型缺乏方向的问题?
问题6	当今企业的数字化转型大多停留在试点阶段,存在诸多阻碍因素,试点项目与经验难以快速复制与推广,不能形成全企业全场景的数字化规模效应。能力难建,数字化转型难以深入的难题如何解决?
问题7	为确保数字化转型能够有效落地,建筑业数字化战略制定的总体策略是什么(指导思想、建设目标、建设内容、组织策略、建设路径等)?
问题8	数据驱动的数字化转型与传统信息化建设方式的主要思想和实现方式差异有哪些?
问题9	数字化转型应该采用颠覆式还是渐进式的模式?
问题10	企业在数字化转型中,如何合理分配资源?
问题11	外部资源(信息技术、管理咨询等企业)在企业数字化建设中如何定位?外部资源需要具备什么样的能力?
问题12	有些企业可以称之为数字化原生企业,但更多的企业是数字化移民,需要数字化转型。对于这些数字化移民型企业,怎样才能真正获得数字化能力?
问题13	建筑施工行业产业链条长,业务领域跨度大、管理层级多,如何解决数字化转型措施在短期内很难见效,实施过程中的转型阵痛对执行的意愿及连续性均有较大冲击的难题?

第十篇
数字化建设需求与问题解码

数字化建设内容问题清单

序号	问题
问题 14	信息化建设是如何与管理的痛难点真正结合的？
问题 15	建筑型企业普遍具备组织庞大、业务多元化的特征，因此存在众多管理系统林立、数据"孤岛"的现象，没有实现管理协同、提质增效。如何解决系统林立、不贯通的难题？
问题 16	如何解决系统应用线上线下"两张皮"的现象，有哪些有效措施可以简化和优化数据采集方式，确保系统数据及时性、准确性？
问题 17	数字化升级在建筑企业全业务场景中，数据赋能（数据驱动）的典型业务场景和应用价值有哪些？
问题 18	如何进行数据治理工作实施？
问题 19	当前市场普遍应用的 BIM 设计软件多基于国外内核开发，自主可控的国产 BIM 竞争力不足，但是建筑企业数字化转型和智慧工地建设时不我待，如何看待国内 BIM 技术落后与企业数字化转型迫切的矛盾？
问题 20	如何做实智慧工地管理系统，提升项目管理水平与员工工作效率？
问题 21	如何实现 BIM 与项目管理（智慧工地）融合？
问题 22	如何构建企业的数字化业务管理体系、数据管理体系和技术支撑体系？
问题 23	在数字化转型中如何完善业务标准化管理体系？
问题 24	数字化建设包括哪些内容？
问题 25	数字化转型与管理标准化的关系是什么？是该统建系统还是统一标准更合适？
问题 26	企业数字化转型，可以以哪个板块为着力点开启转型之路？

数字化实施组织问题清单

序号	问题
问题 27	数字化转型和组织转型有什么关系？数字化转型能否穿透组织，带来组织转型？组织转型又能否释放企业对于数据的渴望，推动数字化转型？实践中，应该以哪个转型为主呢？
问题 28	技术变化很快，但组织变化却慢得多。如何推动组织变革，创造出转型能力？
问题 29	数字化时代的竞争，本质上是人的竞争，强个体对企业的发展变得越来越重要，但组织如何才能吸引"强个体"的加入，同时又不会被"强个体"绑架？
问题 30	数字化转型是长期的过程，需要投入大量的资金，转型中的组织常常会面临资金从哪里来的问题，怎么办？

续表

序号	问题
问题 31	在三年疫情冲击下，很多表现好的企业都具备数字化能力强的特性。怎么看待企业的数字化能力以及应对冲击的影响？
问题 32	如何定位在企业数字化转型中，公司战略规划层、管理控制层和项目作业层在转型中的组织划分和职能？
问题 33	如何确定适合企业自身的数字化建设模式和开展数字化平台选型工作？在自行开发、联合开发（自主＋外包设计开发）和厂商产品采购实施中如何抉择？
问题 34	如何利用企业外部系统规划设计咨询、技术开发等行业资源参与数字化管理运营平台建设，构建企业数字化转型建设生态圈？
问题 35	如何化解组织内部数字化转型的阻力。数字化转型涉及面广且变革项多，在转型时遇到的阻力会更大。那么组织怎么才能很好地化解这部分阻力呢？
问题 36	数字化转型在于"形"，更重于"神"。数字化转型也是企业文化变革重塑的过程。即便拥有成熟的技术搭建数字化平台，如果企业文化变革没有及时跟上，管理理念没能及时转变，员工的工作思路和方法不能适应数字化发展要求，企业很可能会被原有的惯性拉回既定轨道，使数字化转型难以推进。如何应对企业文化变革不到位的难题？

数字化技术路线问题清单

序号	问题
问题 37	集团统建项目管理系统好还是分（子）公司自建业务系统好？
问题 38	现在行业里面普遍存在一种现象，就是 BIM、IoT、AI 等新技术难以推动。这其中的主要原因是什么？应该如何解决新一代技术在建筑企业应用不足的难题？
问题 39	企业技术平台（企业技术平台基座）与各业务子系统的关系该如何定位？
问题 40	如何开展数字化技术平台选型工作？使用自建平台还是公共平台？
问题 41	现在比较公认的说法是，要将企业的能力共享，就需要建中台，而中台是做数字化转型的战略要地。中台究竟是什么？企业应该如何建中台？
问题 42	中台建设的目的是为前台提供共享的能力，但标准化的能力往往与前台的需求存在一定的距离。这就出现了有段时间说某大厂在"建中台"，有段时间又说他们在"拆中台"的消息。标准化的能力输出与市场的复杂环境之间显然存在矛盾，如何解决。
问题 43	如何开展技术架构规划、设计与选型？

第十篇
数字化建设需求与问题解码

续表

序号	问题
问题 44	企业在运营生产的过程中，积累了大量的业务数据。在数字化转型过程中，如何管理和整合企业大量的内部经营数据？
问题 45	数字化转型过程中，技能提高和培训是一个重要的问题，如何提升企业员工的数据化应用能力，以确保员工能够应对数字化环境的挑战？
问题 46	数字化转型过程中，如何保持技术的更新和升级？
问题 47	数字化转型过程中，如何选择合适的合作伙伴？
问题 48	如何通过数字化管理平台有效管控项目？（如项目成本管理、履约进度管理、质量、技术、安全、往来资料管理、项目经营绩效与组织考核等）

数字化保障体系问题清单

序号	问题
问题 49	如何融化"两张皮"、打通部门墙、拆除数据篱？
问题 50	在数据治理工作中，如何建设数据保障机制？
问题 51	随着数字技术的日益普及，企业对数字化人才的需求呈现爆发式增长，数字化人才缺口日益扩大，仅掌握信息技术的人才已不能满足数字化发展的需要。该如何建设和培养自身的数字化转型团队和人才梯队，培养既懂业务又懂信息技术的复合型数字化管理人才，以满足企业数字化转型建设的需求？
问题 52	传统组织经常会面临这个问题，从外面高薪挖了数字化人才，组织却留不住，干一段时间就离开了。如何解决数字化人才留不住的问题？
问题 53	如何变革传统线下报表的检查、督查方式，有效利用线上数据实现线上督查？同时如何修改原先的管理制度用来适应管理变革与流程再造。
问题 54	数字化转型过程中，如何保障管理、技术和业务的有效执行？
问题 55	如何有效统筹各数字化管理子系统建设，确保相关标准统一，保证过程可控和结果落地？
问题 56	安全人员处理紧急、繁琐事项，难以开展规划提升工作效率。如何更有效率做好企业网络安全工作？
问题 57	数字化转型过程中，如何保证数据的安全性和隐私保护？
问题 58	网络安全常见问题隐患和网络安全技能工作有哪些？
问题 59	如何树立正确的网络安全观？

数字化战略管理

1. 什么是数字化、数字化转型、数字化企业？

数字化是"十四五"以来听到最多的关键词，以其文字概念而言，数字化是指将信息转化为计算机可识别语言（即由 0 和 1 组成的二进制编码）的过程。

国外对"数字化"有两种相似但不同的定义，英文状态下分别是 Digitization（数字化转换）和 Digitalization（数字化升级）。为什么说相似但是不同呢？因为 Digitization 是更微观的定义，仅仅是指将模拟信号通过技术手段，转化为数字信号的过程；而后者 Digitalization 则不再拘泥于字面含义，更是延伸到企业的管理中，不仅是实现企业的降本增效，更注重通过数字技术与管理的融合来重塑商业模式，提升企业的核心竞争力。

数字化转型，是通过新一代如 5G、IoT、大数据等数字技术的应用，围绕着数据为企业核心资产，以产品和服务转型为着力点，以流程驱动向数据驱动方式转变为手段，以求实现企业效率、效益双提升，增强市场核心竞争力的一系列变革。

数字化就是物理世界向数字世界转化的过程。而数字化转型的本质就是将业务数字化，也就是通过业务与技术的融合，来赋能企业管理。即通过技术、业务和管理的全方位变革来改变或替代现有的业务管理流程，升级传统的生产经营方式，着眼解决业务问题。

作为传统的经济支柱产业，建筑企业的数字化转型，并不能以数字技术的应用来定义，它是涉及企业的发展理念、组织变革、生产经营方式、管理决策流程、商业模式等的全方位转变，是融合技术、业务和组织的全面的系统工程。所以，建筑企业的数字化转型是以企业战略为牵引，提升业务管理水平为目标所提出来的。简而言之，即当前的数字化技术能否敏捷、高效地支撑建筑企业的业务管理和战略目标的实现，最终体现在智能报表的应用呈现，数据在线获取、

第十篇
数字化建设需求与问题解码

在线更新、在线检查、在线监督,支撑企业的智能决策和风险预警。

所谓数字化企业,是以数字化技术为手段,来改变以往传统的经营管理方式和业务生产模式,保持企业的持续竞争力,以支撑企业在瞬息万变的市场中抢得先机,快速发展。数字化企业不仅能够通过管理的变革来提升自身企业的综合实力,还可以打通产业链上下游,建设更融合的供方管理平台和客户营销体系,打造数字生态全产业价值链。

2. 为什么要数字化转型?能带来哪些利好?

数字化转型是提升企业核心竞争力的重要战略举措。数字化转型既受当前外部市场因素所驱使,也因企业内部传统的经营管理因素所导向。外部因素是市场竞争和客户需求所驱使,如果企业不顺应数字潮流,进行转型升级,很可能会被同领域企业超越,生产效率和企业效益都会处于落后阶段,同时会失去客户的支持;内部因素是企业的降本增效所推动在低成本竞争的环境下,数字化转型可以通过改变传统的管理模式,提高业务的生产效率,节约企业的成本投入,也可以通过数据分析为领导者的决策提供科学支持,规避企业的运营风险。

数字化转型是实现企业降本增效、为管理赋能的内在管理需求。建筑业作为传统支柱产业,由于其项目建设地分散、管理方式粗放、价值离散度高等特点,数字化应用有较多体现在线下搬到线上的工作,仍有大量数据需要手动填报。而数字化转型作为降本增效的核心举措,供应链数字化作为成本管理的核心,是通过数字化监管物资的消耗采购,降低项目的建设成本,提升采购效率。据不完全统计,基于供应链数字化的项目采购成本能够节约1%~3%的成本,而且利润率将增长5%~15%,这对于低利润的建筑企业具有重要意义。

数字化转型是重塑企业商业新模式的必由之路。随着企业迈入数字化转型的赛道,组织需要在用户体验、生产效率和成本管控方面重新打造新的产业模式,集约化、数字化、智能化、生态化是建筑企业未来的发展方向。企业也将全面以数字化平台为基础,更加标准化地应用数据资产,从源头实时采集数据、清洗数据、分析数据,挖掘数据潜在价值,服务于企业未来的经营决策,由此带来的建筑业的组织架构、考核方式都会产生深刻变革。

3. 数字化转型是顺应数字化社会与数字化经济必然的选择。那么，什么时候转型？有没有一个时机启动数字化转型最为恰当？

无论是建筑行业还是其他行业，数字化转型的本质都是对业务进行变革，并非线下搬到线上，而是以效率和效益提升为目标，赋能企业管理，保持在行业的市场竞争力。因此，企业数字化转型的时机要根据其组织在商业发展的需要来判断是否适合转型。

具体而言，可以从两个问题来判断当前企业是否需要数字化转型：第一，技术和机遇，当前流行的数字化技术能否为企业带来新的发展机遇，能否为企业的业务提升效率和效益？第二，行业和颠覆，在各领域中是否存在组织利用数字化转型重塑行业管理模式，颠覆传统的业务生产和管理流程？

如果这两项问题都处于尚不确定的状态，那么对于企业数字化转型的急迫性大可从长计议。毕竟，企业的数字化转型向来都不是短期一瞬间的事，是持续性、有风险、有大量投入的企业变革。如果企业处于正常的运行轨道上，且在无外部威胁的条件下，保持良好的运行，此时日夜的数字化转型成功，自然会收到业界的称赞；但若转型受阻、陷入困境时，那么对于企业数字化转型的决策者、发起者很容易成为众矢之的，甚至导致企业的整个数字化转型失败、被放弃。

如果在这两项问题中有一项问题的答案是肯定的，那么当前阶段就是企业的数字化转型的最佳时机。机不可失，数字化转型急不得、等不得、停不得、慢不得，把握好时机，才能做数字化转型的引领者，而非跟随者。

4. 目前国家层面已经确定了数字化转型的战略方向，但是建筑施工企业在战略思想的转型意识仍存在一定的不足。如何提升企业对数字化转型的思维和认识？

企业的数字化转型并非仅仅只是将数字技术应用于业务，将线下工作搬到线上，更是对思维、认知的升级，是管理和管理者的一场革新。

第十篇
数字化建设需求与问题解码

一是加强对国家数字化转型政策的宣贯解读。作为大型央企、国企、优秀民营企业要紧跟国家数字化转型"东风",通过对政策的解读分析,进一步加强企业各层级对数字化转型的认知和思维的提升。

二是转变领导者思维。企业的数字化转型是"一把手"工程,首先转变的就是领导者的思维,即要求企业各级领导以当前运营现状为导向,制定数字化转型战略和实施路径,并推动"全员数字化",加大对数字化的宣传力度,使一线人员能够积极参与到企业变革中来,以数据为核心驱动要素,让数据产生价值,提升工作效率。

三是强化与标杆企业的调研、交流和学习。没有企业能够"与世隔绝",企业的数字化转型升级更是如此,要加强与行业内优秀企业的对标学习,也提升内部人员对数字化的认识,使业务部门主动参与,促进技术和业务的"双轮驱动",以优秀的经验来促进业务、管理、技术的深度融合,形成企业的数字化核心优势。

5. 近年来,受国际形势、疫情多发等影响,企业经营环境面临较多的不确定性,生存发展承受较大压力。面对复杂多变的市场环境,不少企业处于迷茫状态,难以确定未来竞争的着眼点与商业模式。如何看待企业数字化转型战略缺位,转型缺乏方向的问题?

部分企业在数字化转型的方向和着力点上仍然无从着手,在信息化的建设上往往是"烟囱"式的系统,系统之间不贯通,往往导致的就是管理"两层皮"。要解决就要从战略、平台、数据、智能运营、生态共进的阶段循序渐进。

一是战略为先,紧盯业务。数字化转型首先就是要领导层制定转型的顶层设计蓝图,明确转型的目标,其次,领导者推进全员在思想、认知上对数字化转型的价值和意义,构建满足企业运行的管理体系、业务体系和技术体系,支撑业务发展和精细化管理。

二是平台底座,加速创新。建立企业数字化集约管理平台,打通各业务和各层级的"广度"和"深度",横向加强各业务之间的协同效率,纵向提升集团(局)、公司、分公司对项目的管控能力,提升企业管理集约化能力。

三是数据挖掘,赋能管理。企业要应用 IoT、AI 等技术,从源头管控数据的准确性和及时性,收集数据、清洗数据、梳理数据资产、构建数据模型、数据分析,实现企业产业链、业务链各类数据与信息的互联互通,服务于企业科学决策和风险预控。

四是数字驱动,智能运营。企业要充分运用数据资产的价值,将过去的流程驱动转变为数字驱动,加强业务流程的自动化、智能化,通过数字平台的建设对企业的运营进行动态的闭环管理,实时掌控项目单元的多元化信息。

五是产业协同,共建生态。打通上下游产业链,引入生态合作伙伴,突破企业的人才壁垒和组织界限,以生态合力推进企业的商业模式重构、业务的数字化发展和创新应用的高效落地。

6. 当今企业的数字化转型大多停留在试点阶段,存在诸多阻碍因素,试点项目与经验难以快速复制与推广,不能形成全企业全场景的数字化规模效应。能力难建,数字化转型难以深入的难题如何解决?

厘清转型问题,破局发展瓶颈。多数建筑业企业存在对数字化转型理解不深刻、转型目标不明确、管理体系较僵化、机制变革难度大、思维能力有差距、缺乏数字化人才的培养和赋能体系等问题。

抓住关键环节,突破转型桎梏。由企业"一把手"牵头制定相应制度,推行全员数字化思维和认知,破除数据、业务和管理的"两张皮";企业要明确是当引领者还是跟随者,引领者要站到行业管理前沿、始终保持专业技术领先和市场高端资源,跟随者往往会错失先机;坚定变革决心,以组织结构变革为驱动,加强数字化人才梯队建设和考核制度,对不同业务领域的项目设置灵活的考核指标,不仅仅只是针对数字化人员,包括业务人员对数字化的应用推进情况,公正客观进行评价,务求实效。

坚持核心原则,制定实施路径。遵循三大核心原则,即战略与执行统筹、技术和业务实现双轮驱动、自我主导与外部合作并重的方式,并贯穿企业数字化转型全过程,并确保实施的有效落地。

第十篇
数字化建设需求与问题解码

打造有效路径，确保目标达成。企业领导者要站在全局高度制定数字化转型的策略和实施路径，按照战略引领、资源统筹、场景应用、自我主导、分步实施推进施行，确保转型过程可持续、凸显转型成效。

7. 为确保数字化转型能够有效落地，建筑业数字化战略制定的总体策略是什么（指导思想、建设目标、建设内容、组织策略、建设路径等）？

指导思想：以习近平新时代中国特色社会主义思想为指导，坚持新发展理念，以深化建筑业供给侧结构性改革为主线，以创新驱动为引领，加快产业结构、建造方式、队伍素质、质量安全改革创新，促进建筑工业化、数字化、智能化升级，为建筑强企建设提供有力支撑。

建设思路：数字化建设思路突出"互联互通"。数字化升级将从企业整体出发，以数据驱动，打破部门及组织边界，建设跨职能业务的大平台，实现内部业务的互联互通，以致打通外部及上下游产业链。

建设原则：数字化转型坚持"总体规划、分步实施、自我主导、技术集成、创新应用"的实施策略，聚焦"四统一"建设原则，即统一规划、统一标准、统一建设、统一管理。

实施路径：围绕业务场景化、场景数字化、数据在线化、决策数据化的实施路径开展。

建设目标：建筑企业的总体目标可以从企业管控、业务管理、资源配置和生态协同层面，达成"集团管控集约化、业务管理高效化、资源配置精细化、生态协同平台化"的数字化转型"四化"目标。

规划蓝图：总体可以概括为"三大支撑、四个平台、九项内容、五条路径"，即"3495"数字战略。

3：运营管理体系、业务管理体系、数据管理体系的"三大支撑"；

4：BIM应用平台、智慧工地平台、大数据平台、互联网集成平台的"四个平台"；

9：战略管理、党建工作、客服营销、生产技术、质量安全、商务合约、财务资金、业绩考核、人力资源的"九项内容"。

5：战略引领、场景应用、资源统筹、自我主导、分步实施的"五条路径"。

8. 数据驱动的数字化转型与传统信息化建设方式的主要思想和实现方式差异有哪些？

信息化与数字化的区别主要体现在信息技术的应用范围、数据之间的连接模式以及企业对数据价值利用三方面。

从应用范围来看，信息化建设初期，信息系统主要集中在单部门、单线条的应用，很少有跨部门的整合与集成，其价值主要体现在集团（局）管控方面，而数字化将企业整个业务流、数据流利用数字化技术进行打通，实现跨组织、跨部门的工作协同；

从连接角度看，信息化建设时期，缺乏对连接的深度认识，主要反映在主数据不统一，数据不共享，业务不协同等问题，导致信息系统运行效率低，多系统重复录入；数字化建设就是通过搭建数字化管理平台将产业链连接，实现经营业务流程在线协同，线上数据实时交互，改变企业运行效率，降低运行成本，重构管理模式；

从数据角度看，信息化建设所积累的数据没有形成数据资产，数据的价值无法充分体现；数字化转型利用数字化技术对各业务系统数据进行抽取、筛选、存储、分析、生成经营管理分析指标，更好地提升企业管理效率，实现真正数字化。

9. 数字化转型应该采用颠覆式还是渐进式的模式？

一般情况下，企业的数字化转型大部分都是渐进式的变革升级，这种模式也更能提高转型的成功率。因为颠覆式的变革意味着企业要完全摆脱过去的发展模式、技术、管理理念等全部是新的、过去未接触到的，这对于企业和领导者有很大的风险和考验。而渐进式的变革可以有纠错的空间，不会对企业现有的发展造成大的影响，成功率也更高。

不过如果企业已经是处于生死存亡的时刻，而数字化转型能够很好地挽回这种颓势，企业内部能够万众一心、对变革持积极态度，那么组织采用颠

第十篇
数字化建设需求与问题解码

覆式的转型也许是更好的选择，变革的内部阻力也会尽可能减小，以取得转型的成功。

10. 企业在数字化转型中，如何合理分配资源？

数字化转型已经成为当今企业发展的重要趋势。不管是央企、国企、优秀民营企业和中小型企业，都需要通过数字化手段实现各项业务的优化和升级。但是，对于许多企业而言，数字化转型是一个庞大而复杂的过程，如何合理分配资源才能做到事半功倍？

一是确定数字化转型的目标和路线。在进行数字化转型之前，企业必须先明确其数字化转型的目标和路线。这不仅是为了确保数字化转型的成功，还可以为企业合理分配资源提供了一个方向。例如企业的目标是通过数字化手段来提高生产效率和产品质量，那么企业应该将资源投入研发和生产方面，以确保生产线在数字化升级和人员培训等方面得到充分保障。

二是合理配置数字化转型的预算。数字化转型需要投入大量资金，而相应的预算如何分配也是企业需要考虑的重要问题之一。在分配数字化转型预算时，企业应该根据其数字化转型目标和实际需求来制定预算方案，遵循"有的放矢、量力而行"的原则。例如如果企业的数字化转型主要是为了提高营销效果和用户体验，那么企业应该将大部分预算投入数字化营销和在线客户服务方面。

三是选择合适的数字化工具和技术。数字化转型的过程中，选择合适的数字化工具和技术也是企业需要考虑的关键因素之一。为了实现数字化转型的目标，企业应该选择与自身业务需求相匹配的数字化工具和技术。例如对于一家零售企业来说，将精力和资源投入实现全渠道销售和在线支付等功能，可能比将重点放在内部管理软件和 ERP 系统的数字化升级更有利。

四是建立数字化转型的团队和流程。数字化转型需要一个具备专业技能、具有创新意识和敏感度的团队来推动。企业应该建立一个数字化转型的团队，来负责数字化转型的规划、策划、实施和管理等方面。此外，建立数字化转型的流程和规范也是企业合理分配资源的关键。恰当的流程和规范可以帮助企业在数字化转型过程中更好地控制成本、风险和质量，并提高数字化转型效率。

11. 外部资源（信息技术、管理咨询等企业）在企业数字化建设中如何定位？外部资源需要具备什么样的能力？

数字化转型需要应对快速变化的市场和技术发展，因此企业要善从外部借力，用好咨询顾问，利用外部资源来补充自身的技术和人才不足。这包括与管理咨询类企业的合作、与科技公司或创新团队的合作，以及招聘外部人才等方式，以提高数字化转型的能力和效率。

企业在对外部资源的引入时，要避免对外部资源的应用的误区理解：

误区1：雇佣咨询顾问不如直接招聘相关人才

站在企业的角度而言，对于外部资源的定位，很容易会产生"雇主"和"雇员"的关系，而且内部人员也可能会有"排外"的情绪。因此企业可能更愿意以招聘的方式引入人才，不过这也会导致直接招聘引入的人员压力过大、公信力缺失、人员冗余等问题。

对于外部资源的引入方式，更合适的做法是招聘一些关键人员作为项目骨干，具备承担大型项目的经验和能力，其余所需要的资源可以雇佣咨询顾问的方式引入。在项目制定过程中，也可进行人才的选拔和更新，既可以选择适合企业转型所需要的优秀人才，也能够更好地推进和保障项目的执行。

误区2：崇拜"经验主义"从而交出转型项目主导权

企业所引入的外部资源在数字化方面往往都会有丰富的项目建设经验，对于转型的认知也都会有自己的一套固定思维和变革体系。因此，对于企业的领导者和数字化转型的发起者，都必须意识到企业的管理不会固定，更不能照抄照搬，对外部资源一定要求"因材施教"，坚守"借鉴—融合—试点—更新—推广"的执行过程。

"借鉴"：借鉴外部顾问的经验和建议，学习外部企业的转型方法，对外部顾问的方法不能全信、也不可不信。

第十篇
数字化建设需求与问题解码

"融合"：结合企业的管理运营现状，融合外部顾问的建议，思考适合企业转型的方案；

"试点"：数字化转型"先试先行"，对于大型央企、国企、优秀民营企业，需要在组织中选择优秀子企业进行试点，由点入面，不可在转型最初，就对组织下的所有子企业进行全面推广；

"更新"：数字化转型是一个企业在不断探索、不断尝试、不断更新的过程，在迭代中寻找出最适合企业发展的路径；

"推广"：在试点中寻找到转型的"最优路径"后，企业可进行全面推广，进行全面的数字化转型变革升级。

误区3：过于依赖外部顾问，企业内人员参与度不足

数字化转型是一个长期的过程，时间一长，企业可能会对外部资源产生过度依赖，而导致企业的内部人员无法深入参与转型过程。因此，企业在制定数字化转型方案时，就必须刺激内部员工的积极性，挑选企业优秀人员深度参与核心项目，并成立相应的专项小组等，给予员工锻炼和提升的机会，进行全员参与，同时也保证了转型后期有足够的人才支撑，为数字化的可持续发展护航保驾。

12. 有些企业可以称之为数字化原生企业，但更多的企业是数字化移民，需要数字化转型。对于这些数字化移民型企业，怎样才能真正获得数字化能力？

很多传统企业（数字化移民型企业）在数字化转型上的确交了不少学费，但至今可能也收效甚微。因此，传统企业通常会遭受的挑战可以从以下四个方面着手解决：

一是转变固有的认知。传统企业数字化转型首先遇到的最大阻碍就是内部的认知转型，企业往往会固守当前的生产和管理方式，在变革上寸步不行。但是颠覆来自外部，但好的转型往往由内而生，这样企业才能有更大的机遇和发展空间。

二是找到数字化与传统业务之间的平衡点。企业的数字化转型急不得、慢不得。尤其对于传统企业，转型要循序渐进，平衡企业良好的运营情况和转型带来的变化，如果平衡不好，可能会使企业处于被动的困境甚至亏损。如果转型方向或者力度过大，也会影响到企业现有的生产运营，导致发展停滞。

三是解决企业内部传统文化的转型变革的文化冲突。传统企业做数字化转型可由企业管理者带领，并成立主要职责部门来避免组织内部的文化冲突。如果企业内部固有的文化根深蒂固，切不要大刀阔斧地改革，要在交流协同中找到最佳方案，否则会引起内部员工甚至领导者的抵触情绪，转型很难成功。

四是真正理解数字技术。数字化转型的关键要素之一就是让数字化技术真的被理解、接受并运用，在业务生产、公司运营、企业管理、产业融合上应用并重构商业模式。

13. 建筑施工行业产业链条长，业务领域跨度大、管理层级多，如何解决数字化转型措施在短期内很难见效，实施过程中的转型阵痛对执行的意愿及连续性均有较大冲击的难题？

一是画好"操作图"，布好企业战略"一盘棋"。规划企业数字化转型的顶层设计，制定战略蓝图，可分业务领域、产业链等构建跨行业标准准则，推动建筑业数字化的高质量发展；通过模块化的设计发挥企业在不同业务、不同阶段的能力，通过资源整合，实现建筑业数字化转型由部分向整体的跨越升级；通过引入外部IT公司与建筑企业相结合，将应用场景、业务需求与技术解决方案进行数字化融合，强化数字化转型方案策划能力。

二是紧盯"进度表"，推进业务技术"双驱动"。厘清企业当前存在问题，扫除发展阻碍因素；聚焦业务关键环节，攻克管理转型桎梏；制定核心原则标准，有效保证实施策略落地；探索并打造适合企业发展的有效路径，沿着战略引领、资源统筹、场景应用、自我主导、分步实施的策略，确保目标达成。

三是打通"快车道"，架构平台系统"三步走"。选择适合企业长期发展的数字化平台基座，构建企业的数字化技术架构，以自我主导的方式研发与业务契合的数字化系统。从业务架构、技术架构和数据架构角度制定数字化转型体系，以标准统一、集成兼容、信息共享的一体化策略进行适合企业自身特性的平台选型，分业务、分场景建设系统应用，为企业降本增效。

四是拧紧"安全阀"，保障数字场景"全应用"。保证企业的信息数据安全，强化网络安全意识；对建筑业务进行"解读"，使业务对象化、对象场景化、场景数字化，打通上下游全产业链业务线上运行，推动供方、劳务方、客户方的集成和全面覆盖，实现信息的共享和数据价值的挖掘、分析。

数字化建设内容

14. 信息化建设是如何与管理的痛难点真正结合的？

企业的数字化转型向来不是信息系统的建设就可以完成实现的。站在企业全局的管理角度来看，可以分为思维、组织、思路、模式、方法、范围六个方面的变革转型，以数据为核心，以智能报表替代传统手工填报式报表，并全面推广应用，除了达到降本增效的目的，更重要的是为企业未来的决策和风险预控等做支撑，为企业管理赋能。

数字化转型的六个方面分别如下：

一是转思维。企业的数字化首要任务就是要转变内部人员对数字化的思维认知。尤其是作为企业高层的领导者和管理者，必须认识到数字化转型并不再是信息化部门的任务工作，而是由业务人员和管理人员共同完成的系统工程，数字化服务业务乃至引领业务，通过数字化手段来提升业务效率，让业务生产运营产生更大价值。

二是转组织。企业的转型升级往往伴随着组织的变化，数字化更是如此，毫无疑问需要专业的信息化人才为支撑。因此需要成立专门的数字化团队，用于业务的创新、系统的建设、应用的推广等。发掘既懂数字化又懂业务的人才骨干，通过技术和业务的联动，推动业务由内而外地转型，培养全员的数字化思维等都需要专门的数字化团队去落实。

三是转思路。数字化转型不再是一味地建设信息系统，更要专注系统的兼容共享、数据的互联互通，以人工计算的方式转变为数据分析的思路，建设企业分析看板和管理驾驶舱，提升企业的经营管理能力。

四是转模式。平台是企业数字化建设的重要基础，没有平台企业的转型将属于"空中楼阁"，因此企业要转变为平台化、组件化的建设模式，应用云原生、容器化等技术实现产业链的整合，同时也保持数据的互融互通，统一存储、统一分析、统一应用。

五是转方式。传统的业务还是维持在物理世界的生产，数字化就是将要物理世界的管理运营转化为数字世界的管理模式，以数字化技术解读业务，将业务对象化、场景化、数字化，进行数据的收集、分析，实现线上的监督、考核决策和风险预警。

六是转范围。企业的转型发展由单个业务为切入点，然后由点及线、由线到面、再聚面成体，对企业的全产业链转型升级。因此，企业的数字化转型将会是涵盖设计、建造、运营等多业务板块，并打通供方和客户端上下游产业链的变革，最终建设数字化生态实现企业核心竞争力的提升。

15. 建筑型企业普遍具备组织庞大、业务多元化的特征，因此存在众多管理系统林立、数据"孤岛"的现象，没有实现管理协同、提质增效。如何解决系统林立、不贯通的难题？

在数字化不断推进的进程中，内部系统之间数据的互联互通问题愈发明显，企业要打破业务之间、组织层级之间沟通不顺畅的问题更加迫切。因此，利用数字中台将对信息系统集成化管控，解决系统林立和数据碎片化是当前转型"深水区"的必由之路。

一是树立标准化的数据中台建设流程。对系统的接口、业务流程、数据标准等以统一的信息语言和技术框架建设，建立各系统之间的业务流，使数据突破岗位、部门、组织层级之间的限制壁垒，在企业内实现共享应用。

第十篇
数字化建设需求与问题解码

二是以流程和组织的重构为驱动建设数据中台。所谓的数据中台就是为数据提供统一的"归宿",因此这是一项跨越组织的系统工程。需要建立与之匹配的组织结构和管理流程,设置专门的管理组织和岗位职责,既要懂业务,又要了解数据之间的关联性,实现数据资源的整合。

二是数据中台的建设离不开流程和组织的重构。数据中台的建立旨在打通信息壁垒,决定了这是一项广泛参与的系统工程,无论在业务流程的规范和重构、与之匹配的组织架构、基于数据整合的流程重构、跨部门的协同和整合等方面,都需要做出与之相适应的改变。

三是共享、服务和链接是数据中台价值的核心。解决系统分散、碎片化数据是数据中台的建设意义。但数据资源的整合并非数据堆积在一起,而是根据企业的管理需求融合各类业务数据,以数据价值分析为目的,赋能企业管理,为科学决策提供依据。

16. 如何解决系统应用线上线下"两张皮"的现象,有哪些有效措施可以简化和优化数据采集方式,确保系统数据及时性、准确性?

一是要解决如何从源头实时获取真实、有效的完整数据。重视人机交互的易用性,保证系统的个人工作终端操作方便、简单,减少手工数据的录入,让基层易用、好用、爱用、乐用;结合数字化技术增强数据采集的自动化、智能化,实现数据自动传输;实现数据逻辑上的"数出一源,一源多用",对数据集成管理和服务。

二是要考虑外部数据的多源采集问题。解决多源异构数据的融合共享,包括系统集成、设计、开发并实施,研发智能设备,减少人为参与,聚焦核心业务,建设高质量的大数据采集与分析平台。

三是推动数据共享机制。在保障企业信息资产安全性和商业私密性的前提下,制定数据管理标准和应用规范,并提供对外开放的标准化接口,以实现数据的安全共享。

17. 数字化升级在建筑企业全业务场景中，数据赋能（数据驱动）的典型业务场景和应用价值有哪些？

一、物资管理

从基层入手，将原有纸质工作表单取消线下模板，通过业务场景化、场景数字化，将物资管理各个环节线上办理、移动办理，如物资计划发起、订单采购、废旧材料的调拨，合同的签订、变更、结算等业务，既能够提升办理效率，又加强了成本过程管控，可对成本进行更好地追溯。

比如智能物资收发料。通过智能设备的称重自动采集物资的过磅数据，保证数据的真实性和及时性，数据的自动采集和传输，减少人为干预程度，并通过设备的拍照留存，记录了物资验收全过程，提高了物资收发效率。

二、合同管理

顾名思义，项目的经济活动是以合同为起点，合同的执行也将贯穿项目的物资采购、工期进度、劳务分包、竣工结算等全过程，因此，思考如何通过数字化解决传统合同管理方式是数字化建设的良好切入点。

首先可以通过电子合同的应用来改变传统纸质合同的签订与审批，避免了线下的繁琐沟通，也保证了合同的合规合法性。还有就是合同的相关结算业务办理，通过业务系统与合同结算单的打通，将业务办理的数据，如物资采购、形象进度、零星用工等费用的支出一键推送至合同结算单，经商务人员的审核之后再推送至财务系统进行费用的支出。实现了数据的一次录入，一键获取。还可设置相应预置条件，如超合同不结算、合同结算费用达一定阈值，给予预警提示，更好地满足合同管理要求。同时也能够基于结算数据建设集团（局）、公司及项目三层级的成本分析，实现成本的精细化管理。

三、安全质量劳务整改管理

建筑业务线条多、周期长，尤其对传统的发包管理，项目的工程、安全、质量等多部门存在工作交圈问题，若发现问题，人员无法确定劳务队的整改情况，经办人员也未及时收到对安全质量等问题的处罚等，影响后续的生产、结算等

第十篇
数字化建设需求与问题解码

业务办理。

通过建设数字化应用，企业可根据管控要求设置一个参数，比如在进行结算业务办理时，若劳务方对存在的安全质量等问题未及时整改或整改尚未完成，系统会进行预警提示，甚至不允许提交劳务结算单，并给予原因说明，提供了企业安全整改的管控抓手，也能实现数据的及时传送，避免奖惩的遗漏和延迟。

四、结算管理

在经济线结算的办理过程中，可利用数字技术解决线下办理无法精准管控的问题，比如项目的结算量不能超过合同量、付款金额不能超过合同规定的付款比例等；在生产线的施工管理中，通过数字化＋工业化的智能设备实现数据的精准采集，为安全巡检、质量巡检、实测实量、人员的管理等提供科学支撑，加强各部门的协同。同时，数据之间的交互、分析为企业的管理决策提供更大价值，实现管理的闭环。

五、BIM技术管理

BIM在工程项目的应用，可以在PC端或者移动端查看某个楼层或建筑物，还可通过BIM模型的模拟，查看项目的应急避险等安全措施。而且，还可根据BIM数据的分析查看工期进度情况，以及物资的应用情况,比如物资的总控计划、需求计划等消耗量，实现BIM模型的轻量化模拟应用。

六、进度管控

对于总进度计划及节点工期计划，可利用数字化建设的项目进度管理系统，支持用横道图来以及斑马进度编制的网络图两种计划编制方式，直接查看到用斑马进度编制的网络图以及前锋线，实现对进度的可视化管理。不仅如此，企业还可以通过系统的数据在线采集汇总，查看各个项目的进度偏差情况，实现对全组织的运行、全项目的进度管控。

七、数据应用，智能决策

打造企业的数据资源中心，横向打通各业务线条、纵向贯穿各层级组织，利用大数据技术对企业数据资产进行挖掘，让数据"跑起来"，提升各部门协同效率，也提升企业的管理水平。

实现业务层的横向数据打通。分层分类梳理各业务线条管理报表，实现系统自动取数，在线应用。如物资出入库流水、对账单、结算单、分包与租赁合同、结算与支付等台账，物资与分包等成本报表自动归集，一个项目料账员从原来制作一个项目的料账可以轻松地完成2~3个项目的料账工作，项目商务人员成本分析直接从线上取数，成本数据一键归集，成本报表编制工作缩短三分之二，从而腾出更多精力去关注盈利点、亏损点、风险点、促进项目精细化管理。

实现各组织层级数据的可视化展现。将数据统一集中管理，面向企业管理者，建立数据管理驾驶舱，从工程调度、企业战略、人力资源等多维图表展现，用真实、及时、完整的数据为企业赋能，为决策提供科学支撑，挖掘新的发展机遇。

18. 如何进行数据治理工作实施？

数据标准体系建设的具体内容如下：

一是构建数据模型体系。数据之所以被称为数字化转型的核心，就是因其可建立数据模型，挖掘潜在的价值支撑企业运营决策。因此数据模型体系的建立也是数据生命周期的起点，它包含数据编码体系、分类体系、信息模型体系。若根据具体业务进行详细划分，信息模型系统又可划分为客户模型、内部业务模型和供应商模型；每一类模型又分为多个属性，如编码、公共属性、私有属性等，其中共有属性是除编码属性外的公共基础属性和业务属性，私有属性可从业务系统和组织机构来再分类。

二是构建数据质量标准体系。这是指对数据的质量进行标准化管理，如进行数据清洗、预处理等。可从技术标准和行为标准来进行划分：技术标准包括针对单属性字段的格式、符号、取值等统一规范，以及多属性之间的关联、校验和验证；行为标准是指人为识别数据的质量标准，选择对业务和数据关联较为熟悉的人员按照企业建模标准进行日常的监测。

三是构建数据安全标准体系。安全是企业管理第一要义，因此数据要建立严格规范的安全标准体系，对数据的全流程进行管控保护，包括数据采集安全、

第十篇
数字化建设需求与问题解码

数据存储安全、数据分析安全、数据共享安全、数据应用安全五个方面。建立安全管理体系，保护企业各环节的数据资产。

四是构建数据交换标准体系。数据交换并非数据对外进行共享，而是在企业内部各系统之间进行分发、传输、访问等过程。数据交换标准体系包括系统的打通、数据的传输、数据校验等规范。

数据治理工作的四大体系是息息相关、相互融合的，只有协同实施推进，才能有效将数据转化为"资产"，提升数据治理和应用能力。

19. 当前市场普遍应用的 BIM 设计软件多基于国外内核开发，自主可控的国产 BIM 竞争力不足，但是建筑企业数字化转型和智慧工地建设时不我待，如何看待国内 BIM 技术落后与企业数字化转型迫切的矛盾？

"BIM+"未来将会是企业数字化转型"深水区"的重要引擎。BIM 技术在国内虽仍有较大提升空间，但 BIM 在建筑项目各阶段的应用可以先试先行。根据 BIM 技术在国内的发展现状，强化 BIM 技术的应用推行，可从以下几个方面举措解决这种矛盾：

一是强化对国家政策的宣传解读。技术的流行和推广都离不开国家的支持，所以对于 BIM 技术而言，无论是在国内还是国外的发展历史，都是由国家主导大力推动，作为 BIM 应用效果最好的英国，更是强制要求建筑业应用 BIM 模型并全面推广。

二是加强对专业 BIM 人才团队的建设培养。可进行校企合作，高校开展 BIM 相关课程，企业为学子提供校外锻炼实践机会，鼓励参加行业 BIM 赛事。企业也可引入外部专业公司有经验的 BIM 人才，在组织内部开展 BIM 培训，将 BIM 与实际生产业务结合，推进 BIM 的应用实践。

三是简化 BIM 的复杂操作流程，降低应用门槛。如果 BIM 软件具有复杂的操作流程，可能导致很多设计人员在应用前已"望而却步"。因此降低 BIM 门槛，也强化 BIM 工具的安全和稳定性，升级迭代国内软件的研发进程，做到符合国内标准的高质量应用工具。

四是吸收外部经验，融合国内企业标准，建立完善的发展方案。BIM 在国外的技术及应用目前效果更优，我们要借鉴外部经验，取其精华去其糟粕，对 BIM 的研发、应用、推广制定更完善符合国情的策略。

20. 如何做实智慧工地管理系统，提升项目管理水平与员工工作效率？

智慧工地管理，是一个融合党建、生产、安全、质量等施工全过程的新型管理体系，以监测为抓手、以数字化为手段、以智能化为目标。可简要概括为"1+5"智慧管理体系，即"1 个综合管理平台"和"5 大管理模块"。

1 个综合管理平台：即智慧工地建造管理平台，以数字化技术体系为底座，集开发、运维、管理、可视化展示于一体，并作为物联网智能设备的管理平台；以数据中台为中心层，采用私有化模式部署，提供标准化的数据接口，对业务数据进行采集、接入、存储、分析；以可视化看板为展现层，为企业管理者提供运营生产情况的展示；以门户作为各类应用系统的统一入口，集约管理，实现项目管理能力和生产效率的提升。

5 大管理模块：即内控管理、生产管控、监测预警、BIM 应用和智慧党建管理模块。

内控管理模块：是企业为保证经营管理活动正常有序、合法地运行，采取对财务、人、资产、工作流程实行有效监管的系列活动，包括策划预控、分级管理、成本管控、知识空间等；

生产管控模块：是企业对项目的实际生产活动管理，采取对工程的进度、质量、安全等进行有效监管的系列活动，包括进度管理、安全管理、质量管理、资源管理等；

监测预警模块：通过监测手段，对项目的安全问题做到防患于未然，其包括视频监控、环境监测、深基坑预警、盾构预警、隧道预警、瓦斯隧道预警等；

BIM 应用模块：分析当前建筑业 BIM 应用发展情况，智慧工地建造管理平台 BIM 应用主要包含五大内容，即数字模型、深化设计、可视化交底、施工阶

第十篇
数字化建设需求与问题解码

段应用、智能施工等；

智慧党建模块：利用信息技术，通过对党建各方面工作的高效管理，更好地宣传党的思想，更高效率的工作，包括组织建设、党建风采、党员之家、学习教育、榜样力量等。

21. 如何实现 BIM 与项目管理（智慧工地）融合？

一是在设计阶段，BIM 模型自身所具备的三维可视化特点，能够很好地支撑设计人员了解建筑的结构和功能。同时，还可以实现设计信息的在线化，在团队协同共享。在智慧工地中，设计、施工、运营都可以通过 BIM 实现无缝对接，保证项目全过程的高度集成。

二是在施工阶段的 BIM 应用，可以将传统的二维平面施工图纸和方案变成三维立体可视化，提供详细的展示，提高施工的准确度。再者，BIM 技术可以将施工过程中发现的问题预警，支持团队快速制定解决方案。在智慧工地中，BIM 在施工阶段可以帮助工程进度等数据与其他信息的交互，如物资消耗、劳务方的管理等，实现施工过程的数字化管理。

三是在项目的运营阶段，BIM 可以为企业运营管理团队提供包括建筑结构、设备参数等详细信息，将数据共享，使建筑项目在电脑上更新查看，提高了智能化运营水平和管理效率。

BIM 技术与智慧工地融合，能够提高工程管理效率、降低工程成本、提高工程质量，可以实现工程项目的高效、低成本和高质量运行，为建筑行业带来新的发展机遇。

22. 如何构建企业的数字化业务管理体系、数据管理体系和技术支撑体系？

数字化管理战略架构总体包括数字化运营组织管理体系设计、数字化业务体系设计、数字化数据架构设计。

企业业务管理体系是按照组织管理体系从集团（局）、子（分）公司、项目不同的业务场景具体业务来划分，包括支撑层、数据层、门户三层级。其中支撑层包括互联网集成平台、智慧工地平台、BIM应用平台、大数据平台,通过商务、物资、财务、市场等功能模块的应用实现管理决策层、业务管理层、项目操作层的数字化管理;数据层是业务管理体系的数据资源保障,对数据资源的有效管理,可以实现基础数据标准(主数据)、数据接口标准、数据模型、信息代码、信息管理规范等的统一;门户利用大数据平台,建立集团(局)、子(分)公司、项目三层级指标分析模型,形成运营看板、辅助管理进行决策。

数据是企业在长期经营发展过程中积累的宝贵资产,也是数字化转型围绕的核心。数据管理体系是对企业的数据资产以标准化的采集、建模、分析和应用方式进行有效管理,具体可以分为三个层面:数据标准、数据治理和数据应用。数据标准是通过对异构数据进行统一的采集、分类、转换,可分为源数据、主数据、管理数据等,便于数据的整合分析;数据治理是对数据进行一系列管理的活动,包括数据清洗、统计、建模等环节,挖掘数据价值;数据应用是将挖掘后的数据价值以智能报表或可视化看板、管理驾驶舱等形式展现,以数据来提升企业的管理决策。

技术体系的建设应该以公有云和私有云为基础,利用5G、AI、IoT、大数据、云计算、移动互联网等技术手段,同时引入中台的概念,通过技术服务手段搭建的开放性服务平台体系,对业务提供统一的技术支持和输出。

23. 在数字化转型中如何完善业务标准化管理体系?

标准化是企业良好运营的准则,而数字化也是现在乃至未来讨论的核心。业务标准化管理体系的制定是企业数字化转型和高质量发展的关键要素,可从以下四个方面完善体系:

一是转变管理驱动方式。企业要在数字化时期转变传统流程驱动方式,在数据驱动的管理过程中不断完善企业的标准化管理体系,赋能业务生产效率提升。因此,企业要基于数字化技术的合理运用打造新的业务标准化运行流程,符合企业实际发展需要,提升管理水平。

二是加强业务场景信息化系统建设。数字化转型最为突出实效的手段就是

第十篇
数字化建设需求与问题解码

按照规划和标准建设信息系统,为一线业务减负就能够获取他们对数字化转型的信任和支持。建筑业信息系统的建设包括项目业务、供方和客户的上下游产业链,要以全局思维集成建设,以提高系统、接口、数据的标准化和常态化应用。

三是强化以标准化理念管理企业。无论是产品质量还是服务水平,都需要企业在执行时以更加完善的标准化体系来运行这个过程。企业可以建立业务标准化的操作流程,制定管理的规范制度,强化数据治理的标准,以提升一线人员、管理人员和领导者的工作效率。

四是以组织变革带动企业业务标准化。新组织结构的建立能够使企业更加聚焦于某一个业务点,为员工提供专业化的指导和交底培训等,让他们在业务运行中以标准化规范企业的生产经营,也能够推动企业全员对数字化的认识和理解。

概括而言,业务管理体系标准化是企业管理中的"血脉",通过转变管理驱动、数字化业务场景建设、标准化管理和组织变革来树立企业标准化管理理念,让企业少走弯路。

24. 数字化建设包括哪些内容?

数字化建设是指通过数字化技术建设和改造,使企业实现信息化。数字化建设的主要内容包括:

一是数字化硬件建设。数字化建设首先要建设高速网络、基础设施设备、建设安全网络环境,这些都是企业数字化建设的基础,可以显著提高企业业务处理能力和信息安全等。

二是数字化软件建设。软件建设需要具备特定业务功能的软件,包括基础软件、应用软件和专业软件,使企业在运行中具有更强的信息处理能力,提升管理水平。

三是数据分析建设。利用大数据技术,分析企业的数字化流程,并根据分析结果,改进企业的数字化管理和运营能力。

四是系统建设。建立全面、完善的管理体系,包括企业的数字化建设、管理、合作、服务等，方便企业管理各项业务流程、提高工作效率。

25. 数字化转型与管理标准化的关系是什么？是该统建系统还是统一标准更合适？

标准化是指项目在开启之前制定一系列的规范，使各项流程符合制度标准，以确保项目的质量处于良好的水平。数字化是将现实世界中的信息转化为数字世界中计算机所识别的语言过程。

在数字化转型的过程中，数字化与标准化是相辅相成、相互依存促进的关系。

标准化是数字化的准则，为数字化提供了规范和指导。系统的建设要制定应用和管理标准；数据的挖掘分析要按照统一的规则、统一标准进行清洗建模，确保数据的准确性和科学性；非结构型文档的存储也要按照标准化的命名、存储等，确保数字化建设的过程和结果能够被广泛接受。

数字化是标准化的引擎，驱动着标准化的发展。没有任何事是一成不变的，标准化体系也不例外。随着数字技术的不断更新迭代，新的管理理念和思维不断被创造，制度规范的制定也要符合当前的现状。例如通过数字化能够替代传统手动重复录入数据的问题，将线下以人为核心的标准化迁移至对数据的标准规范，保证数据的及时准确，从而使得标准化的过程更加高效。

数字化转型过程要遵循"四统一"原则，即统一规划、统一标准、统一建设、统一管理，这也说明了标准化对数字化转型的重要意义。标准化与数字化的相互促进能够消除系统建设的异构性，避免因数据标准不一致导致的孤井式数据，保证系统的高可用性和对数据资产的价值挖掘。

26. 企业数字化转型，可以以哪个板块为着力点开启转型之路？

一是技术基石。构建新一代数字化平台。"无平台不经营"是数字时代的常态化需求，商业模式变革、管理方式的升级换代都需要依赖灵活性、敏捷性和易用性的数字化平台，这也是企业应变能力的重要表现。

二是数据中台。构建新一代数字共享体系。连接是数字化的内核之首，信息系统的建设也要遵循"标准、数据、连接、智能"的原则统一规划、统一实施。

第十篇
数字化建设需求与问题解码

构建数据中台，汇聚多源系统数据，有效解决企业的信息"孤岛"问题，为数据驱动的实现提供平台工具，提升数据采集和数据转换的效率和质量，并为数据存储和数据治理带来便利。如业、财、资、税（业务、财务、资金、税务）一体化共享体系，打通业务、财务和管理的流程和数据，使内部资源（包括ERP系统等）和外部资源（包括客户、供应商、电商平台、银行、税务等）的互联互通，让连接无处不在。

三是智能物联。从源头收集数据提升工作效率。基于PaaS平台，利用物联网技术构建场景化系统，并AI算法融入生产设备，对生产数据的实时收集，既保证源数据的及时性、准确性，数据自动传输至数据中台进行分析，又能提升业务人员的工作效率和精细化管理。如以实测实量为抓手，提升混凝土质量监控数据的真实性，实现生产和质量数据自动上传、分析，并支持智能语音播报预警，防范现场测量安全隐患。

四是洞察数据。构建新一代数智运营体系。决策与风险预警是企业利用多种智能技术和工具，基于既定目标，对相关数据进行建模、分析并得到决策的过程，由业务线条主导，按照不同管理层级，形成集团（局）层面、公司层面、项目层面数据分析模型与报表，按照分析主题，可以划分为战略管理、质量安全、商务合约、财务资金、人力资源等运营分析模型，支撑企业的智能决策和风险预警。

数字化实施组织

27. 数字化转型和组织转型有什么关系？数字化转型能否穿透组织，带来组织转型？组织转型又能否释放企业对于数据的渴望，推动数字化转型？实践中，应该以哪个转型为主呢？

数字化转型的本质是对全业务链的升级，是由业务来带动组织转型，组织保障业务转型落地的过程。所以，数字化转型并非简单地成立懂技术的人员部门实现的，更重要的是既要将技术和业务融合，建立既懂技术又懂业务的创新团队，还要推进全员数字化思维，向着扁平化的数字化组织转型。

因此，在企业的运营管理过程中，要将转型效果落实到组织中来，所以数字化转型一定会穿透组织，或者说两者是"鱼水"的关系，组织转型与数字化转型相辅相成。

在企业实际的运营管理中，相对于其他类型的变革，领导者应以业务转型为核心进行管理决策。以美的企业的数字化转型为例，就是以业务转型推动整个数字化转型进程，美的企业的数字化领导者以数字化技术结合需求、计划、制造、研发、生产等全流程的智能制造为业务赋能；然后打通客户和供应商等产业链，完成"端到端"的全产业协同，来提升用户全方位体验和生活品质高度。即产品的打造是由"需求"开始,然后进入需求—生产—迭代—产品的过程，实现了需求带动生产的转变。

因此，企业的变革一定是离不开企业的战略制定和业务的升级，由战略引领数字化，制定组织变革模式和业务的升级。

28. 技术变化很快，但组织变化却慢得多。如何推动组织变革，创造出转型能力？

数字化转型并非仅仅是技术难题，而是需要领导大力支持，并在组织上进行转变，由此需要做到以下三点：

一是改变愿景。转型带来的并不仅仅是变化，更要使企业员工感受到转型带来的好处，工作效率的提升、企业效益的提高、管理决策的科学性等以及数字化转型可以为企业未来的发展做出何样的贡献，这样才能从根本解决企业内部不愿意变革的问题，改变企业固有的想法，擘画出一幅美好未来画面的愿景。

二是改变遗留平台。技术作为数字化转型的抓手，不仅无法直接为企业创造价值，而且没有完善的技术体系导致的系统林立和数据"孤岛"，更是造成数字化成本的耗费。因此，为了成功实现新一轮的数字化创新，企业必须持续迭代数字化平台技术，推出能够解决数字化问题的新版本。同时还需要建立标准统一的数字化集成平台，打通各系统之间的数据，积累企业的数字化资产，挖掘数据价值。

三是改变组织协作方式。在数字化转型过程中面临各种组织结构挑战的涉及各行各业，企业的业务人员与信息化人员无法很好配合。企业要解决的内部信息化与业务的协作关系，建立清晰的激励考核机制，让业务主管参与多个部门战略决策的制定，共同推动数字化转型。

29. 数字化时代的竞争，本质上是人的竞争，强个体对企业的发展变得越来越重要，但组织如何才能吸引"强个体"的加入，同时又不会被"强个体"绑架？

随着越来越多的90后、00后步入社会，"00后整顿职场"的现象增多，"强个体"变得越来越普遍。首先，"强个体"并非就等于优秀个体，而是指自主能力较强、价值观不再唯命是从，是既尊重组织也非常尊重自己的内心的新个体。对于"强个体"的管理方法可以从以下四个方面着手：

一是进行平台化管理。人才的发展一定会得到平台的支撑，平台化管理就是赋能每一位员工，得到锻炼发展提升的机会。

二是制定激励分享机制。将企业员工以"合伙人"的方式对待，让"强个体"融入企业实际的转型项目，并建立业绩激励机制，使有能力、有创新思维的人员得到重用，也能够引入"强个体"参与核心项目建设，并分享"强个体"成长计划，鼓励更多的人员参与。

三是建立开放包容的文化氛围。优秀的企业文化能够为组织带来更多的人才，对于年轻人要给予足够包容，让他们大胆创新、敢于挑战，激发企业的活力。

四是企业各层级人员的角色转换。领导者在带领"强个体"时，要转换新的角色：引领者，要有能力发现优秀个体，发挥传道授业解惑的作用；筑梦者，为组织中的"强个体"提供发展平台，并带领并指导人才成长；同事，在组织中"强个体"更希望得到领导者的尊重和支持，体现出自身的价值。

30. 数字化转型是长期的过程，需要投入大量的资金，转型中的组织常常会面临资金从哪里来的问题，怎么办？

企业的数字化转型一定会涉及资金投入的问题，资金投入并非大手大脚地花钱建设系统、购买产品，而是在制定的体系内谋划好发展方向和制定投入预算，循序渐进地支出并产生效果。因此，数字化转型资金的投入往往需要思考三个方面：

第一，首先要确定企业的转型路径是否正确。无论是发现实现数字化转型需要耗费企业大量的资金，还是不需要或者需要极少资金，都要考虑企业当前的转型方式是否正确，能否达到企业降本增效、数字化和智能化生产的目的。因为企业的转一定伴随着人员、资金的合理投入，若超出企业的预算范围，就要停下判断当前的路径是否出现偏差。

第二，转型的投入和产生的价值是否产生正比。如果企业的投入无法带来相应的效率、效益的提升，那就要考虑项目建设的成本结构是否合理，是否有更优的替代方案等。比如，一些组织庞大的企业往往会建设私有化的 IT 基础设施体系或数据中心，这对企业 PaaS 层的搭建和数据安全性方面确有优势，但对于小型私营企业，这种建设或许会导致企业运营成本增加，增大管理负担，或许采取租用公有云的方式更具性价比。

第三，是否可以采取合作的模式，引入新的资源投入。这种方式的优势在于不仅为企业带来资金来源，也降低了数字化转型的风险，拥有更多的资源去探索、借鉴。当然前提是要选择适合自身企业发展的合作伙伴，具有相同的愿景和现状，否则可能会导致数字化转型的停滞。

31. 在三年疫情冲击下，很多表现好的企业都具备数字化能力强的特性。怎么看待企业的数字化能力以及应对冲击的影响？

疫情既为企业的运营带来了危机，也按下了数字化转型的"加速键"，使众多传统的线下业务搬到了线上，使企业享受到了数字化带来的"红利"，离开物理世界，迈入数字领域，如视频会议、电子合同、在线监管等。即想办法搬到数字世界，保证生活、工作、学习、经营的持续进行。

"拥有数字化能力成为分水岭"这也是疫情期间所经常听到的一句话。能够在疫情期快速恢复正常经营水平的企业，一般都是有一定数字化基础或数字化思维较重视的企业。因此，数字化是企业应对风险、使数字化和业务走向融合的一个方向，未来也一定会通过数字化转型使企业走向更高质量的发展阶段。

当然，也不能对"数字化能够解决一切问题"的说法一概而论，毕竟数字化转型是组织上下共同努力实现，领导制定优秀的战略规划、信息部门建设数字平台和应用、业务方积极参与推进实施等，这样才能增强企业的抗风险能力，把危机变成机遇。

32. 如何定位在企业数字化转型中，公司战略规划层、管理控制层和项目作业层在转型中的组织划分和职能？

战略规划层数据顶层设计。战略规划层（又称管控决策层）由集团（局）高管领导、各部门主管组成，其任务是建立以数据驱动为核心的战略目标，制定具有大数据思维的顶层机制设计。从组织整体利益出发，对整个组织实行统一指挥和综合管理，并制定组织目标及实现目标的管理方针。

管理控制层组织协同机制。管理控制层（又称运营管理层）由各级子、分公司、事业部组成，其任务是落实战略规划层制定的方针、政策，并贯彻落实到各业务工作中去，对日常工作的开展进行组织、管理和协调。管理控制层是敏捷性要求适中的战略性应用组织，主要负责对集团（局）下达的战略目标进行分解，制定可执行的操作方案以支撑目标的完成，保障执行操作层，按业务线条提供资源、技术、协调、监督、支撑、服务、评价组织活动成果和制定纠正偏离目标的措施等。

执行操作层数据收集源头。执行操作层(又称项目作业层)由各项目部组成，其任务是负责具体的业务办理、综合业务分析、数据及工作上报等任务。在决策层的领导和管理层的协调下,通过各种技术手段,把组织目标转化为具体行动。

33. 如何确定适合企业自身的数字化建设模式和开展数字化平台选型工作？在自行开发、联合开发（自主＋外包设计开发）和厂商产品采购实施中如何抉择？

自研和外采的选择不能一概而论，要结合企业的管理体系和业务场景去考虑。不过从宏观层面来看，如果所处行业的数字化平台技术已较为成熟，同领域内已有较多企业采用市场的数字化平台，根据企业的投入产出比和建设、运营成本，建议选择外采的方式开展数字化平台选型工作。如果行业内尚未有成熟的产品，企业也有建设高度定制化平台的需求和投入，建议选择自研的方式，建设契合企业发展的数字化平台。

一般来说，企业通过根据以下四个原则来判断选择何种建设方式更为合适：

一是企业的业务复杂，市场没有可以满足需求的产品时，建议选择自研。平台的自研往往需要投入较大的人力、财力、物力和时间成本，不过企业的业务如果具有特殊性，需要定制化的业务场景，自研能够较大提升数字化转型进程，可以选择自研方式。

二是企业的核心业务建议自研，公共服务可以选择外采。对于企业的核心业务、核心数据，企业可以选择自研的方式来确保信息安全，自研也能够定制个性化的功能来提升经营管理效率；而未涉及核心业务的系统应用，且市面已存在较为成熟的产品案例，可以选择外采的方式，使企业可以更加聚焦核心业务，避免重复造轮子。

三是企业的投入产出比是决策自研还是外采的重要依据。根据企业对数字化的投入来判断，而且数字化是持续投入的长期过程，可能在一定时间内无法显现突出效果，所以衡量数字化的投入产出比对企业选择自研还是外采有较重要的依据。

四是根据企业的规模来判断。对于大型企业，可以根据以上三点来选择自研或者外采。不过一般的中小型企业资源相对有限，无法承担得起定制化的自研，或者外采复杂的系统。中小型企业更适合直接采购操作简单、应用门槛低

第十篇
数字化建设需求与问题解码

的 SaaS 型产品软件。

34. 如何利用企业外部系统规划设计咨询、技术开发等行业资源参与数字化管理运营平台建设，构建企业数字化转型建设生态圈？

数字化转型需要应对快速变化的市场和技术发展，因此企业需要利用外部资源来补充自身的技术和人才不足。这包括与其他企业的合作、与科技公司或创新团队的合作，以及招聘外部人才等方式，以提高数字化转型的能力和效率。

数字化给社会发展带来的思路，就是利用数字技术将各种社会资源中的数据进行分析，挖掘数据的价值。这也是数字经济中著名的"跨界"和"融合"。这两项理念在企业管理中的应用，并非仅是建立数字化团队，而是在此基础之上，通过数字技术整合各业务数据建模分析，建设企业各业务管理驾驶舱，赋能企业管理。

而作为国民经济的建筑业，企业要打造自己的管理平台，做好"跨界"的资源"融合"，要依据企业自身现状，打造定制化的管理输出平台和工程服务平台。

所谓的管理输出平台，就是以"管理提升"为目标，根据企业的管理经验和运营状况，将自己的优秀管理经验梳理出一套标准化的管理流程体系，并非是单一业务，可以是经济、生产、数据等领域的创新管理理念，然后将该体系进行输出，即将标准化的管理经验提供给其他企业或分包团队借鉴，因此可以将建筑企业打造成标准化的管理输出平台。

工程服务平台，顾名思义，因为建筑企业是以项目为单元，以施工生产为主体，贯穿产业链上下游，扩展企业的发展版块，如设计、投资、运营等业务，将企业打造成具备工程总承包资质的企业，即全价值链工程综合服务平台。

35. 如何化解组织内部数字化转型的阻力。数字化转型涉及面广且变革项多，在转型时遇到的阻力会更大。那么组织怎么才能很好地化解这部分阻力呢？

数字化转型过程中，主要面临以下几项阻力：员工参与度不强；缺乏具备专业知识和技能的数字化领导者来统筹规划；无法对企业所积累的数字资产进行价值应用；对数字化产业生态缺乏明确的发展愿景和实现路径等。

为此，企业在数字化转型过程中，尤其当前处于转型"深水区"阶段，应如何化解遇到的这些阻力呢？可从以下五个方面实现：

一是处理企业内部员工对数字化转型参与意愿不强的阻力。对于企业的一般人员而言，大部分人都喜欢"墨守成规"，习惯于当前传统的工作运行方式；变革常常意味着摆脱熟悉的环境，甚至从零开始。因此，转型过程不是推翻或者颠覆，而是循序渐进的过程，让员工积极参与进来，赋予他们足够的权责，让他们感受到尊重和转型带来的效果，了解利害关系，主动参与，协同推进。

二是寻求具备专业数字化思维和能力的领导者制定转型完善的方案。数字化转型并不是喊口号就能实现的，需要领导者制定详细的规划和路径，需要专业的知识技能和组织团队来实现。因此，企业可通过培养或引入既懂IT技术又对企业业务了解的复合型人才，并选择团队管理能力较强的骨干型管理者来参与企业数字化战略设计，并寻求外部合作伙伴，建设生态型数字化产业链。

三是以组织结构改变激发企业数字化转型动力。数字化转型组织结构的改变，需要各业务线条人员改变角色和职能，从传统的纸质版、填报式转换为线上取数、线上检查、线上监督等，为企业的变革注入新的发展动能。

四是做好数字化投入的管理。数字化转型是需要长期投入人才、时间、资金等资源，要提前筹划好企业的成本投入、面临风险等，同步规划转型的实施路径和费用预算，以产品化的思维打造企业数字化成果。

五是克服数据"孤岛"问题，发挥数据价值。数字化转型就是要发挥数据的价值，但孤立的数据往往是大部分企业所面临的困境。因此，必须站在全业务链角度统一信息化系统建设的标准、统一数字化平台底座、统一数据标准，建立企业的数据资源中心，实现企业的数字战略。

36. 数字化转型在于"形"，更重于"神"。数字化转型也是企业文化变革重塑的过程。即便拥有成熟的技术搭建数字化平台，如果企业文化变革没有及时跟上，管理理念没能及时转变，员工的工作思路和方

法不能适应数字化发展要求，企业很可能会被原有的惯性拉回既定轨道，使数字化转型难以推进。如何应对企业文化变革不到位的难题？

数字化转型过程中，培养企业数字化文化是非常重要的。以下是一些方法：

一是领导者的支持。主要领导者的支持和承诺是培养数字化文化的关键因素。

二是员工参与。鼓励员工参与数字化文化的形成和发展。

三是数字化教育。提供数字化教育，以帮助员工理解数字化文化。

四是数字化文化模型。建立数字化文化模型，以确保数字化文化的有效实施。

五是数字化技能培训。为员工提供数字化技能的培训，以提高他们的数字化水平。

六是数字化工作流程。实施数字化工作流程，考核是关键，可以提升工作效率。

七是创新奖励。提供创新奖励，鼓励员工在数字化领域发挥创造性。

八是数字化文化的持续改进。通过不断的持续改进来确保数字化文化的可持续发展。

数字化技术路线

37. 集团统建项目管理系统好还是分（子）公司自建业务系统好？

对于大型建筑企业集团，目前有两种数字化建设途径，一种是集团统建项目管理系统，分（子）公司在同一平台个性化二次开发，另一种是集团只管数据标准，分（子）公司自建业务系统，通过统一的业务中台和数据中台进行数据打通。请问，从全国的经验来看，哪种效果更好？

对于两种数字化建设途径，不能单纯地说哪种效果更好，或者哪种模式更优，需要企业基于管理实际从经营板块、标准化程度、考核机制等方面综合考虑，更多的时候需要两者相结合来开展。比如大部分建筑企业，主营业务是施工，同时还覆盖投资、地产、建筑工业化等业务，其中施工板块可以根据业务管理标准化程度采用集团统建，减少资源重复投入，同时提供个性化二次开发满足部分差异化要求。

如果业务管理标准化程度不高，下属企业管控模式完全不同或差异较大，则可以采用各分（子）公司自建，集团统一数据标准，实现数据互联互通，包括投资、地产等业务。

对于标准化程度较高的业务线条，比如人力资源、党建管理、财务管理等，可以采用集团统建来推进。同时，一些单位受考核机制影响，部分业务线条不愿意在系统中真实反映业务情况，导致线上与线下"两张皮"，线上数据不真实，与数字化转型目标相背离。因此，为满足考核要求，还要在系统中设置一些功能，在确保源数据真实的情况下，基于报表需要进行调整，生成管理报表。

38. 现在行业里面普遍存在一种现象，就是BIM、IoT、AI等新技术难以推动。其中的主要原因是什么？应该如何解决新一代技术在建筑企业应用不足的难题？

人员对新技术的应用能力影响着技术的推动。现在，整个项目的人员组成非常复杂，人员对新技术的应用能力差距也较大。想要在项目上推广这些技术，项目经理必须对相关技术有非常深入的了解。了解这些技术能给项目带来哪些价值，项目经理才会有推动的动力，才能加大力度在整个项目真正推动新技术。比如BIM技术的推广一般都放在了技术部，项目现场也安排有专人负责BIM的应用。然而，如果项目经理不能利用BIM技术实际指导现场，很可能出现BIM做归做，实际施工归实际施工，技术没有真正应用到施工过程中。实际上，现场做BIM应用的人，也需要有施工经验和一定的深化设计能力，这样做出来的东西才更贴合现场，才能实际地去操作应用。

新技术的推动需要有顶层的重视及准确的技术应用定位。技术方案不同，在推进的过程中就会碰到不同的问题。对真正会用该技术的管理者而言，可能技术本身没有发生变化。但是在技术推进的过程中，大家还不了解这个技术，需要系统的指导。比如，这些技术到底能够解决什么问题，需要项目自上而下形成系统认识。项目需要在财力上、人力上得到上级支持，在这个过程中，新技术不一定能直接解决具体的业务问题，但却可以在解决业务问题的过程中起到很大的作用。当然，这需要有一个对新技术形成成熟认知的过程，需要领导特别关注，并且更加深入地把新技术纳入管理流程中去，特别需要公司出台行政要求，共同促进新技术的落地。

39. 企业技术平台（企业技术平台基座）与各业务子系统的关系该如何定位？

我们可以把数字化转型看作一个系统的工程项目，"平台"就像是建筑工程的地基，各业务子系统类似地面的房屋建筑。因此，平台对于数字化转型的重要性不言而喻，只有夯实平台基础，才能构建稳定可靠的信息系统，确保转型的可持续进行。

平台常见的包括技术平台、业务平台和应用平台，三者之间的关系如下：业务和技术平台是作为技术研发人员所使用到的平台，而应用平台则是提供给用户去进行业务办理的平台。所谓的"各业务子系统"是系统针对具体的业务场景，如合同管理、物资管理、劳务分包、生产履约等业务建设而成的信息系统，各系统之间有相同的数据标准、接口标准，并基于统一平台建设，最后构成能够支撑企业生产运营、产生业务数据的数字化整体。

平台是可以复用的，而系统由于考虑了各个部门的关联性，因此会变得比较僵化，复用性差，这对于企业信息化的长久发展存在很大隐患。很多企业习惯于买"系统"，然而其实企业的业务是在不断变化的，优秀的"平台"能够很快适应这种变化，而"系统"由于僵化则很难适应，这也是为什么很多企业特别是实施国产管理信息系统的企业隔几年就换一套系统或者干脆换到国外软件平台上的原因。

40. 如何开展数字化技术平台选型工作？使用自建平台还是公共平台？

自建平台和公共平台各有优劣，并非非此即彼，适合才是最重要的。

自建平台，通过私有化部署能够将核心数据掌握在企业自身手中，保证了核心资产数据的私密性和安全性，更方便应用系统的建设和数据价值的分析。而公共平台的优势则是可以减少企业投入成本，无需自行购买基础设施设备和节约实施维护成本，可以直接利用公有云的平台技术优势进行系统建设，但同时安全私密性方面不如自建平台。二者的平台选择各有利弊，企业需要根据管理需要进行判断，或者寻求将二者融合探索更优的混合云方式。

根据自建平台和公共平台的各自优势，企业可以根据投入成本和数据安全性的考虑选择，对数据安全等级较高的大型央企、国企、优秀民营企业，建议使用内部自建平台为主；而对于数据安全要求没那么高，投入成本有限的企业，可以使用公共平台。

从数字化转型长远角度来看，以及网络强国的战略要求，国家对数据的安全要求会越来越高，对公共平台的管控也会更加标准、更加严格，对数据存储的安全性也会不断加强。因此，在公共平台的不断迭代更新中，安全性方面会持续提升，而且其具备技术优势，若安全性和稳定性达到较高程度时，或许未来会有越来越多的企业选择公共平台作为数字化转型的基础平台。

41. 现在比较公认的说法是，要将企业的能力共享，就需要建中台，而中台是做数字化转型的战略要地。中台究竟是什么？企业应该如何建中台？

中台是企业实现能力复用的重要表现形式，是企业数字化转型的重要战略要地。企业要建立数字化平台就必须要进行三大能力建设：第一是核心资源配置能力；第二是专业技术支撑能力；第三是风险预控能力。缺乏中台能力的支撑，企业在转型中的实效和价值就难以体现，无法实现企业的集约管控、赋能管理。

从实现效果上来看，中台就是对将企业常用的功能或组件提供复用能力，减小前台的负载压力，为企业共享能力的聚集地，连接前后端协同工作。在传统的企业信息化建设中，如何实现前后端的快速协同是信息技术的痛难点，要提升企业的业务效率，中台的建设迫在眉睫。而对数字中台的建设包括业务中台和数据中天。前者是将各业务线条的共性能力提取共享，这也是业务转型的

第十篇
数字化建设需求与问题解码

必由之路；后者是通过将数据采集后集中存储，并提供一系列的数据分析和应用能力，达到数据价值共享的效果，这也是数字化时代数据所带来的红利。中台的建设可以分为以下五个方面：

一是夯实数字化基础设施建设。对机房的服务器、网络带宽、数据库的存储、分布式集群等进行优化和调整，基于硬件设施构建安全稳定性高的私有云环境，提升存储和计算能力，同时也能够加强对基础设施平台和云平台的监管能力。

二是搭建文件的技术平台底座。现在主流的包括容器云、大数据平台、物联网平台、低代码开发平台等，支撑企业建设数字化应用和后期的技术运维，实现横向打通各业务线、纵向贯穿各组织层级的统一化技术管理，也避免"烟囱"林立的系统和数据"孤岛"。

三是建立数据资源中心。建筑企业的运营以物联网、大数据、AI等数字技术为核心，破除系统之间的"部门墙""数据篱"，利用物联网技术从生产源头采集数据，根据大数据和AI算法融合进行数据分析、以数据看板或企业驾驶舱的形式展现。

四是制定数字化标准管理体系。对底层基础设施、数字化平台、业务系统、数据应用、网络安全等提出应用标准，为企业的数字化转型提供标准依据。

五是提升企业的网络安全。网络安全是企业时刻要遵守的准则，在网络、机房、平台、信息系统等方面做好安全等保测试，保证数据安全的机密性，扩大最新技术的应用探索，加强安全的可控性。

42. 中台建设的目的是为前台提供共享的能力，但标准化的能力往往与前台的需求存在一定的距离。这就出现了有段时间说某大厂在"建中台"，有段时间又说他们在"拆中台"的消息。标准化的能力输出与市场的复杂环境之间显然存在矛盾，如何解决？

阿里巴巴作为业界的巨头，同时也是践行数字化的先驱者，最早提出中台建设的理念，其提出"大中台、小前端"战略，以应对复杂多变的前端需求，为平台减负；华为也提出"让听得见炮火的士兵做决定"的口号，强化中台的建设。

但数字化给人一种变幻莫测的感觉，阿里曾有段时间被传出在进行拆中台的举措，这迷惑了很多数字化转型企业的中台建设信心。举个例子，2021年字节跳动公司拆除中台，不再采用"大中台-小前台"模式，宣布将业务重组。

后台稳定的性能和前台快速变化的个性化需求，这种矛盾是一直存在的，系统的AI算法、大数据、物联网等的接入还是要依据平台的后端来调整。所以，比如字节和阿里所做的"拆中台"也就是基于这种矛盾下所做的举措。中台更像是连接前端与后台的转换器，基于前端的个性化需求，缓解后台的压力，提供可复用性的组件，使前端得到快速响应，整合了前后端的资源优势，为算法、大数据等提供更加轻量化的接入方式，避免了这种矛盾。所以，看似企业是在废除中台的建设模式，但实际他们只是破除"大中台"的冗余，精简功能组件，建立更加灵活、快速响应的"小中台"。

再回到字节企业，他们并非一味地拆除"大中台"，或者用"中台重构"更为贴切，将大中台细化为一些个性化的小中台，比如他们所设立的市场中台、直播中台等。所谓的中台的新增和拆除，其实也只是平台架构的一种调整，最重要的都是以业务的效率提升，解决传统的前台与后台的矛盾为目的，业务和数据中台的逻辑并未发生本质变化，核心都是服务于组织的战略和业务的运行。

43. 如何开展技术架构规划、设计与选型？

企业的数字化体系的制定往往都包含技术、业务和数据三个架构。

技术架构的设计是结合当前主流的数字化技术，如5G、IoT、AI、大数据等，制定适合本企业长期可持续发展的技术标准和策略，确保技术方案能够有效支撑战略需要和服务业务运行的目标；业务架构的设计要梳理企业的业务场景，定位业务运行的痛难点，思考如何将物理世界业务的办理转化为数字化的业务，并进行信息系统的建设，并关联产业链上下游，打通全价值链业务；数据架构的设计要从业务发生的数据源思考，包括数据采集、数据清洗、数据建模、数据分析、数据应用等环节，建立集成化的数据湖，并接入数据分析工具，支撑智能报表和可视化的看板展示。

第十篇
数字化建设需求与问题解码

技术架构的规划和设计要考虑以下五个方面：

一是分析现有系统的技术架构和技术实现。评估其可扩展性、可维护性和可靠性。研究新兴技术，如云计算、人工智能、物联网、区块链等技术的应用，为业务发展提供技术支持。以数字战略为牵引，从全局角度确定选型策略和技术标准，确保当前技术能够支撑战略目标的实现，并进行技术架构评估和推广方案的预算计划。

二是技术架构设计。确定业务需求和目标，在进行技术架构设计的过程中，首先要确定业务需求和目标，同时也需要确定数字化转型的重点和方向。只有清楚需求，才能确定整个技术架构的蓝图。因此，在此之前，企业应该开展一些前期的策划工作，包括调研用户需求、市场状况、业务流程等。

三是制定技术选型方案。在确定业务需求和目标后，需要根据需求和目标制定技术选型方案，特别是在硬件及软件的选择上应该做到审慎。同时对于核心技术，建议选择开源技术，这样可以减少企业的成本投入和模块设计上的限制，并且能更好地满足复杂的业务需求。

四是确定架构模式。架构模式是构建技术架构的核心，在选择架构模式时，应考虑架构的可扩展性、高可用性、安全性等问题，同时也应该充分考虑企业的实际情况。例如对于一些高并发业务，可以采用微服务架构模式，这样能够提高系统的性能，确保系统具有高可用性和容错性。

五是优化技术架构设计。对于优化技术架构的方式，可以考虑采用各种MVC、MVVM模式，使得设计合理、可维护性强，同时，数据库的设计也非常重要。设计可应对增长需求的数据库，可以为应用带来非常好的用户体验。

44. 企业在运营生产的过程中，积累了大量的业务数据。在数字化转型过程中，如何管理和整合企业大量的内部经营数据？

在数字化转型过程中管理和整合大量数据的方法包括：

一是数据清洗和整理。确保数据的准确性、一致性和完整性。

二是数据存储。使用数据仓库或数据库系统来存储数据。

三是数据分析。使用数据分析工具（如 SQL 或 Python）或专业的商业智能（BI）软件来深入了解数据。

四是数据可视化。使用图表和可视化工具来帮助理解数据。

五是数据治理。实施数据管理规则和流程，以确保数据的安全和可靠性。

六是数据集成。整合来自不同数据源的数据以获得更全面的见解。

七是数据分发。通过 API 或其他数据分发机制将数据传递给相关部门和业务系统。

45. 数字化转型过程中，技能提高和培训是一个重要的问题，如何提升企业员工的数据化应用能力，以确保员工能够应对数字化环境的挑战？

以下是一些确保员工应对数字化环境挑战的方法：

一是定期培训。定期举办培训课程，帮助员工了解最新的数字技术和方法。

二是技能提升。鼓励员工不断提高自己的技能，并提供支持，使其能够适应变化。

三是创造学习机会。提供实践机会，让员工在实际项目中实际体验新技术，并从中获益。

四是合作培训。与其他公司或行业机构合作，提供培训机会，以提高员工的技能。

五是定制培训。根据员工的专业领域和需求，定制培训课程，以提高其专业技能。

六是技能证明。提供证明员工技能的机会，如通过认证或证书。

七是数字化文化。培养数字化文化，鼓励员工接受数字化技术和方法，并不断学习和提高。

46. 数字化转型过程中，如何保持技术的更新和升级？

数字化转型过程中，保持技术的更新和升级是很重要的。以下是一些方法：

一是跟踪技术发展。定期了解市场上的最新技术，以确保不会错过任何有益的技术升级。

二是合作伙伴关系。与技术公司建立合作伙伴关系，以确保随时能够获得最新的技术升级。

三是技术团队。拥有一个专业的技术团队，以确保技术的更新和升级。

四是投资研究与开发。企业投资研究和开发，以确保技术的不断改进和提高。

五是参加技术展览。参加各种技术展览和会议，以了解最新的技术趋势。

六是技术评估。定期评估现有技术，确定需要更新和升级的地方。

七是灵活的技术架构。建立灵活的技术架构，以便在未来可以容易地接受新技术。

47. 数字化转型过程中，如何选择合适的合作伙伴？

选择合适的合作伙伴是数字化转型过程中的关键问题。以下是一些指导方针：

一是定义需求。明确需求是选择合适合作伙伴的关键步骤。

二是对供应商进行研究。对供应商进行详细研究，以确定他们是否符合需求。

三是关键技术的评估。评估供应商的关键技术能力，以确定他们是否有能力提供所需的解决方案。

四是参考案例。评估供应商的案例研究和客户评价，以确定他们的实际表现。

五是合同审查。对合同进行详细审查，以确定所有相关条款。

六是定期评估。定期评估合作伙伴关系，以确保合作伙伴满足需求。

七是开放沟通。保持开放的沟通，以确保合作伙伴的合作意识。

48. 如何通过数字化管理平台有效管控项目？（如项目成本管理、履约进度管理、质量、技术、安全、往来资料管理、项目经营绩效与组织考核等）

数字化项目管理，即在数字化管理平台上，运用数字化技术建设场景化的应用，解决在建筑施工生产中的难点，最大限度地利用信息资源为生产减负，实现优质履约和效率提升。

一、引入现代化技术设备

一是物联网技术和人工智能算法。物联网（IoT）技术和人工智能（AI）

建筑企业数字化系统建设方法论
Construction Methodology of Digital System in Construction Enterprises

的融合在项目生产过程中应用范围最为广泛，通过在生产设备上安装传感器，将生产数据自动传输至系统，并结合 AI 算法实现对工程质量、安全预警等方面的监测和管理，提高设备器材等的利用效率，保证工期进度和安全质量的稳定进行。

二是无人机技术的应用。无人机技术现在已普遍应用于工作和生活中，在项目运行过程中，通过无人机进行现场的勘察、巡视，还可帮助人员进行复杂的数据测量等，既能节省人力成本的消耗，也能确保数据的精准性和高效性。

三是 BIM 技术的应用。"BIM+数字化"是未来数智建造的发展趋势，BIM 在项目的设计、施工、运营等各个阶段都有广泛的应用前景，能够实现项目的集成管理，在生产运营、安全预警等方面提升工作效率。

二、数字化项目管理

一是项目业务管理。通过对业务场景的解读，将实际业务转化为数字化系统，基于统一平台打通各业务线集中管控，提升信息数据的管理效率，降低项目成本。

二是工期进度管理。通过分级预警或实时监控项目的生产进度，然后统筹分配相关资源，按时完成施工任务高效履约。

三是安全质量管理。利用数字化工具实现线上检查、线上监督，对质量问题分级预警及时督促整改；通过物联网等智能设备的应用提高施工质量和安全性。

三、智能化施工场地

一是智能安全管理。融入 AI 算法进行人脸识别、智能监控提醒等，保证项目人员入场的精准管理和安全监控。

二是智能设备的应用。通过智能靠尺、实测实量、智能监控等设备，对现场的设备、材料等精细化管理，避免物资材料的无效耗损。

三是对能源消耗的管理。建设智能监测系统对项目能源消耗进行记录和分析，找出异常消耗的场景，降低能源成本，也减少因能源消耗对环境造成的影响。

四、人工智能与大数据分析

一是智能决策。借助大数据等技术，对项目生产过程中的数据进行采集、建模、应用分析,为管理者的决策提供科学支撑。

二是风险预控。通过分析施工积累的历史数据,发现施工过程中的质量问题,并提出相应的改进措施,提高工艺质量和风险应对措施。

数字化保障体系

49. 如何融化"两张皮"、打通部门墙、拆除数据篱?

当前建筑业数字化转型普遍存在的现状问题,即懂建筑业务的人员不懂IT技术,懂IT技术的缺乏对建筑业务和管理的经验,缺乏既懂业务又懂技术的"复合型"人才,各业务线条没有统一的管理语言。造成人为分割,各自为政。因此,会导致系统建设林立、数据标准无法统一,造成管理和业务的"两张皮"、各部门之间的部门墙、业务线条之间的数据篱的问题。

关于这个问题,可以从以下两个方面解决:

一是要健全信息化管理体系。企业要想数字化转型成功,首先要建立良好的运行机制。一是网信工作领导小组要真正发挥实效,各级一把手要亲自参与、亲自部署数字化转型工作。我们一直在说,数字化转型是一把手工程,这里的一把手说的不只是企业一把手,还包括各业务线条、分(子)公司、项目等。其次要做好数字化转型宣贯,要将信息化内容融入各项专题培训,包括领导干部、业务线条、项目经理、新员工等,逐步提升全员数字化转型意识。

再次要在企业形成良好的数字化创新氛围。要协同业务、上下联动,组建由信息化人员与核心业务骨干组成的数字化创新团队,共同参与数字化创新,打破部门墙。

二是要提升业务与技术双轮驱动力。业务部门要从企业管理提升角度出发,结合数字化场景应用,系统性地推动制度优化、习惯改变。其次要聚焦当前集团、分(子)公司、项目核心业务管理存在的痛难点,梳理各自的业务流程,管控要点,业务与业务之间的逻辑关联,深度参与业务场景挖掘。同时要负责本业务线条数字化创新成果的推广应用，并要加大力度，将应用要求纳入业务考核。

信息化部门要全力做好配合并改善用户体验，根据业务管理要求做好产品架构设计，确保系统直观、好用、易用同时负责运用信息技术，实现场景数字化、数据业务化，逐步将业务、数据打通。

50. 在数据治理工作中，如何建设数据保障机制？

开展数据标准体系的规划设计，相应的保障措施必不可少。数据标准体系建设的保障包括划分组织内的相关职责，制定数据管理制度的总则、细则、考核办法，明确各类数据的维护、审核流程等。

一是构建数据标准管理组织架构。以"虚实结合"的策略，先建立虚拟组织，并制定数据的组织保障体系，明确组织内人员的相关责任，然后根据企业运营的实际情况在适当时机，将虚拟组织转化为实体组织，保证组织体系的完整性。

二是建立数据标准管理制度体系。数据管理制度应涵盖企业数据管理机构人员的构成及职责、数据管理标准、数据运维流程、监督及考核机制。要利用外部先进管理思想，结合企业数据管理现状及管控要求，实现"统一管理、多级维护、分级审核"的数据管控机制。同时，要结合企业不同业务域对数据的管理要求，制定权限体系，对不同层级、不同线条的数据既要统一标准，又要分级管控，如共享（特征）数据管理权限、机制，财务数据管理权限、机制，仓库数据管理权限、机制等。

三是数据标准管理流程。将数据的管理流程标准化，明确各层级对数据的权限访问、操作要求等。数据管理组织、制度和流程体系应形成文档并发布。

51. 随着数字技术的日益普及，企业对数字化人才的需求呈现爆发式增长，数字化人才缺口日益扩大，仅掌握信息技术的人才已不能满足数字化发展的需要。该如何建设和培养自身的数字化转型团队和人才梯队，培养既懂业务又懂信息技术的复合型数字化管理人才，以满足企业数字化转型建设的需求？

塑造复合型人才的三步法：

第十篇
数字化建设需求与问题解码

一、人才盘点

"有人则企，无人则止"。数字化人才队伍的建设是企业数字化转型的首要因素，需要企业在选拔和引进人才之前进行人才盘点，把组织战略与人才资源链接在一起。设立"导师带徒"仪式，并对关键岗位制定接班人计划，形成相应的人才梯队，防止人才流失导致的管理型和专业型人才的短缺。然后根据人才盘点的结果制定人才规划，梳理各岗位的人才需求。最后就要对企业所需要的人力资源供给情况进行分析预测，分析人力资源来源，最终解决企业人力资源需求，以适应企业数字化系统建设的发展。

二、人才发展

建立复合型人才能力模型，应基于工作流程和业务领域专业知识搭建。在进行人才盘点后，结合企业发展规划以及对人才的要求制定选拔标准，建立完善的数字化人才梯队培养机制，根据人才岗位胜任能力以及发展潜力形成梯队。

一是制定培养计划。制定人才培养计划，设置考核指标和年度工作计划，针对各专业人才、管理人才等，根据计划完成情况，对人员从工作进行跟踪，记录工作方法形成标准化体系，为后来者提供学习渠道。

二是提供丰富的培养途径。包括基层锻炼、培训、轮岗、考试、辅导、交流学习等多种途径，构建全方位、多岗位和人才个性化培训模式，让员工感受到综合能力的提升。

三是建立考核与激励机制。对人才培养效果进行定期评估，考核关键人才的发展与成长。结合企业考核体系，对有数字化潜力的人才给予相应的激励，引导其他人才成长和选拔。

四是完善配套资源。包括培训经费、师资力量、培训基地等。要设立专门的数字化人才培养资金，与高校或IT企业进行交流合作，为数字人才提供锻炼机会和发展平台，并提供专业化的指导。

五是制定发展路径。根据数字化人才分类和能力要求，拓展职业发展通道，为不同人才群体制定相应的发展阶段、任职要求、晋升标准等。

三、人才测评

人才测评，作为人才发展的重要闭环，为评估人才发展的成效，持续改进人才发展起到重要作用，被广泛应用在员工选拔、员工评价、人才盘点、人才招聘等环节中。

在践行数字化人才战略的过程中，企业需要通过科学的评估来形成精准的人才画像，为企业建立数字化的人才库。针对关键岗位/核心人才，基于复合型人才能力模型+测评+培训一体化解决方案，企业的数字化人才测评工具应是专业测评内容+心理测评工具+咨询服务为一体的数字化解决方案，以对员工的能力、潜力特性进行精准评估，并生成专业的测评报告，再通过服务团队专业的报告解读，对员工的潜力、特性进行解码，形成人才画像，指导员工的下一步应用与培养，实现企业数字化人才精准化培养。

52. 传统组织经常会面临这个问题，从外面高薪挖了数字化人才，组织却留不住，干一段时间就离开了。如何解决数字化人才留不住的问题？

企业的经营发展都是以人才建设为核心，尤其对于数字化转型所需要的"复合型"人才，更要考虑他们在对薪资、发展平台、尊重、安全感四个方面的需求：

一是薪资方面。人员与企业之间是一种互惠互利的合作关系，人才的工作和付出为企业带来更大利润，企业也要给予人才相应的回报薪资。当然，对于企业高薪挖来的人才，多半不会有薪资方面的困扰。

二是平台层面。所谓的平台并非是数字化的建设平台，而是人才的工作发展平台。无论是否从外部挖来的人才，在企业工作的环境下，都渴望自我价值的实现，为企业的发展出谋献策，得到他们自我价值的实现，因此，企业要给予足够的支持和指导提升，否则如果类似"打入冷宫"，可能会导致人员的离职流失。

三是企业对人才足够的尊重。优质的人才往往都会有更为个性化和创新的思维想法，企业要培养他们的信心、授予其合理的权责、肯定他们的能力，让他们敢于发挥创新，同时也要对他们提供指导，将企业领导者的经验予以传授，做他们职场路上的"伯乐"。

四是企业给予人才的安全感。企业内部也要有良好的文化氛围和稳定的经营状态，如果企业内部斗争严重，或者运营过程面临较多的风险，员工市场能够感受到被解雇的可能，这样也会造成人才的流失。

如果能够很好考虑到以上四个方面，企业往往就会留住人才的心，他们能够继续为企业奉献出力。

53. 如何变革传统线下报表的检查、督查方式，有效利用线上数据实现线上督查？同时如何修改原先的管理制度用来适应管理变革与流程再造？

一、构建智慧系统，打造线上督查最强大脑。建立起以问题预警为导向、以整改提升为目标、以数据分析为核心的智慧督查系统，实时、准确采集数据，从源头上有效预防问题发生。

二、坚持数据标准，打造线上督查最强核心。坚持统一标准、统一数据，建立全业务流程督查体系，落实到具体责任人，并定期预警提醒。

三、实施精细化管理，打造线上督查最强中枢。以线上督查为核心，构建数据驱动的线上检查督导模式，对任务清单中的整改项重点预警，实现精细化督查管理。

四、践行服务宗旨，实现线上督查最大效能。发挥大数据平台的数据分析应用功能，实现在线监管、快速响应、精准指导全面提升线上督查服务质量和效能，提供了更加便捷、高效、优质的服务。

企业管理制度是企业运营管理的纲领性文件。组织变革与流程再造也是相辅相成的，在进行组织变革中，应先进行业务流程再造，通过梳理业务流，实现业务再造，以此来倒逼企业制度的变革，最终实现数字化转型。

54. 数字化转型过程中，如何保障管理、技术和业务的有效执行？

一、组织保障

数字化转型伴随着组织和管理方式的变革。一方面需要成立专业的数字化团队去推动数字化战略的实施落地,另一方面也要使组织形态更加灵活,改变传统的庞大组织管理体系,以应对市场的变化。

二、人才保障

技术和业务兼备的"复合型"人才是企业数字化转型所需要的"千里马",作为变革的引擎动力。而数字化人才的建设可从以下三个方面入手:

一是培养或引入既懂管理、又懂业务,更懂数字化的综合性人才,具备基层业务经验和创新的数字化思维,对数字化转型有独到的见解;

二是引入具备数字化专业能力的技术人才,为平台选型、应用研发、数据标准的制定等提供方案;

三是建立全员数字化的企业文化氛围,让一线业务人员也积极参与到数字化转型的进程中来,选择数字化提升较好的团队或人才分享经验。

三、技术保障

充分运用5G、AI、IoT等数字化技术作为转型支撑,用技术重塑业务流程,让流程驱动转变为数据驱动,打通企业各部门之间的业务流,发挥数据资产的作用,让业务生产运行和管理更高效化,决策更科学化。

四、机制保障

为保证数字化转型的顺利实施,要做好相应的机制保障。包括两个方面的机制:

一是转型的成本投入机制。数字化转型需要长期的、持续的时间、人员和资金等投入,做好相应的预算和成果展现,保证转型的顺利推行。

二是人才的激励机制。强化对转型过程中的专业人员、创新人员、应用人员的鼓励和支持,给予他们鼓励和肯定,让他们有充分的平台去发挥数字化转型带来的优势。

55. 如何有效统筹各数字化管理子系统建设,确保相关标准统一,保证过程可控和结果落地?

一是制定企业数字化转型总体战略规划。战略规划是企业数字化转型的牵

第十篇
数字化建设需求与问题解码

引力,谋划好数字化转型的方向、原则、目标和愿景等方面,企业才能从一而终,稳步实施。战略的制定也要遵循科学规划、先易后难、协调发展的原则制定。

二是建立转型管理机制。转型管理机制是数字化转型的"护卫军"。数字化转型并非数字化技术在业务中的应用,而是通过业务替代,提升业务办理效率、数据一次录入随时共享的管理模式变革,要以企业的管理机制为切入点,加速技术和业务深度互融的创新应用建设,构建新一代的组织管理机制和业务运行机制,提高应对复杂环境的抗风险能力。

三是强化统筹组织领导。落实"一把手"责任制,建立网信领导小组,制定数字化实施策略和路径,统筹内外部资源,重点抓住转型的关键工作和管理痛难点,按照"经济线、生产线、数据线"三个方面梳理业务场景,协调解决出现的问题,突破转型瓶颈,迈入转型"深水区"。

四是加强人才队伍培养。人才队伍建设是企业数字化转型的核心动能。重视对数字化"复合型"人才的培养和引进,塑造良好的企业文化氛围,从专业技术人才、实施应用人才、数字化管理人才等多方面制定工作标准,激励人才的创新和提升,为数字化转型提供人才的支撑。

五是匹配专项资金投入。数字化转型前期投入大,需要引入大量的数字化专业人才、基础设施和平台选型等资金的投入,且部分企业短期内不一定能够享受到数字化带来的回报。企业需要建立专项资金来确保各方面的有效投入,从战略角度长远发展来看,使工作有序进行。

56.安全人员处理紧急、繁琐事项,难以开展规划提升工作效率。如何更有效率做好企业网络安全工作?

做好企业网络安全工作,关键在于"四个一"

一套安全运营平台。作为安全运营中心的核心主体,承担着对全部运营对象的资产采集、安全数据分析和处理、安全风险和运行状态的综合呈现工作。包括数据接入、安全数据治理、数据存储域计算、核心能力引擎、可视化展示。

一系列安全运营组件。各种网络端检测组件、防御组件、端点检测组件等。

一个安全运营组织。安全运营组织是整个安全运营中心的主体，组织架构的完善和人员能力的高低决定了综合安全效能的好坏。因此，我们要建设完善的组织架构和团队能力。

一套安全运营支撑服务。在成本和效率综合考量下，可由外部技术专家提供部分支撑服务，对安全运营人员及运营能力进行补充。帮助有效开展重大安全保障，以及战时安全运营工作。

安全运营管理主要是建立符合组织自身情况的安全运营流程，如事件处置流程、应急响应流程等，并将这些线下的运营流程通过安全运营平台实现电子化的线上标准化流程，从而实现企业网络高效安全运营。

57. 数字化转型过程中，如何保证数据的安全性和隐私保护？

在数字化转型过程中，保证数据安全性和隐私保护的方法包括：

一是数据加密。使用加密技术（如 SSL/TLS 或加密数据库）保护数据传输和存储。

二是数据访问控制。通过身份验证和授权技术，确保只有授权的用户可以访问数据。

三是数据备份和恢复。定期备份数据并确保其可恢复，以防止数据丢失。

四是威胁检测和防御。使用威胁检测技术（如网络安全保护系统）识别和防御潜在的安全威胁。

五是隐私政策。制定隐私政策并与客户和员工保持透明。

六是法律遵从性。遵循相关的数据保护法律，如 GDPR，以保护个人数据的隐私。

七是安全培训。为员工提供安全培训，以确保他们了解如何保护数据的安全。

58. 网络安全常见问题隐患和网络安全技能工作有哪些？

近年，关于缅北诈骗的电影《孤注一掷》热映，其中互联网的骗局为大家敲响了警钟。在互联网上，常见的安全隐患包括：

电信诈骗、游戏充值、网络赌博、病毒攻击、黑客入侵、恶意APP"钓鱼"、

第十篇
数字化建设需求与问题解码

网络免费公共资源等。

对此提高网络安全意识，做好网络安全工作，守住"钱袋子"，需要具备以下网络安全技能：

设置复杂度较高的密码体系，如由大小写字母、数字、特殊符号等组成，并定期修改密码；不点击电脑或手机不明邮件中的任何内容，包括图片、文件、链接等；不随意扫码，不随意连接公共场所的网络；关闭 QQ、微信等聊天工具的定位功能，仅在需要时开启；移动支付开启实名认证，并安装防护软件；在登录相关网址时，不勾选"记住密码"选项；不点击手机端收到的短信链接，尤其是中奖信息、兑换信息等；不在陌生网站随意填写个人资料。

59. 如何树立正确的网络安全观？

数字化时代，网络安全是企业乃至国家永久的主题。树立正确的网络安全价值观，企业需要认识到以下五个特点：

第一，网络安全是全局的，不是局部的。网络安全无论对于企业还是国家，都是牵一发而动全身，一旦出现安全隐患，可能会造成一连串的信息泄露事件。

第二，网络安全是处于动态变化的，并非一成不变。网络连接起了所有的数字化、智能化设备，他们是高度依存、相互关联的。因此，对于网络安全风险，需要树立持续的防护意识和应对措施。

第三，网络是开放的，不是封锁。网络让人与人之间联系越来越多，大的层面，网络也使国家之间建立更多的贸易往来。只有不断借鉴先进理念和经验，升级网络安全体系，才能应对外部各种风险。

第四，网络安全是相对的，不是绝对的。提高网络的安全性，并不意味着不计代价地投入，要立足发展现状，做到信息的高等级安全，护好企业和国家的信息资产。

第五，网络安全是全体的，不是个人的。网络安全需要全员参与，并非个人的工作职责。并且要树立安全在日常的意识，共筑企业和国家的安全防线。

参考文献

[1] 魏汉林. 基于PPP战略的建筑企业组织流程再造研究 [D]. 重庆大学硕士学位论文，2018.

[2] 程晨. 企业如何用好薪酬激励 [J]. 人力资源，2021.

[3] 本刊编辑部. 打造企业核心竞争力 [J]. 国际工程与劳务，2020.

[4] 汪啸，王文阁，孙文博. 一种云平台架构设计 [J]. 电子世界，2020.

[5] 张泽. 教育出版数字化转型升级路径探究 [J]. 中国编辑，2022.

[6] 袁泽凯. Iaas云计算服务定价问题研究 [D]. 江苏科技大学硕士学位论文，2014.

[7] 赵云灏. 如何实现电力数字化转型 [J]. 国企管理，2022.

[8] 施英英. 建筑企业数字化转型策略与实践 [J]. 商业观察，2022.

[9] 刘明月. 国企数字化转型的难点及建议 [J]. 企业管理，2021.

[10] 王迪生. 建筑业数字化转型升级的思考 [J]. 数据，2021.

[11] 陈雪频. 数字化转型改变了什么？没改变什么？[J]. 上海国贸，2021.

[12] 刘庚. 大数据时代网络安全的重要性 [J]. 计算机与网络，2020.

[13] 张军，王芬芬. 高校数据仓库多维数据建模分析 [J]. 智能计算机与应用，2020.

[14] 刘明亮，宋跃武.《信息系统项目管理师》第四版（M）. 清华大学出版社，2023.

[15] 鲁贵卿. 鲁贵卿：数字化重在赋能 [Z]. 益企联科技，2023.

[16] 白码. Iaas是什么 [Z]. 知乎，2020.

[17] 主数据管理的内容 [Z]. 互联网资源，2022.

[18] 玉箅秋. 业财一体化之采购业务 [Z]. 知乎，2020.

参考文献

[19] 数字化转型常见问题及应对建议 [Z]. 互联网资源，2022.

[20] 陈春花. 专访 | 陈春花：如何推进数字化转型和打造共生型组织 [J]. 北大国发院，2022.

[21] 邓和平. 行业信息化如何在新阶段突破前行 [J]. 施工企业管理杂志社，2020.

[22] 易钰. 7% 的龙头占了 70% 的市场份额：2020 年建筑企业靠什么活下去？[J]. 广联达新建造，2020.

[23] 陈春花，彭剑锋，穆胜. 数字化转型的三个成功要素 [J]. 商界，2022.

[24] 数字化转型第一定律：推动组织转型，实现数字化变革 [Z]. 人人都是产品经理社区，2019.

[25] 陈春花. 专访 | 陈春花：如何推进数字化转型和打造共生型组织 [J]. 北大国发院，2022.

[26] 建筑央企数字化转型的五大保障 [Z]. 北京迈道，2022.

后记

国家"十四五"规划纲要中明确提出,将"发展智能建造,提升数字化智能化水平"作为国家建筑业发展重点任务,部署"构建产业数字化转型发展体系"重大任务。围绕数字化智能建造,国家鼓励大数据、人工智能沉入建筑行业的发展。"十四五"期间,BAT启动产业互联网向纵深演进,整体上以传统企业为主,吸收新技术,自主创新,开展数字化转型,发掘数据这一新生产要素的价值。"十四五"末期,数字生态化演进将是各类企业探索、学习、效仿的战略模式之一。

建筑企业数字化转型总是被说知易行难,随着数字化转型的逐渐深入,企业转型中的深层次问题逐步突显,如转型共识未达成、转型目标不明晰、转型价值未体现、转型责权利不对等。解决这些问题,寻求建筑业数字化的根本解,显得尤为重要。

当前,建筑业的数字化转型进入"深水区",洞察建筑企业数字化转型本质,企业管理制度变革成为"根本解",其核心是对业务流程和管理模式的变革和创新,以"平台+场景+应用"的架构模式,以平台技术为基座,以业务场景为引擎,以数据为驱动,建立企业的数据标准和数据模型,匹配企业战略目标,达到"统一标准、集中管控、专业负责、分级审核"的管理效果。因此需把握"五个关键"。

一是领导者变革的决心。数字化转型一定是"一把手工程"。"一把手"不仅仅是企业董事长、总经理,数字化转型涉及企业全员,任何一个团队的负责人,都是"一把手",都需要有意识、有意愿、有魄力面对任期的限制、利益的分配、组织的调整,破解管理的壁垒、权责的边界、岗位的重设。

二是对数字化的投入。数字化转型没有模式和路径可以照搬,也没有标准和模板可以套用,一定是"一企一策"的探索创新之旅,也注定是长期、持续的试错过程。企业要站到行业的管理前沿,保持专业技术领先和市场高端资源,

后记

以通过快速启动、全员参与、科学投入，持续巩固现有的竞争优势，全面完成数字化转型升级，为企业高质量发展提供坚实保障。

三是转型的变革措施。要强化组织保障明确转型的责任主体，赋予相应的位势和职权，统筹推进；要加强数字化人才队伍建设，培养好、运用好、激励好从业人员；要颠覆传统业务管控模式，推动业务在线办理，在线检查、在线考核、运营在线分析，风险线上自动预警。

四是健全转型的保障机制。打破固有的考核体系，针对不同业态、不同项目构建动态灵活的考核指标、客观公正的考核体系；快速完善核心业务系统的建设与迭代，实现业务管理的数据化，解决考核数据人为填报的问题，并统一各业务管理"语言"，打通数据接口，实现数据集成、交互验证，解决数据失真的问题；深化人才岗位配置、职位晋升、薪酬激励等方面改革，探索以业务指标与数字化转型贡献值相结合的人才评价机制。

五是做好风险的管理可控。基于数据分析成果科学设置监控指标，挖掘动态预警、趋势预报等数据应用场景，逐步扩大数据分析范围和深度，让决策者能够及时掌握、分析关键风险的变化趋势，促进形成数据驱动决策的企业管理文化，最终把风险控制在企业可承受的范围之内。

笔者从事建筑业企业管理和技术工作40年，尤其是在信息化、数字化领域有近20年施工管理实践，结合与华为、用友、广联达等IT企业信息化领导者以及多所高校教授对数字化的交流撰写此书，从管理、技术、业务、数据、转型痛难点等多个方面系统梳理数字化建设方法，旨在分享数字化转型实践经验，或能为建筑业未来的管理实践提供参考，若能为企业的领导者和管理者授业解惑，则深感欣慰。

本书写作过程中，得到了多位学者专家的指导，以及我的同事李启宇、刘骁、肖波彦、刘鹏昆、于敏、孙琪、舒锦武等同志的帮助和支持，在此一并表示衷心感谢。书中引用了一些文献和学术观点，在此对作者一并致以谢忱。

在此特别感谢中国工程院丁烈云院士，同济大学建筑产业创新发展研究院名誉院长鲁贵卿先生，中国用友网络董事长兼 CEO 王文京先生，广联达科技股份有限公司董事长、总裁袁正刚先生为此书撰写推荐序。

  本书旨在为企业管理者、大学教学实践提供管理实践和学习方面的参考，期盼本书的出版能够激励更多的同行积极研究和完善，为企业数字化转型尽一点微薄之力，推动企业管理升级。由于笔者水平所限，书中难免有错误和疏漏，敬请批评指正。

2024 年 3 月